왜 창의적 인재인가?

Navigation For Your Best Life

새 시대 삶의 복잡한 문제를 잘 풀어내고

자신의 이상과 가치를 잘 실현하기 때문

왜

Navigation
For Your Best Life

창의적
인재인가?

김병헌 지음

미래는 다양한 변수의 역동적인 관계로 만들어진다!

꿈꾸는 멋진 삶도 어느 날 갑자기 이루어지는 법은 없다.
각자의 재능과 '목표·방법·실천'이 일체화가 되어야 한다.
올바른 생활교육과 신생활체계도가 최고의 길잡이를 한다.

지식공감

인생의 교훈이 담긴
논픽션 드라마

– 박성호 교수(서강대 교육대학원장)

　누구나 공부만으로 원하는 최고의 삶을 얻을 수는 없다. 꿈과 비전을 가지고 열심히 노력해야 하는 것이다. 공부란 여러 가지 노력해야 하는 것 중의 하나다. 공부가 모든 것을 해결해주지는 않는다.

　최고의 삶을 살기 원한다면 공부를 열심히 하는 것은 물론 다른 것들에도 노력을 해야 한다. 특히 꿈과 끼를 키우는 좋은 습관들을 만들어서 삶에 변화를 꾀한다면 당연히 공부도 잘하게 되는 것이다. 이제라도 최고의 삶을 살기 위한 준비를 자녀들 스스로 능동적으로 하도록 해야 한다.

　이 책은 부모가 자녀에게 쓴 단순한 잔소리가 아니라, 세상을 어떻게 살아가야 하는가? 에 대한 인생 성공 교훈이 담긴 논픽션 드라마다. 그만큼 이 책에는 우리가 세상을 살아가면서 겪게 되는 인생의 가치관, 생활습관, 인간관계, 올바른 독서 방법, 삶의 마음가짐 등이 축약되어 있기 때문이다.

　이 책을 보면서 가장 놀란 것은 큰 그림(체계도)이다. 성공하는 인재가 되는 생활모델을 그림으로 제시하고 성장변화 방도를 상세히 열거하고 있기 때문이다. 공감하는 내용들이라 책이 나오면 자녀와 학생들에게 꼭 추천할 것이다.

젊은 세대의
창조하는 삶을 위해

- 김완기(전 서울성북교육장)

　교육은 인간의 모든 심신(心身)의 가치를 높이기 위해 내부적 능력을 개발시키고 미숙한 상태를 성숙한 상태로 만드는 것이다. 바람직한 인간을 만들어 개인생활·가정생활·사회생활에서 보다 가치있게 하며 나아가 사회발전을 꾀하는 작용이기도 하다. 오늘날 우리는 혼돈과 가치갈등 속에서 살아가고 있다. 정보통신 발전으로 가정의 교육적 기능은 쇠퇴하고 자녀들은 책 읽기를 멀리하면서 감각적 매체에 익숙해져 있다. 집단따돌림과 학교폭력이 날로 기승을 부리고 자살하는 학생이 늘어가는 일로 학교는 힘겨워하고 자녀를 둔 학부모는 불안하기 이를 데 없다.

　이러한 어려운 시기에 행복한 삶에 대해 오래 연구해왔고 이미 '행복한 가정의 비전' 출판으로 호평을 받은 김병헌 작가의 이번 출판은 신선한 충격으로 다가온다. 이 책에서는 나비의 혁신적 변화를 모델로 삼아 내 삶의 틀을 깨고 뜻을 세워 올바른 자기교육의 과정을 섬세하게 설명하고 있다.

　평생을 교육에 헌신해온 한 사람으로 좋은 책을 아쉬워해오던 차에 부모님 잔소리듣기를 거부하며 편리한 생활매체에 익숙해져 있는 젊은 세대에게 행복한 삶을 창조하는 지침서가 될 것으로 기대하면서 누구나 한번 꼭 읽기를 권하고 싶다.

틀에 박힌 사고에서
벗어나라

– 정연대 전 코스콤 사장

4차 산업혁명 시대라는 21세기는 하루가 다르게 급변하고 있다. 그래서 변화를 선도하거나 남들이 할 수 없는 엉뚱한 발상을 해내는 사람이 크게 성공한다. 상상력으로 전세계의 기술 지식을 조합, 융합하여 새로운 지식과 기술을 창출해 내는 것이 21세기의 사고방식이며, 이미 우리 앞에 현실화되고 있는 것이다. 상상력과 아이디어가 풍부하다는 것. 이것은 국영수 문제를 하나 더 풀고 학습지 한 장 더하고 과외 한 시간 더한다고 이루어질까? 몇 점 더 받으려고 사교육의 노예가 된 사람에게서 풍부한 상상력과 아이디어를 기대할 수 있을까?

천만의 말씀! 오히려 그와 정반대이다. 더 많은 자유시간, 더 많은 놀이, 더 많은 세상 경험을 통해서 얻어지는 것이다. 구미 청소년들은 여행을 하고 박물관 미술관을 찾고 토론을 하며 생활에서 삶을 풍족히 하여 꿈과 상상의 나래를 마음껏 펼치고 있다. 또한 그 지독한 대학입시를 치르지 않고도 과외를 않고도 세계 정상의 경쟁력을 지닌 사람으로 살아가고 있다. '왜 그런지' 잘 연구해야 한다.

하루빨리 우리 청소년들에게 마음껏 뛰놀고 사색하며 꿈꿀 수 있는 시간을 주어야 한다. "남들 다하는데 나만 안 시킬 수는 없지 않은가? 불안해서…" 이것은 부모 위주의 생각이다. 길게 내다보고 누군가가 이 고리를 끊어야 한다. 무엇보다 작은 혁명은 유아원부터 중학교까지는 선행학습을 금지시켜야 한다. 방송 보도처럼 시험점수 높이려고 학원에서 선행학습을 받은 학생들은 학교에서 학습에 흥미를 못 느껴 잠자고 딴짓하게 되고 공교육이 유명무실화 되어 버리는 악순환이 반복되기 때문이다. 한마디로 미래학자 엘빈 토플러는 "한국 학생들은 하루 15시간 동안 학교와 학원에서 미래에 필요하지도 않는 지식과 존재하지도 않을 직업을 위해 시간을 낭비하고 있다"라고 지적하고 있다.

이 책은 미래를 살아갈 자녀들에게 무엇을 중요하게 교육해야 할지 설득력 있게 서술하고 이해하기 쉽게 그림으로 보여줌으로써 궁금증을 해소할 수 있다. 한마디로 이 책을 이해하는 사람과 그렇지 않은 사람의 차이는 자연스럽게 행복과 성공, 교육과 재산, 삶의 질 차이로 이어질 것이다. 저자가 세계 상위 3%의 성공비결을 분석하여 합리적으로 만들었기 때문이다.

꿈을 꾸고
희망을 가지도록 하는 습관

- 감수자 최재규

이 책을 감수하면서 젊은이에게 꼭 필요한 책이라 생각했다. 하지만 책을 잘 읽지 않는 인터넷 모바일 세대들 때문에 고민하게 되었다. '어떻게 읽게 만들 것인가?' 아무리 좋아도 그들이 읽지 않는다면 아무 소용없기 때문이다.

책의 내용은 젊은이들에게 지금이야말로 스스로 인생의 성공기반을 닦을 시기임을 설득력 있게 조언하고 있다. 꿈을 꾸고 희망을 가지도록 하면서 올바른 생활습관과 독서의 중요성을 알려주는 필자의 어조는 인자하면서도 단호하다. 나비노래에는 부모의 오랜 경험과 인생체험에서 우러난 진실한 지혜가 담겨 있다. 또 요즘 젊은이들을 위해 뜻있는 인생목표를 세우는 일과 창조적 리더가 되는 방법을 알려준다. 남보다 앞서서 성공한 부모의 관점에서 젊은이들이 스스로 자성해서 습관적인 말과 행동을 혁신하도록 유도하는 접근방식이 좋았다. 행복과 성공의 길라잡이다.

하루빨리 출판 되기를 학수고대하다.

공감되는
새로운 생활체계도

– 감수자 강우현

　부모들의 제일 많은 고민은 자녀들 스스로 자신의 시간낭비를 관리 못하는 것이다. 자녀가 공부하는 시간은 얼마 안되고 컴퓨터와 스마트폰을 하면서 보내는 시간이 너무 많다는 것이다.

　요즘처럼 컴퓨터를 이용하여 숙제를 하고, 스마트폰으로 통화하고, 그러다 보면 자연스럽게 채팅과 트위터 등을 열어놓고 숙제나 프로젝트를 하는 자녀들이 많은데 자녀 스스로가 이런 것에 대한 절제력이 없으면 시간 관리가 참 힘들다.

　이런 자녀들에게 이 책으로 꿈을 갖게 하면 얼마나 좋을까? 꿈은 그들을 설레게 만들고 절제력을 키우며 어려움을 극복할 수 있는 원동력을 만들어 주게 되기 때문이다. 이 책을 읽고 삶을 설계하면 꿈과 끼를 살리는 보람찬 길을 찾을 수 있을 것이라 사료된다. 이 책의 매력은 한번 잡으면 다 읽을 때까지 손에서 놓기 어렵다. 작금의 입시지옥이나 경쟁지옥에서 벗어나 뜻을 세워 꿈을 실천하는 신생활체계도가 인상적이고 공감되기 때문이다.

나비(Navi)의 교훈은?

　찰스 코언은 어느 날 고치에 구멍을 뚫고 나오려 애쓰는 나비를 발견했다. 그가 나비를 한참 동안 지켜봐도 나오지 못하자, 가위로 고치를 자르고 꺼내어 주었다. 하지만 그 나비는 날지 못했다. 그 이유를 알아보니 나비가 스스로 애써서 나오지 못했기 때문이었다. 나비가 스스로 구멍을 뚫고 나오려 애쓰는 동안 체액이 나와서 날개를 적셔야 힘이 생겨서 날 수 있게 되는 것이다. 이 같은 나비의 이야기는 젊은이들에게 좋은 길라잡이다. 누구든지 변화하려면 자기 주도적으로 노력하고, 자기 스스로 변화해야 하며 억지로 누가 시켜서 되는 것이 아니기 때문이다.

　참고로 멋진 나비가 되는 성장 과정은 단계별 다음과 같다.

생존율

- 변화를 시작하는 꿈 : 알
- 변화를 실천하는 열정 : 애벌래
- 혁신을 추구하는 도전 : 고치틀기
- 혁신을 포기하지 않는 인내 : 번데기
- 최고의 행복을 창조하는 희망 : 나비

90%
⇩
50%
⇩
?%

젊은이여! 나를 깨고 도전하자!

젊은이여! 꿈만 꾸는 사람은 꿈 있는 사람이 아니다. 도전해서 내일을 창조하는 사람이 진짜 꿈을 가진 사람이다. 나비처럼 나를 깨고 '꿈꾸는 나의 삶 나의 인생'에 도전해야 하는 것이다.

스티브 잡스는 "상상하지 않던 것이 어느 날 갑자기 이뤄지는 법은 없다. 현실에 안주하지 말고 도전을 하라."라고 말한다. 급변하는 세상에서 기회는 도전하여 개척하는 사람에게 열리기 때문이다.

젊은이여! 호기심과 도전정신을 가지고, 입체적 질문을 통해 남다른 독창적인 해결 방식을 제시할 수 있는 창의적 인재가 되어야 한다. 미래를 대비하는 주역은 바로 여러분들이기 때문이다.

행복과 성공은 내일을 창조하면 된다!

행복한 삶은 좋아하는 일을 즐겁게 하며 보람찬 결과를 만드는 것이다. 자신의 행위대로 모든 삶이 창조되기 때문이다. 스스로 농부로 살면 농부가 되고, 새로운 것을 만들거나 개혁하는 삶을 살면 발명가나 혁신가가 된다.

성공한 삶 역시 다양한 해석이 있지만 나는 '재능을 살려 자기가 원하는 꿈을 이뤄가는 아름다운 과정이며 세상에 공헌하는 인간으로 사는 것이다.'라고 정의한다.

쉽게 말해, 자기가 좋아하고 잘하는 일을 해서 새로운 가치를 창출하고 세상에 공헌하는 것이 행복과 성공의 제1조건인 것이다. 크게 보면 '행복=성공'의 등식이 성립된다.

어떻게 내일을 준비해야 될 것인가?

우선 인간미를 갖추고 재능을 살려 남보다 잘하거나 차별화가 되어야 한다. 필요한 분야에 Only 1 되거나 남보다 뭔가 차별화 되고 독창적인 가치를 창조해야 하는 것이다. 과학과 문화가 융합되고, 개성과 독창성이 더 각광 받는 시대가 왔기 때문이다.

그리고 성공의 기회는 인생에 세 번만 오는 게 아니라, 잡을 준비가 되어 있는 사람에게는 끝없이 찾아온다. 시대는 변하고 세상은 넓기 때문에 흐름을 읽고 한 발 앞서 만시간 준비해 나간다면 변화는 오히려 도약의 계기가 될 수 있는 것이다.

분명한 것은 행복과 성공은 저절로 이루어지지 않는다는 것이다. 작은 씨앗이 자라 풍성한 숲을 이루는 것처럼 오늘 미치도록 하고픈 일을 시작하고 열정적으로 도전할 때 삶에 변화를 가져 온다. 각자 좋아하고 잘하는 것을 성공 원동력으로 만들어야 한다.

이 책은 미래를 여는 창의적인 지혜를 준다!

이 책은 우리에게 행복한 삶을 창조하도록 길라잡이 한다. 작은 변화를 통해 창의적 인재가 되도록 체계적인 안내를 한다. 오랜 기간 축적된 지식은 뜻있는 목표를 만들어 보람차고 멋진 삶을 살 수 있게 지도하며 도와준다.

제1장은 나비의 노래이다. 부모가 50~60년 동안 자아성찰을 통해 터득한 피가 되고 살이 되는 삶의 지혜이다. 자녀의 행복과 성공을 위한 올바른 생활자세를 말하는 것이다. 부모의 말이 잔소리처럼 느껴질 수 있겠지만 마음을 열고 순수한 눈과 마음으로 읽으면 사랑의 노래와 시가 된다.

제2장은 창의적 인재가 되는 길을 제시한다. 혁신적인 신생활체계도를 제시하고 변화과정을 모듈별로 상세히 설명한다. 자신의 나쁜 습성을 버리고 주도적으로 인생 목표관리, 인간관계, 능력개발, 시간관리 전략 등을 시스템적으로 통합한 올바른 생활습관을 만들게 해준다.

제3장은 세상에 공헌하는 뜻있는 삶을 만들게 해준다. '좋아하고 잘할 수 있는 일을 찾아낼 뿐만 아니라 실제로 잘해서 자신과 다른 사람들에게 혜택을 줄 것인가?'즉 항목마다 지표를 평가하고 체계적으로 정리해서 알찬 인생목표를 만들게 해주는 것이다.

제4장은 가정교육의 중요성을 강조한다. 올바른 교육이 기적을 만들기 때문이다. 무엇을 교육할 것인가가 핵심과제가 된다. 우선 위인들의 다양한 사례를 교육해서 최선의 삶이 무엇인지 생각하게 한다. 그리고 지식인에게 최고의 매뉴얼을 만들 것을 제안한다. 인터넷 기술로 삶의 지혜를 축적해서 탈무드보다 우수한 생활모델을 만들 수 있기 때문이다.

부록 및 추천도서에는 본문에서 인용한 '성학십도, 격몽요결'등을 추천하여 선현들이 소중한 지혜와 가치를 배우도록 배려했다. 또한 인간의 도리를 젊은이가 헤아리도록 부모 글도 첨부했다. 그들이 후회하지 않도록 조언해주고 싶었기 때문이다.

  끝으로 젊은이가 이 책을 읽고 자신의 꿈과 재능을 키워 열매 맺기를 소망하고 기대한다. 미래창조의 씨앗은 자존감에서 태어나고, 입체적 질문을 통한 상상력에서 꽃이 피며, 남다른 방식의 창의적 열정에 의해 열매 맺기 때문이다.

  그리고 이 책이 나오기까지 도움준 동반자 홍경자, 친구 양재오, 강시호, 김재홍 사장, 이슬기, 여러 관계자에게 감사 드립니다. 또한, 일부 인용문의 출처 표시가 미흡한 점에 대해 심심한 양해를 구합니다.

2012년 12월 31일

김병헌

  이 책은 '창의적 삶의 나침반'의 개정판입니다. 이 개정판이 독자 분들과 함께 우리 태희, 준희, 유리, 동규, 은지, 도형에게 자랑이 됐으면 좋겠다는 바램입니다. 그러려면 독자 분들이 책에서 필자가 놓쳐버린 것을 채워주고, 부적절하게 표현한 것을 교정해 준다면 창의적 인재에 대한 지혜가 보다 깊게 될 것입니다.

2017년 10월 저자 올림

Contents

Contents

Contents

■ 본문에서 핵심적인 그림들

그림들은 '나는 누구인가? 어떻게 살아야 하나?'

'무엇이 진정 나와 세상에 유익한 삶일까?'

'어떻게 하면 우리가 행복하게 살 수 있을까?'라는 질문에 대한 해결책
을 창안 묘사한 것들이다. 그리고 그것들은 미래에 성공하는 창의적 인재
가 되도록 비전과 전략을 Navigation 해 준다.

올바른 교육이 인생의 기적을 만든다

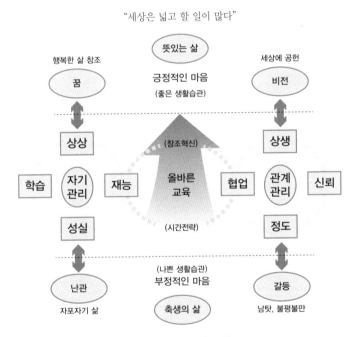

성공하는 창의적 인제의 길: Navigation for Your Best Life

(나비처럼 행복한 삶을 창조하는 생활모형이다.)

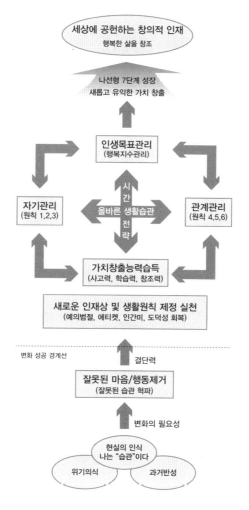

▲ 신생활체계도 : 창의적 인재로 변화하는 과정

(핵심은 스스로 변화하겠다고 결단을 해야 한다.)

뜻(사명적인 일)을 세워야 창의적 인재가 된다

(뜻은 꼭 이루겠다는 각오를 심장에 새긴 것이다.)

"뜻(사명적인 일)은 꿈.비전.목표를 융합해서 10항 체계로 정리"

"나는 열다섯 살에 학문에 뜻을 세웠다. 서른 살에 홀로 일어섰고(입신), 마흔 살이 되어서는 현혹되지 않았다. 쉰 살이 되어 하늘의 뜻을 알고, 예순 살이 되어서는 무슨 말을 들어도 이해가 되었다. 일흔 살이 되어 마음이 요구하는 데로 좇아가도 도리에 어긋나지 않았다."   – 공자의 말씀

창의적 인재의 인성도 및 나선형 7단계 성장

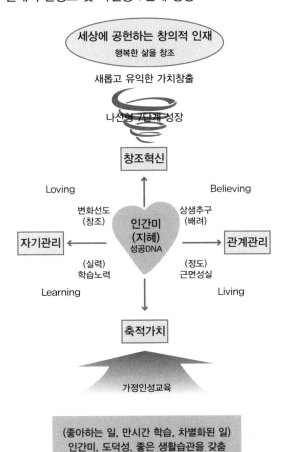

(올바른 교육은 하트 폭을 넓히는 인성 교육이 중요하다)

제 1 장

· · ·

나비의 노래

"나비의 교훈처럼 멋진 삶의 방도가 있다."

부모들은 자녀들에게 각자의 재능으로 행복한 삶을 만들라고 한다. 그것이 그들에게 가장 큰 보람이 되기 때문이다. 부모의 가장 큰 소망은 자녀들이 스스로 행복한 삶을 창조하는 것이다. 특히 부모가 자녀들 대신 살아줄 수 없기 때문에 '스스로 자립해서 자신의 삶을 살'고 말한다. 각자의 타고난 잠재력은 하나하나 특별하고 무한하기 때문이다.

나비의 노래는 최고의 삶을 만들 수 있는 경험 지혜들이다. 부모가 50~60년 동안 살면서 경험하고 깨달은 것을 간추려 노래(잔소리)한 것이다.

navigation
1

사랑의 노래

Your Best Life를 기원하며

사랑하는 아들딸들아! 인생을 멋지게 살아가면 좋겠다. 꿈꾸는 멋진 삶을 위해 하루빨리 좋은 생활습관을 만들길 염원하는 것이다. 부모의 최대 관심사는 너희이고, 너희들만큼 소중한 사람은 없기 때문이다.

하지만 너희들이 뭘 어떻게 할지 몰라서 방황하는 것을 볼 때마다 마음이 매우 안타까웠다. 그것은 너희들에게 '부모는 생업이 바빠 "열심히 공부만 하라"고 말하고, 선생님들도 입시위주로 학과목은 가르쳤겠지만' 세상사는 법은 거의 가르치지 못했기 때문이다.

그래서 늦었지만 너희들이 세상을 바르게 살 수 있도록 나비 노래를 불러본다. 그동안 난 삼성에서 신경영과 창조경영을 체험했고, 폭넓은 독서로 동서고금의 금과옥조 같은 생활지혜를 탐구했으며, 여러 지식인들과 뇌과학 기반의 미래창조에 대한 연구활동도 오랜 기간 해왔기 때문이다.

가장 먼저 난 "인생에서 오늘이 가장 중요하다."라고 외치고 싶다. 오늘 하루 무엇을 어떻게 하느냐에 따라서 미래의 운명이 달라지기 때문이다. '오늘 하루를 어제보다 좋게 만들고자' 남다른 노력을 한다면 미래는 발전할 것이고, 꿈과 재능을 무시하고 과잉 스펙만 쌓거나 또래들과 어울려 인터넷, 폰팅, 채팅 등에 빠져 시간을 허비하면 미래는 참담해질 것이다. 때문에 젊은 시절 황금 같은 시간을 허비하는 것은 막대한 재산을 탕진해 버리는 것보다 더 어리석은 짓이라는 것을 강조하고 싶다.

또한, 오늘 소중한 시간 1분을 우습게 여기는 사람은 내일 1분 때문에 울게 될 것이다. 따라서 너희는 꿈을 향해 오늘 낭비하는 시간을 줄이는 것뿐만 아니라 기다리거나 이동하는 시간까지 효과적으로 만들어야 한다. 예컨대 화장실에서 볼일을 보는 시간을 이용하여 시나 단편을 몇 권씩 독파한다든가. 지하철을 타고 갈 때나 뭘 기다릴 때 어영부영 시계나 보면서 시간을 소비하기 보다는 독서하는 것이다. 이유는 좋은 책 속에는 삶의 지혜와 사물의 이치는 물론, 무한한 상상력과 아이디어가 있기 때문이다. 너희는 이것이 세상 사는 데 얼마나 도움을 주는지 언젠간 깨닫게 될 것이다.

그렇다고 놀지 말고 독서만 하라는 얘기는 아니다. 사람은 휴식과 놀이를 통해 삶의 여유와 사회성을 배우기 때문이다. 휴식은 창조성을 높이고 놀이는 사회에서 제 역할을 해낼 수 있는 역량을 기른다. 또한, 휴식과 놀이는 우리에게 인생의 즐거움을 주고 생활의 활력도 만들어 주는 것이다. 창의적으로 일하고 충분히 잠자고 적절히 휴식하면서 신나게 놀아야 한다.

하지만 놀 때도 소중한 시간을 사용해야 하므로 잘 놀아야 한다. 나 홀로 절제 없이 채팅과 게임만 지속한다면 어떤 결과가 올지 예상해보고, 그것을 적절히 통제하는 것이 좋다. '가치 있는 일인가? 이 짓을 잘해서 다른 사람들에게 혜택을 줄 수 있는 일인가?'부터 따져 봐야 하는 것이다. 시간만 허비한다면 차라리 운동을 하거나 각종 전시회나 박물관 미술관 등에 가서 관람하라. 그리고 좋은 학술 세미나가 있으면 적극 참가하라. 인터넷이나 채팅을 중단하고 청중에게 감명을 주는TED 같은 강연을 듣고 폭넓은 지식을 토론하며 함께 나누라는 것이다. 한마디로 꿈을 향해 하루하루 알찬 삶이 되도록 노력하라는 것이다.

두 번째로 난 "너희들 스스로 자립하라"라는 말을 하고 싶다. 부모 도움 없이 자신의 일상생활을 해나가는 것이다. 공부뿐만 아니라 청소, 빨래, 설거지, 정리정돈, 음식 만들기, 용돈 벌기를 하는 것은 물론 봉사하기, 여행하기, 동.식물 키우기 등도 할 수 있어야 한다. 이것들은 삶에서 공부이상으로 중요한 것이기 때문이다. 참고로 유대인은 탈무드 지침에 따라 어릴 때부터 훈련하고 13세에 성인식을 하면 대부분 자립한다. 그리고 20세쯤 경제적으로도 완전 독립한다. 그러니 너희도 하루빨리 자립역량을 키워서 25세쯤 되면 온전히 독립하길 바라는 것이다.

또한, 자립하려면 "부모가 주는 용돈을 가치 있게 쓰라"라고 말하고 싶다. 나는 너희가 공부하는 데 필요한 돈과 사람을 사귀는 데 필요한 돈은 아낌없이 투자하였고, 앞으로도 얼마 동안은 지원할 참이다.

공부에 필요한 돈이란 책을 사보고 선생한테 지도를 받을 때 드는 비용을 말한다. 물론 꿈을 키우고 견문을 넓히는 여행비용도 어느 정도는 지원할 것이다. 여행 비용에는 숙박비, 교통비, 가이드 비용 등이 포함된다. 사람들을 사귀는 데 필요한 돈이란 바람직한 사회 활동을 할 때 드는 비용을 뜻한다. 예컨대 도움을 받은 분에게 주는 사례비, 앞으로 신세를 지게 될 분에게 줄 선물비용, 기타 약간의 비상금도 여기에 속한다.

그러나 나태하게 뒹굴며 담배 피고 커피나 탄산음료 사먹으며 게임하거나 허영과 사치를 부리는 데 드는 돈 따위는 한 푼도 주지 않겠다. 더욱이 마약 하거나 술 마시고 취해 잘못을 저지른다면 너희 스스로 책임져야 한다. 재벌이라도 현명한 사람은 자신의 명예에 먹칠하는 일이나 삶에 도움이 되지 않는 것에는 절대로 돈을 쓰는 법이 없다. 그뿐만 아니라 시간도 낭비하지 않는다. 단돈 일원도, 일분일초도 흘려 버리지 않는다. 그들은 밝은 미래를 준비하는 일, 세상에 유익한 일, 기쁨을 주는 보람찬 일 등에만 돈과 시간을 투자한다는 것을 깨닫기 바란다.

왜 인간관계가 Best Life에 중요한 걸까?

세 번째로 멋진 삶을 위해 "인간관계를 잘하라"라고 외치고 싶다. 인간은 혼자선 살 수 없고 인생은 수 많은 관계에 따라 달라진다. 인간은 사회적 동물로서 모든 것이 상호관계 속에서 좌우되기 때문이다. 언제 누구를 만나느냐에 따라 삶이 좋아질 수도 나빠질 수도 있는 것이다. 다양한 인간관계를 좋게 만들어야 하는 이유이다.

그런데 좋은 인간관계를 만들려면 신뢰를 쌓는 시간이 필요하다. 지속적으로 상대방 입장에서 생각하고 배려하는 태도를 지녀야 한다. 사람들과의 약속을 항상 지키며, 만나고 헤어질 때 인사 잘하고, 어디서든 예절 바르게 행동해야 하는 것이다.

그리고 감정을 잘 통제할 줄 알아야 한다. 이해관계가 대립하면 감정이 악화하여 자신도 모르게 무례하고 거친 말이 튀어나오기 때문이다. 그럴수록 언행을 최대한 부드럽게 해야 한다. 상대방 태도와 자세에 감정이 폭발하려고 하면 잠시 진정될 때까지 침묵을 지키고, 감정이 노출되지 않게 신경을 써야 한다.

특히, 협상할 때 부드러운 언행과 철저한 논리로 조금씩 타협점을 만들어 가면서 좋은 결과가 얻어지도록 해야 한다.. 그리고 협상이 끝나면 겸손한 자세로 이렇게 말해야 한다. "협상 과정에서 여러 가지 문제가 있는 것은 사실이지만, 그렇다고 해서 귀하에 대한 존경심이 바뀐 것은 아닙니다. 오히려 이번 일을 통해 귀하의 높은 인격과 비범한 능력 그리고 놀라운 열정을 새삼 발견하게 되었습니다. 일을 떠나서 개인적으로 이렇게 훌륭한 분을 가까이할 수 있다면 얼마나 좋을까 하는 생각도 들었습니다." 이런 언행을 보고 상대가 진정성을 느끼면 2, 3차 협상 때 상호 유익한 성공적인 협상을 할 수 있고 인간관계가 더욱 좋아지게 된다. 최소한 상대방의 계획에 휘말리는 일은 벌어지지 않는다.

또 매력적인 화술을 구사하는 것도 좋다. 화술이 뛰어난 사람은 세련미는 물론 심지어 인격까지도 대단해 보이게 만들기 때문이다. 말할 때 말의 내용도 중요하지만 어떻게 표현하느냐 하는 형식도 중요하다. 형식이 결과를 좌우하는 경향이 더 많다. 말하는 사람의 분위기, 눈빛, 표정, 동작, 품위, 목소리를 비롯한, 강조, 억양, 사투리의 사용 여부 등이 더 중요하게 작용한다. 사람들은 마음 편하고 즐겁게 듣기를 원하기 때문에 어떻게 표현하느냐 세심한 배려를 해야 한다. 상대편이 이해하는 말을 하는 게 좋다. 주의할 것은 남에게 가르침을 받는다는 건 그리 기분 좋은 일은 아니다. 잘난 체 하지 말아야 하는 이유이다. 하지만 두세 명 모인 곳이나 제안발표 자리에서는 꾸밈없고 논리 정연한 말이 설득력을 발휘하고 매력적으로 받아들여지기도 한다. 그런데 화술은 말을 잘하는 것보다 상대편의 말을 잘 듣는 것이 더 중요하다. 이해하고 경청하면 상대방의 마음을 얻게 되기 때문이다.

내 오랜 경험을 통해 내린 결론이 있다. "고독한 천재보다는 협업에 익숙한 사람들이 자기 재능을 발휘하기에 더 유리한 경우가 많다." 그리고 "인간관계에서 적이 없고 친구가 많은 사람이 세상에서 가장 강하고 성공한 사람이다." 그런 사람은 협상과 협업을 잘하고 소통을 잘해서 원한이나 시기심을 사는 일이 별로 없기 때문에 다른 사람보다 환영받고 순조롭게 성공한다. 세상일이 아무리 어려워도 인간관계가 좋으면 다양한 방법으로 소통하고 합심 노력하면 뭐든 극복할 수 있다. 좋은 인간관계를 만들어야 성공하는 리더도 되는 것이다.

하지만 좋은 인간관계 만들기가 어렵다는 것을 깨닫기 바란다. 사람은 좀 복잡 미묘하기 때문이다. 우선 타고난 재능이 각자 다르므로 사람을 국·영·수 성적순으로만 판단할 수 없다. 재능과 지능이 다양하고 변화하기 때문에 한 색깔로 특정할 수 없다. 기본 색 자체가 여러 가지 빛깔이 섞여 있거나, 농도가 다른 음영이 깔렸다. 그뿐만이 아니다. 비단은 빛의 강도나 각도에 따라 다양한 색깔로 보이듯이 처한 환경과 상황에 따라 변하는 존재가 바로 우리 인간이기 때문이다.

뿐만 아니라 사람들은 저마다의 관습, 편견, 다양한 기호 등을 갖고 있기 때문에 입체적으로 분석 판단해야 알 수 있다. 문제는 여러 의견을 종합적으로 들어서 입체적으로 분석하고 합리적으로 판단해야 하는 데 사람들은 대부분 피하려고 한다. 대신 편견과 착각에 빠져 하찮은 자기주장만 하거나 남의 의견을 대충 듣고 판단하는 경우가 많다. 너희는 절대 그러면 안 된다. 다양한 모습의 실체를 다각도로 살피고, 입체적으로 분석해서 그 사람을 판단해야 한다.

이 정도 이치는 세상살이를 웬만큼 경험해본 사람이면 누구나 다 알고 있다. 하지만 어리거나 세상과 뚝 떨어진 채 홀로 세상을 연구한 사람은 이해하기 어렵다. 그들은 사람을 몇 가지 빛깔로 단순하게 분류한다. 예컨대 프리즘을 통해 빛을 볼 때처럼 이 사람은 이런 빛깔, 저 사람은 저런 빛깔… 하는 식으로 말이다. 그러나 경험이 많은 염색업자는 그렇지 않다. 그는 빛깔에도 명도가 있고 채도가 있다는 사실을 안다. 언뜻 보면 한가지 빛깔로 보이지만 실제로는 여러 가지가 복잡하게 섞여 있다는 사실을 안다. 경험적 체험의 중요성이 강조되는 이유이다.

따라서 너희는 꿈꾸는 멋진 삶을 위해 여러 사람들과 소통하면서 세상 이치를 다각도로 분석하는 훈련과 체험을 함으로써 입체적으로 사고 분석하는 역량을 넓혀야 한다. 그게 리더로써 세상 사는 이치를 파악하는 통찰력과 지혜를 얻는 길이기 때문이다.

생명원리에 맞는 B건강관리를 하자

이제 인생에서 가장 중요한 말을 하고자 한다. '우리가 하루를 살더라도 건강을 등한시하는 것은 자신의 인생을 등한시하는 것이다.' 우리는 건강을 위해서 살고 있지는 않지만 건강하지 않으면 아무것도 이룰 수 없기 때문이다. 생명이나 건강은 돈으로 살 수도 없고 남에게 빌릴 수도 없다. 생명체인 사람은 건강을 잃어버리면 모든 것을 잃어버리는 것이다. 무한한 잠재력을 가진 생명의 건강을 유지하기 위해서 잠자고 먹고 활동하는 일상 생활습관을 생명원리에 맞게 해야 하는 것이다.

예컨대 우리는 음식뿐만 아니라 매일 약 9,000~10,000리터의 공기를 마신다고 한다. 생명에너지를 얻는데 공기도 필요한 것이다. 공기 중에서 가장 필요한 것은 산소이다. 산소는 포도당 ATP를 태워 에너지를 만들기 때문이다. 사람은 5분 이상 공기를 마시지 못하면 죽는다. 건강한 삶을 위해 금연을 해야 하고, 좋은 공기를 마시며 숲을 산책하고 신체운동을 해야 한다. 수면, 식사, 청결, 운동, 휴식, 흡연 등이 건강에 영향을 미치기 때문이다.

또 물이 인체에 차지하는 비율은 60~85%를 차지한다. 물은 인체에 없어서는 안 될 필수 요소이고, 소화, 흡수, 순환, 배설 등 각종 신진대사에 깊이 관여하고 있다. 혈액과 림프를 구성하는 주요성분이며 체온을 유지하고 건강한 피부와 근육을 만들어 준다. 또 관절에는 윤활유 역할을 하기도 한다. 물이 몸에서 1~2%가 빠져나가도 심한 갈증과 고통을 느끼게 된다. 5%가 빠져나가면 혼수상태, 12%를 잃으면 죽게 된다. 물은 생명에 절대적이다. 따라서 중독성이 강한 콜라, 탄산음료, 술, 커피보다는 깨끗하고 좋은 물을 마시는 습관을 갖는 것이 좋다.

사람은 100조의 세포가 생명의 조화를 이루면서 1초에 10만 번씩 화학적 변화를 일으킨다고 한다. 생명에 하찮은 것은 없다. 이 세상 모든 미생물도 공기와 물처럼 존재하는 이유가 있고 쓸모가 있는 것이다. 우주 생명체는 주변 자연환경에 적합하도록 조직화한다. 자연으로부터 물질과 에너지를 얻어 생명을 유지하며 번식을 하기 때문이다. 사람도 같은 원리로 생명을 얻고 건강을 유지하는 것이다. 그것을 알아내어 자신과 세상을 위해 유용하게 활용하는 것이 지혜이며, 과학이고 격물이치인 것이다. 그 점이 끊임없이 독서하고 학문해야 하는 또 다른 이유 중의 하나이다.

건강관리에 가장 큰 문제는 최근 교통기관의 발달과 함께 사람들은 별로 걷지 않는다는데 있다. 반면에 생활환경이 좋아지면서 언제 어디서나 먹거리와 기호품이 넘쳐나 식욕을 자극한다. 그뿐만 아니라 식품회사는 색이나 맛 등 여러 유해물질을 첨가하고도 맛있는 건강식품이라고 광고한다. 술 담배 음료수 기호식품도 건강에 좋다는 식으로 홍보한다. 이러한 유해환경에 노출되어 있어 하루라도 절제 없이 함부로 먹고 마시면 생명체인 사람은 무서운 질병에 걸리게 되는 것이다.

무엇보다 인생의 주인으로 균형있게 사는 것이 중요하다. 행복은 스펙·돈·지위가 아니라 자기 삶의 주인이 되는가에 있다. '자기 발로 서 있느냐 자기 눈으로 세상을 보고 있는가?'이다. 주변을 청결하게 정리정돈 하면서 자기 일, 자기 삶, 그리고 생명원리에 맞는 생활습관에 진지했으면 좋겠다. 인생을 너무 방심하고 있다면 조금 더 진지하게 정신이 깨어 있어야 한다. 그래야 단 한번뿐인 인생을 위해 성장 발전하도록 가치 있고 보람찬 삶에 끝없는 도전을 하게 된다. 인생은 삶에 의미를 채우지 않으면 성공도 빈 껍질이 되기 때문이다. 너희들은 지금까지 잘해왔고 앞으로도 잘할 것이라고 믿는다.

지금까지 사랑의 노래는 Your Best Life를 위해 너희들이 무엇을 어떻게 노력해야 할지 깨닫도록 읊조렸다. 세상 사람들과 더불어 건강하고 행복하게 잘살기를 기원하는 것이다.

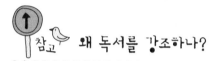

참고 왜 독서를 강조하나?

한마디로 독서는 세상 살아가는 역량을 키워주기 때문이다. 미래학자들은 앞으로 120세까지 살고 일생에 여덟 번 직업을 바꾸는 시대가 온다고 한다. 이미 직업 선택이 중요한 게 아니라 무슨 일을 하든 성공할 수 있는 역량을 갖춘 '준비된 나'가 필요한 것이다. 현재로서는 책보다 더 좋은 것은 없다. 책은 '앎'과 '삶'의 스승으로써 내일에 준비된 나를 만들어주기 때문이다.

또한, 책은 매일 습관적으로 읽는 생활독서가 중요하다. 책을 하루에 20~50페이지씩 꾸준히 읽으면 1년에 20~50권정도가 되기 때문이다. 이리한 생활독서는 모든 사람에게 피가 되고 살이 되며 기본적으로 자신을 변화시키는데 원동력이 된다. 나아가 이런 독서습관은 '준비된 나'를 만들고 자신의 운명을 바꾸게 된다.

예컨대 김 씨는 '인간이 인간답게 살아가기 위하여 읽는 자만이 발전하고, 공부하는 자만이 살아남는다.'라는 마음으로 책을 읽고 나니 처음엔 생각이 바뀌고, 이어 말과 행동이 바뀌더라고 말한다. 한때 방황하던 사람이 "요즘은 지하철 타면서도 책을 읽는다."라고 말한다. 대학을 자퇴한 그는 자신의 꿈을 이루기 위해 매일 독서를 하고 세상 이치를 깨달아 많은 젊은이들이 멘토를 부탁하는 성공한 사람으로 변신한 것이다.

이처럼 성공한 사람은 대부분 책을 많이 읽는 사람들이다. 그들은 단계별로 수천 권씩 다양한 책을 읽는다. 첫째 자신의 일에 관련된 전문서적 100권 이상과 최신 논문들을 읽는다. 책 한 권에는 10~20년의 저자의 지식과 경험이 담겨 있다면 1000(100x10)년의 내공을 쌓는 셈이 되기 때문이다. 두 번째 프로젝트관리, 인간관계관리, 뇌과학 등을 읽어 합리적인 관리자의 역량을 갖추게 된다. 세 번째는 미래과학기술 전망이나 인문고전 읽으므로 세상을 바꾸는 리더의 역량을 갖추는 것이다. 리더는 기본으로 천 권 이상은 읽는다. 사례로 손정의 회장은 26세부터 5년 동안 책 4,000권을 읽었다고 한다.

"사람은 책을 만들고, 책은 사람을 만든다."   – 교보문고 (신용호)

"학문이란 특별한 것이 아니라 인간이 인간답게 살아가기 위하여 일상생활을 마땅하게 해나가는 것일 따름이다."   – 율곡

"사람은 하루를 공부하지 않으면 그것을 만회하는 데 이틀이 걸리고, 이틀을 공부하지 않으면 그것을 만회하는 데 나흘이 걸린다. 또 인간은 20년 걸려 깨달은 것을 단 2년 만에 잊어버릴 수도 있다."   – 탈무드

"독서에는 눈으로 잘 보고 입으로 잘 읽고 마음으로 잘 이해하는 안도(眼到), 구도(口到), 심도(心到)의 삼도(三到)가 있는데, 이 중 심도가 가장 중요하므로 마음을 모아 독서할 것을 강조한다."

— 주자

GE 인재상은 유능한 인재가 아니라 '빠르게 학습하는' 인재다.

— GE 회장

좋은 책을 읽는 것은 가장 훌륭한 사람과 대화를 나누는 것과 같다. — R. 데카르트

책을 읽음에 있어서 어찌 장소를 가릴 것인가

— 이황

일일부독서구중생형극(日日不讀書口中生荊棘) : 하루라도 글을 읽지 않으면 입안에 가시가 돋는다

— 안중근 의사 붓글씨

학이시습지 불역열호(學而時習之 不亦說乎) : 배우고 때에 맞추어 익히니 기쁘지 아니 하나?

— 논어 학이편

지금 이 세상은 금융불안, 자연재해, 에너지 부족, 자원부족, 빈부격차, 환경문제 등이 복잡하게 서로 엉켜있다. 그래서 다양한 현상과 실체를 다각도로 살피고, 입체적으로 분석하지 않으면 세상 물정을 온전히 알지 못한다. 그렇기 때문에 성공하려면 카톡이나 트위터를 줄이고 틈틈이 책을 읽어야 한다. 이런 자투리 시간을 모으면 평생 10년이 넘는다. 이것이 자신의 꿈과 목표를 향해가는 성공의 DNA를 만드는 것이다. 이런 자투리 시간을 모으면 평생 10년이 넘는다.

주제별 독서법 소개

새로운 분야의 과제를 해결하기 위해 그 분야의 책을 모두 모아 짧은 시간에 읽는 경우가 종종 생긴다. 이때 첫 번째 책은 내 수준에

맞는 것을 선택해서 20일 이상 읽고 또 읽고 해서 용어나 핵심개념을 파악해야 한다. 물론 중요한 구절들에는 줄을 치거나 눈에 잘 들어 오도록 표시도 하고 집중적으로 암기한다.

두 번째 책은 1~2주일 동안에 책의 내용을 충분히 이해하며 읽는다. 세 번째 책은 3~4일만에도 책 내용의 관점차이까지 읽게 된다. 나머지는 하루에 몇 권씩 각 저자의 관점이 어떻게 다른지 파악하면서 모두 읽는 것이다. 그리고 단원 별로 여러 저자의 관점을 요약 정리하고 자신의 생각을 써 넣는 것이다.

그런 후 더욱 중요한 것은 현장에서 관련 전문가들과 맞나 토론도 하고 어떻게 활용되는지 확인까지 해보는 것이다. 예컨대 필자가 삼성에서 마케팅시스템을 구축할 때 38권을 같은 방법으로 1달 동안 읽었다. 그리고 마케팅 현장에서 확인하고 토의하면서 책 내용이 대부분 생산자 중심으로 정리되어 있다는 것을 느낄 수 있었다. 필자는 관점을 '생산자 입장이 아니라 소비자 관점에서' 마케팅 내용을 재 정리해 보았다. 그렇게 정리한 것이 사원 교제로 활용되면서 소비자 중심의 마케팅 전문가로 인정받는다. 이 주제별 독서법은 과제해결 전문지식 습득은 물론 새로운 시각에서 유익한 가치도 창출하는 것이다.

navigation
2

자성의 노래

너 자신이 어떤 존재인지 아느냐?

자랑스런 아들딸들아! "내일이면 태양이 뜬다." 자신감을 가지고 꿈꾸는 삶에 도전하길 바란다. 아무리 힘들고 내세울 게 없어도 자존감과 자긍심을 가지고 당당하라. 너희들은 이 세상에 그 무엇도 너희라고 말할 수 없는 유일무이한 존재이기 때문이다. (천상천하 유아독존, 天上天下 唯我獨尊)

뿐만 아니라 남과 비교하면서 열등감이나 자괴감에 빠지지 않길 바란다. 현재는 미력하지만 너희는 우주 만물 중에 잠재력이 가장 뛰어난 존재다. 뇌과학적으로 보면 사람은 그 어떤 동물보다 기능적으로 우수하고, 뭐든지 할 수 있는 엄청난 두뇌 잠재력을 가지고 태어났기 때문이다.

사람의 특성을 뇌과학과 생명과학 자료로 정리해 보면,

- 125년을 살 수 있는 인간의 자연 수명

- 1,000조 이상의 기억소자와 1,000억 개의 뉴런으로 된 두뇌

- 206개의 뼈와 656개의 근육

- 1만 가지의 냄새를 구분하는 코

- 10만분의 1의 요철을 감지하는 손가락

- 섭씨 1천 분의 4도의 온도변화를 감지하는 입술

- 인체를 이루는 수없이 많은 근육 중 불과 44개만이 얼굴에 있지만, 인간은 이 근육을 이용해 무려 7,000가지가 넘는 다양한 표정을 만들어 낸다. 인간이 기쁠 때, 슬플 때, 화날 때, 놀랄 때 등 감정에 따라 표정도 다채롭게 변한다.

무엇보다 두뇌 능력은 참으로 무한하다. 인간의 두뇌는 원하는 것은 뭐든지 이룰 수 있는 능력을 갖추고 있다. 그리고 두뇌는 항상 무엇이든 할 준비가 되어 있다. 두뇌가 일하는 데 필요한 것은 혈액 속의 산소와 적은 양의 포도당 같은 약간의 연료뿐이다.

특히 두뇌의 잠재력은 수만 대의 최첨단 컴퓨터를 능가한다. 두뇌는 초당 300억 비트의 정보를 처리할 수 있으며, 거의 1만 킬로미터에 가까운 신경회로를 자랑하고 있다. 일반적으로 사람의 신경계는 약 280억 뉴런을 가지고 있다. 각 뉴런은 100만 비트의 정보를 담을 수 있는 컴퓨터다.

뉴런은 각각 독립적으로 활동하지만 엄청난 신경망을 통해서 다른 뉴런들과 교신할 수 있다. 현재 가장 빠른 컴퓨터도 한 번에 하나씩만 연결할 수 있다는 것을 고려하면 두뇌의 정보처리 능력은 실로 놀랄 만한 것이다. 하나의 뉴런은 0.01초 안에 수십만의 다른 뉴런들

에 정보를 전달할 수 있다. 이 시간은 눈을 깜박이는 것보다 수십 배나 빠른 시간이다. 이런 엄청난 능력의 소유자가 바로 너희다. 너희가 자존감을 가지고 살아야 하는 첫 번째 이유다.[01]

두 번째 이유는 너희 몸을 이루고 있는 세포의 생명원리가 주는 교훈에 있다. 몸에서 살아 있는 세포 가운데 하나를 들여다보면, 그 세포의 활동기능을 통해 생명의 법칙들이 표현되고 있다.

위 세포건, 심장 세포건, 뇌세포건 간에 모든 세포는 그 탄생의 근원을 순수 잠재력의 장(DNA)에 두고 생명유지를 한다. 생명체의 모든 정보가 DNA 염기서열(A, T, G, C 서열조합) 암호 안에 들어 있고, 세포는 적어도 그 자체로 완전하며, 스스로 활동도 가능하다.

놀라운 것은 한 세포의 생명원리가 주는 의미인 것이다. 우선 세포는 동료를 도우며, 자신의 재능을 표현한다. 또한, 세포는 균형 잡힌 상태에 있을 때 생생하고 건강하다. 이 균형 상태는 성취와 조화의 상태다. 그리고 이 상태는 끊임없는 주고받음에 의해 지속한다. 다른 세포에게 먼저 뭔가를 주어야 자신도 영양을 공급받는다. 세포는 언제나 역동적 흐름의 상태에 있으며, 이 흐름은 절대로 끊기지 않는다. 사실 이 흐름이 바로 세포 생명의 정수다. 이때 세포 각각은 "업의 법칙과 상호 관계법칙"을 통해 기능한다. 오직 이 "줌"의 흐름을 지속함으로써 세포는 또 받을 수가 있고 그렇게 주고받음으로써만 파들파들 떠는 그 연약한 존재를 이어 나갈 수 있다.

마찬가지로 우리는 하루도 인간관계 없이 살아갈 수 없다. 인간관

---

01 필자는 1997년 미국 스탠포드 대학에서 제2회 뇌과학 세미나를 접한 후, 매년 3월 3째 주 '세계 뇌주간 행사' 자료를 수집·연구해오고 있다.

계에서 주고받는 것은 꼭 물질적인 것이 아니어도 좋다. 꽃일 수도, 칭찬일 수도, 기도일 수도 있다. 주는 것 중에 가장 힘 있는 것은 결코 물질이 아니다. 즉 칭찬, 보살핌, 배려, 인정, 사랑이야말로 가장 귀중한 선물인 것이다. 이런 것은 비용도 그렇게 들지 않는다. 너희가 언제 어디서 누구를 만나든 그에게 무언가를 주겠다고 결심하라. 다른 사람을 배려하고 뭔가 지속적으로 주는 한 자신은 받고 있는 것이다. 인간관계는 많이 줄수록 더욱 많은 신뢰를 얻게 되는 것이다.

자존감을 갖고 잠재력을 살려라

지금까지 언급한 내용들을 함축해서 너희들에게 몇 가지 질문을 던진다. 타고난 잠재력이 무한한데 왜 자긍심과 자존감을 가지지 못하는가? 왜 당당하게 살아가지 못하는가? 왜 축생처럼 나쁜 습성을 고치지 못하는가? 왜 금연, 금주, 게임 절제, 채팅이나 폰팅 조절, 식사조절을 결심하고 즉시 행동으로 옮기지 못하고 망설이는 것일까? 왜 즉시 우울함을 털어버리고, 좌절을 극복하고, 매일매일의 삶 속에서 기쁨을 느끼며 살아가지 못하는가? 너희는 이것저것 다 부모 탓이라고 하겠지만 자존감 없이 남과 비교하기 때문이다. 각자 엄청난 능력이 있어도 꿈 없이 남을 따라 하고 남과 비교하면 상대적인 열등감이 쌓이는 것이다. 극복할 수 있는 최선의 방법은 자아성찰로 자신의 잠재능력을 바로 알고 재능을 개발해서 '나의 삶'을 살겠다고 결단하는 것이다.

잠재력을 발휘하려면 결단이 중요한 것이다. 왜 그런지 잠깐 생각해보자. 어떤 일에 단지 관심을 보이는 것과 그 일을 하겠다고 결단을 내리는 것은 어떤 차이가 있을까? 분명한 차이가 있다! 결단은 결과를 만들어내겠다는 행동을 결정하는 것이다. 반면 관심은 일상적인 생활환경에 순응하고 변화를 거부한다. 그것은 곧 죽음이다. 젊은 사람이 아니다. 젊은이는 꿈을 위해 결단을 해야 한다. 그래야 사고방식과 생활자세를 변화시킨다.

예컨대 필자는 초등학교부터 일하면서 공부를 해야 했다. 산에서 땔나무하고 농사일도 도왔다. 중학교 때 '이렇게 해선 안 되겠다. 꿈을 위해 공부를 열심히 하자.' 결단하니까 밤늦게까지 공부를 해도 즐거웠다. 그 결과 대학에 가서 수학을 전공하고, 삼성에서 인사, 마케팅, 경영, 생산,등의 업무를 담당하였고 경쟁력을 높이는 전략정보나 지식경영시스템을 만들어 회사발전에 기여했다. 물론 사이버 빌리지를 창업해서 실패를 맛보기도 했다. 하지만 여러 특허도 내고 컨설팅을 해왔으며 요즘은 책을 쓰고 강연도 한다. 변화 때마다 결단하고 도전했던 것이다. 매번 도전이 어느덧 습관화가 된 것이다.

너희도 꿈을 위해 늘 결단하고 도전하라. 세상이 발전한 이유는 누군가가 새로운 것에 대한 열망을 가지고 도전했기 때문이다. 3000년 전에 쓰인 〈주역〉도 '궁즉변'을 이야기하고 있다. 궁하다고 여기면 변하라는 것이다. 바위가 길을 막았다고 주저앉아 버리면 그 자리에서 죽지만, 어차피 굶어 죽을 것이라면 뚜벅뚜벅 걸어가서 쿵 하고 부딪쳐 살이 터지고 뼈가 부서지더라도 들이받아야 다음 사람이 그렇게 그렇게 1㎜씩 길을 열어나가는 것이다. 이걸 패기라고 하고 누군가는 도전이라고 하고 또 누군가는 발전이라고 하는 것이다.

사람이라면 누구든 자아성찰을 통해 자신의 아레테[02]에 도전해야 한다. 자신의 잠재능력을 발견하고 이를 최고의 경지까지 끌어 올리는 것이다. 그것은 유산이 아니라 각자의 능력이다. 그냥 태어나면서부터 물려받는 핏줄이나 부모의 재산과 권력이 아니라 진지하고 끈질긴 개인의 노력으로 만든다. 자신의 숨은 재주와 능력을 발견하고 이를 전문가나 달인 경지까지 끌어 올리는 것이다. 그것은 각자의 재능을 알아내고 이를 극대화하는 것이 목표다. 그러기에 '두뇌 잠재력을 깨우는 한 가지라도 철저히 준비하는 사람이 되라. 그리고 현인의 지혜를 나의 지혜로 만들라.'는 말이 강조되는 것이다.

그리고 인간미를 바탕으로 진솔함이 우선하는 것이 자존감이다. 서로의 재능과 가치를 서로 존중하고 융합하여 시너지 효과를 내는 것이다. 각자가 꿈과 비전을 갖고 도전하며 자신만의 당당한 모습으로 세상이치에 맞게 살아가야 한다. 무슨 일을 하더라도 각자의 재능이 발휘되도록 만시간 이상 학습하는 올바른 생활습관을 만들기만 하면 가능하기 때문이다.

자존감은 말 그대로 자신을 존중하고 사랑하는 마음이다. 자신을 믿고 자신의 노력에 따라 자신의 원하는 삶을 이뤄낼 수 있다는 일종의 자기 확신이다. 자존감이 적당하게 잘 형성된 사람은 자신을 소중히 여기며, 다른 사람과 관계를 긍정적으로 유지한다. 또한 학교나 직장에서도 자신감이 생겨 남보다 잘하는 경향이 있다.

---

02 주) 우리말로 흔히 '탁월함, 기량, 덕성(德性)'으로 번역되는 그리스어 아레테는 각자에게 잠재된 능력을 최대한으로 가꾸고 연마하여 최고의 수준에 이르는 성질을 의미한다. 즉 학자의 아레테는 자신의 학문을 최대한으로 발전시켜 초인의 경지에까지 이끌어 올리는 것이고, 운동선수의 아레테는 세계 기록을 깨거나 경기에서 우승하는 것이요, 음악가의 아레테는 최고의 기술과 예술성을 가지고 자신의 곡을 연주하는 것이다.

꿈꾸는 사명적인 내일을 찾아라

꿈꾸는 사람은 각자 내일을 찾아야 한다. 세상에 유익한 일로써 자신도 행복한 삶을 창조할 수 있어야 한다. 그 일을 통해 재능이 발현되고 남보다 뭔가 잘할 수 있다면 그만큼 기쁨과 보람도 느낄 수 있기 때문이다. 일이 즐겁고 누군가에 도움이 된다는 생각에 무한한 잠재력이 발휘되고 자부심도 느낄 수 있는 것이다. 자아실현을 할 수 있어 행복이 무엇인지 알려줄 수 있는 일인 것이다.

특히, 인생에서 가장 중요한 것은 자신만의 사명적인 일을 찾는 것이다. 내가 이 세상에 온 목적을 알게 해주는 운명적 키워드다. 내 두뇌잠재력과 생명에너지를 맘껏 써도 아깝지 않은 일. 꿈꾸는 삶을 창조할 수 있는 그 일을 찾을 때 비로소 사람은 행복의 길목으로 다가설 수 있기 때문이다.

사명적인 일이란? 즐겁고 보람찬 일! 잘하며 가치 있는 일! 꿈꾸며 미치도록 하고 싶은 것이 바로 사명적인 일이다. "이 일이 바로 내가 진짜로 하고 싶었던 그런 일이야. 하늘이 이 일을 하도록 나를 세상에 보낸 것 같아. 이 일을 통해서 나답게 살 기회를 준거야. 그래 단 한 번뿐인 인생! 날 믿고 시작해 보는 거야." 이것은 자신을 가장 자기답게 살 수 있게 하는 유일한 수단이다. 행복한 삶을 창조하고 인생 성공으로 가는 재료인 것이다.

따라서 너희들이 행복하게 성공하려면 사명적인 일을 찾아 인생 계획을 수립해야 한다. 그것은 '세상에 새롭고 유익한 가치를 창출해 인류에 공헌하는 인재가 된다.'라는 뜻을 세우는 것이다. 공자니, 퇴계니, 율곡이니, 하는 인물들은 인생의 큰 뜻을 세운 사람들이다.

세상에 공헌하는 창의적 인재

행복한 삶을 창조

나선형 7단계 성장
새롭고 유익한 가치 창출

올바른 생활습관

비전

뜻

꿈·상상   목표

무한한 잠재력

한방향
(좋아하는 일, 만시간 학습, 차별화된 일)

새로운 인재상 정립 및 생활습관 혁신
(인간미, 도덕성, 좋은 생활습관을 갖춤)

"인류사회에 공헌하는 인재가 된다"는 뜻을 갖자

* 그림에 대한 상세한 설명은 3장에서

그림처럼 꿈꾸는 내일을 찾아 뜻을 세우는 것처럼 너희들 삶에 중요한 것이 없기 때문이다. (3장 참조)

그리고 뜻있는 목표를 세웠으면 최선을 다해 도전해야 한다. 실패를 하더라도 목표를 향해 나아가야 길이 열리고 성공도 하기 때문이다. 만일 실패가 두려워 그냥 그대로 있으면 성공은 없고 오로지 실패만 있을 뿐이다. 성공은 도전해야 얻어지기 때문이다.

그런데 요즘 도전하지 않고 살아가는 젊은이가 너무나 많다. 그들은 실패가 두려워서 있는 그대로 살아간다. 아무런 시도조차 없이 남과 비교하면서 열등감에 빠져 축생처럼 살아가는 것이다. 젊은이가 시도조차 포기하는 것은 참으로 불행한 일이다. 젊다는 것은 수없이 실패하더라도 꿈을 향해 도전해야 하는 것이다.

자성해서 실패요인을 고쳐야 한다

물론 도전한다고 누구나 쉽게 성공하는 것은 아니다. 꽤 많은 노력을 해도 실패하는 경우가 많다. 각종 통계를 보면 성공자 보다 실패자가 더 많다. 뭣 때문에 그런지 나폴레옹 힐이 성공자 507명과 실패자 25,000명을 실제로 조사해보았다.

〈나의 꿈 나의 인생〉에 정리한 결과 내용을 보면 놀랍게도 사고방식이나 생활자세에서 성공과 실패의 차이가 있었다. 더욱이 주된 요인들을 보면 특별한 환경여건이나 어떤 유전적인 결함이 작용한 것은 거의 없었다. 흔히들 사소해서 대수롭지 않게 지나친 것들이었다. 그것은 누구나 성공자가 될 수 있다는 희망인 것이다.

하지만 분명한 것은 사소해도 그냥 놔두면 실패 원인이 되기 때문에 그것들을 반드시 고쳐나가야 성공할 수 있다는 것이다. 성공하려면 실패원인을 자성해서 고쳐야 하는 이유이다. 너희들이라면 힘들어도 그것들을 반드시 고칠 수 있다고 믿는다.

현자들은 "실패는 성공의 어머니이다." 그리고 "뜻이 있는 곳에 길이 있고, 그 길을 가다 보면 행복을 얻는다."라고 말한다. 그것은 실패원인을 고치면 성공요인이 되어지기 때문에 끝까지 실패원인을 찾아 고치고 치밀하게 준비해서 사명적인 내일에 도전하라는 것이다. 그렇게 해야 행복한 삶이 성공적으로 창조되기 때문이다.

주된 실패요인 30가지

1) **인생 목표의 결여** : 조사결과를 보면 성공하지 못한 100명 중의 98명은 이렇다 할 자신의 인생 목표를 가지고 있지 않았다고 말한다. 아마도 이것이 실패자들에 가장 큰 실패의 원인이 되었다고 판단된다. 누구든 인생목표가 없으면 성공하지 못하기 때문이다.

2) **향상심의 결여** : 어제보다 나아지려는 의지가 없거나 자포자기하는 사람들이다. 심각한 질병으로 본인이 깨달을 때까지 기다려야 한다.

3) **교육 부족 타령** : 각종 학위가 있거나 명문학교를 나온 사람만이 교육적인 사람이라고 부르는 것은 잘못이다. 역사를 되돌아 보아도 최고의 지성을 가진 사람들은 대부분이 '독학형'이었다. 독학으로 만시간 이상 학습한다든지 인터넷으로 원하는 강좌나 필요한 지식들을 얼마든지 배울 수가 있기 때문이다.

4) **자기경영 부족** : 자기경영은 자신의 몸과 마음, 시간과 돈을 잘 관리하고 경영할 줄 아는 방법이다. 자기경영의 첫 단계는 자기관리이다. 먼저 자기의 일상생활 뿐만 아니라 소극적인 성격을 개선해야 한다.

5) **유전적 결함** : 매우 드문 경우지만 때로는 육체적, 정신적인 결함을 가지고 태어나는 사람이 있다. 이 결함을 보충하는 것은 주위 사람들의 따뜻한 협력뿐이다. 그러나 자기 힘으로 개선하지 못하는 문제는 '이것만'이다.

6) **질병** : 아무리 잘해도 건강하지 못하면 행복하다고 할 수 없다. 그러나 질병의 원인이 자기관리 잘못에 있을 때 문제이다. 예를 들어 손 안 씻고, 흡연이나 마약, 폭음과 폭식, 부정적인 사고방식과 습관, 성생활에 관한 지식 결여와 지나침, 운동부족, 나쁜 호흡 방법에 의한 신선한 공기의 결여 등이다.

7) **거짓말하는 것** : 거짓말을 하면 당장은 괜찮을지 몰라도 언젠가는 그 거짓말 때문에 신망과 자유를 잃게 될 것이다. 따라서 정직만이 최선이다.

8) **오늘 할 일을 내일루 미루는 습관** : 내일로 미루는 습관은 실패 원인 중 가장 흔한 것이다. 이러한 습관은 모든 사람에게 잠재해 있는 것으로, 성공의 기회를 놓치기 쉽다. 인생에서 실패하는 것은 시기를 기다리고만 있기 때문이다. 기다릴 필요는 없다. 기다려도

시기는 찾아오지 않는다. 지금 당장 일어서서 할 수 있는 일부터 시작해야 한다.

9) **인내력의 결여** : 우리는 조금이라도 실패를 하면 그대로 희망을 잃어버리기 쉽다. 하지만 인내처럼 중요한 것은 없다. 만시간 이상 노력하고 인내를 덕목으로 하는 사람은 실패를 극복하고 결국 성공한다.

10) **배려심 부족** : 성공하기 위해서는 남의 협조를 얻을 수 있어야 하는 데, 배려심 부족은 결코 협조를 얻지 못한다. 상대방 입장에서 서로 사이 좋게 조화를 이뤄야 성공한다. 누구에게나 트집을 잡아서 가족이나 친구마저 잃는 사람에겐 성공의 가망은 적은 법이다.

11) **성욕의 과다** : 성 에너지를 도전적인 일에 사용해야 한다. 성 충동의 에너지는 모든 자극 중에서도 가장 영향력이 크기 때문이다. 성적 만족보다 도전적인 목표달성에 그 에너지를 활용해야 성공하는 것이다.

12) **도박이나 게임 중독** : 도박을 좋아한 나머지 얼마나 많은 사람이 실패로 울어야 했는지 모른다. 그리고 게임이나 도박으로 수백만 명에 이르는 사람들이 그 인생을 망치고 있다. 중독성이 강한 채팅중독, 인터넷 중독, 마약 중독, 가정파괴 등에서 벗어나야 한다.

13) **결단력의 결여** : 성공자는 재빠르게 결단을 내리고 여간 해서는 그것을 변경하지 않는다. 그러나 실패자는 천천히 결단을 내리고 사소한 일에도 그것을 변경한다. 우유부단과 질질 끄는 것과는 쌍둥이 악마와 같은 것으로, 그 어느 한쪽이라도 품고 있는 사람은 반드시 다른 한쪽도 품게 된다. 이 쌍둥이 악마에 사로잡히기 전에 빨리 그것을 좇아 버려야 한다.

14) **미신이나 종교적 편견** : 가난, 실패, 질병, 비난, 무지, 고통, 죽음에 관한 두려움을 버려야 한다. 이것들은 실패의 원인이 된다. 종교적 편견이나 미신은 일종의 공포 발로이며, 무지의 증명이다. 성공하는 사람은 근거 없는 것을 무서워하지 않는다. 병적인 맹신은 삼가 한다.

15) **배우자 선택의 잘못** : 배우자는 친밀도가 가장 농후하다. 그러므로 부부 중 어느 쪽이든지 문제가 있으면 양자가 함께 불행하다고 해도 과언이 아니다. 결혼의 실패는 가장 비참하고 불행하며 실패로 이어진다.

16) **과도한 조심성** : 인생은 여러 가지 기회로 가득 차 있다. 그런데 지나친 조심성은 기회를 놓치고 만다. 이에 못지않게 조심성이 없는 것도 나쁘기 때문에 둘 다 주의해야 한다.

17) **동료 선택의 잘못** : 의욕이 없는 동료는 사업 실패의 원인 중 가장 흔한 잘못이다. 자기의 능력을 최대한으로 발휘하기 위해서

는 의욕과 지성이 있는 동료가 있어야 한다. 사람은 일하는 데 있어서 서로 다른 의견으로 다투고 협력할 수 있는 동료가 있어야 성공한다. 공동창업에 MS, HP, 구글, 페이스북, 애플 등 성공사례이다.

18) **업종 선택의 잘못** : 만약 아무리 노력을 해도 마음속에서 그 일을 싫어하면 결코 성공하지 못한다. 그러므로 가장 중요한 것은 전심전력을 다 바칠 수 있는 일을 선택해야 한다.

19) **운영자금 부족** : 충분한 자금을 가지지 않고 경솔하게 과대한 사업을 시작하면 얼마 가지 않아 수렁에 빠지게 될 것이다.

20) **집중력 부족** : 무엇에나 손을 대는 사람은 결국, 무엇 하나 제대로 이루지 못한다. 한 가지를 집중적으로 노력할 수 있는 사람이 되는 것이 중요하다.

21) **낭비벽** : 낭비는 가난으로 가는 지름길이다. 방탕한 사람은 성공하지 못한다. 그래서 정기적으로 저금하는 습관을 몸에 배게 하는 것이 중요하다. 저금이 있다는 것은 특히 일을 구할 때나 퇴직자가 재출발하려고 할 때 용기와 안심을 가져다 준다. 왜냐하면, 돈이 없으면 일을 선택할 자유도 없어지기 때문이다.

22) **열의 부족** : 열의가 없는 사람은 유능하게 될 수가 없다. 가지고 있는 열의만큼 성과를 만들어내기 때문이다.

23) **좁은 마음** : 어떠한 분야에서도 마음이 좁은 사람은 지도자가 되지 못한다. 마음을 닫는다는 말은 지식욕이 없어졌다는 것을 뜻한다. 특히 종교나 인종 혹은 정치 등의 방면에서 나쁜 영향을 끼치게 된다.

24) **무절제** : 무엇보다도 마약중독, 게임중독, 알코올중독, 과도한 성행위는 좋지 않다. 성공에는 치명적인 장애가 된다

25) **협동정신 결여** : 협동정신이 없는 사람은 지위를 잃고 기회를 놓치는 일이 많다.

26) **노력 없이 손에 넣은 재산이나 권력** : 재산이나 권력은 자신의 노력으로 손에 넣은 것이 아니면 때때로 파멸을 초래하는 일이 있다. 빈곤보다 위험하다.

27) **어린 시절의 나쁜 영향** : 유년 시절의 나쁜 경험과 사건들이 커서도 영향을 미친다.

28) **이기주의와 허영심** : 이기주의와 허영심은 얼마 안 있어 사람들로부터 외면당하는 원인이 된다.

29) **억측에 의한 판단** : 사람들은 억측이나 이기적인 판단에서 오는 사건의 포로가 되어 결국은 자신을 움직이지 못하게 만들어 버린다. 올바르게 판단하기 위해 있는 그대로의 사실을 수집하는

노력을 많이 해야 한다.

30) **방황** : 성공을 꿈꾸지만 어디서부터 시작해야 하는지, 지금까지 자신이 무엇을 잘하는지를 깨닫지 못하고 있는 사람들이 많다. 많은 능력, 좋은 기회를 가졌건만 한 가지에 집중하지 못하고 포기하며 계속 시행착오만 하다가 끝난다. 이런 사람들은 작은 일부터 시작하는 것이 좋다.

다만, 자성해서 실패원인을 고칠 때에는 우선 쉬운 것부터 하나씩 고쳐라. 모든 것을 한꺼번에 고칠 수는 없기 때문이다. 하나를 선택해 고치면 제대로 고쳐야 한다. 하나를 성공해야 다른 것도 고칠 수 있다는 믿음과 자신감이 생기기 때문이다. 자신감이 일단 생기면 더 큰 성공을 더 자주하게 되고, 나아가 성공하는 습관도 만들어지는 것이다. 하지만 처음 하나를 고치지 못하면 다른 것도 지레 포기하니까 결국 실패자가 되는 것이다.

지금까지 자존감을 갖고 사명적인 일에 도전하라고 했다. 자아성찰을 해서 자신의 강점과 약점을 파악하고 자신의 꿈과 끼를 개발하면 인류에 공헌하는 가치를 창출할 수 있기 때문이다. 다만 성공을 위해 각자 사명적인 일을 찾아 노력하되, 반드시 실패요인부터 고쳐야 한다고 자성의 노래를 부르는 것이다.

참고 🐦 부모님이 자성하시며 하는 말

너희 부모들은 세상은 넓고 할 일이 많다고 생각한다. 그리고 무엇을 하든 성공하려면 딱 두 가지가 있어야 한다고 말한다. 첫째는 내가 왜 해야 하는지에 대한 철학, 둘째는 그걸 잘할 수 있는 DNA개발이다. 스펙보다는 삶의 가치와 지향점, 비전을 분명히 하는 게 중요하며, 학문을 하든 사업을 하든 절대 좌절하지 말고 긍정적으로 도전하는 사람이 되라고 말한다. 밝고, 적극적이며 매사에 최선을 다할 뿐만 아니라 힘들어도 웃을 줄 아는 사람이 되는 것이다. 어떻게 하면 될까? 올바른 교육이 필요하겠지만, 우선 기본적으로 사명적인 일에 대해 긍정적인 생각을 하고 각자의 재능을 만시간 키워 '나는 할 수 있다.' 라고 도전적인 마인드를 갖는 것이다. 돈이 많아서가 아니고 성공을 해서도 아니며 외모가 출중해서도 더욱 아니다. 단지 무한한 잠재력을 가진 젊은이기 때문이다.

참고로 부모님들은 우리나라를 10대 경제대국으로 만든 사람들이다. 50~60년대 산업시설도 없었고 할 일 자체가 없어 세계에서 가장 가난하게 살았지만 그들은 대학을 나왔어도 독일 탄광이나 중동 사막에서 노동자로 일하며 긍정적인 희망과 열정으로 경제대국을 만든 것이다. 그들은 젊은이에게 '좌절하지 말고, 하면 된다'는 신념으로 세상에 도전하라고 말한다. 지금은 여건이 좋아졌기 때문에 찾아보면 할 일도 많으니 도전하라고 말한다. 지금부터 사신이 좋아하고 잘하는 것을 만 시간 준비해서 전문가나 달인이 되어 더 좋은 세상을 만들라고 한다.

아직도 그들은 80세까지 제2의 인생에 도전하면서 "세상은 넓고 할 일은 많다"고 말하는 것이다. 그들은 30대 초반에 인생을 땡 친다는 '30초 땡'이나 미래를 장담할 수 없어 연애, 결혼, 출산을 포기하는 '3포 세대'라는 절망적인 말에 절대로 동의할 수 없다고 말한다. 그들은 좋은 대학, 좋은 직장, 성공의 길이 미리 정해져 있는 것이 아니라고 말한다. 그것들은 각자의 재능으로 행복한 삶을 창조할 수 있을 때 도움이 되느냐 안되느냐에 따라 의미가 있기 때문이다.

그들은 만남이 없이는 인생이 있을 수 없다고 말한다. 우리는 매일 고객을 만나고, 애인을 만나고, 스승을 만나고, 동료를 만나고, 또 가족을 만난다. 그런 만남이 모여 삶이 되기 때문이다. 그래서 만나면 '미인대칭'하라고 강조한다. '미소는 모두를 행복하게 하고, 인사는 상대의 마음을 열게 하며, 대화는 서로 이해를 높여줄 뿐만 아니라 칭찬은 상대방에게 용기를 주기 때문이다.

"오늘을 사랑하여라. 오늘을 열심히 살아라. 그리고 오늘을 감사하여라."

다만 그들이 자성하며 후회하는 것들은 첫째 '그들이 꿈꾸고 원하는 삶을 살지 못한 것이다. 그들은 열심히 일해 먹고 살 돈은 벌었지만 결국 자신들의 꿈을 이루지 못한 것을 부끄러워한다. 둘째 '그들의 행복을 위해 노력하지 못한 것이다. 많은 이들이 오래된 습관과 패턴에 머물러 변화를 시도하지 못한 것을 후회했다. 자신의 행복을 위해 스스로 노력하지 못했다며 자책한다. 셋째 '일을 너무 열심히 한 것이다. 대부분 남성이 이러한 후회를 했다. 이들은 일 때문에 아내, 자녀와 함께 어울려 따뜻한 대화를 많이 하지 못한 것을 안타까워한다. 특히 자녀들의 자존감과 자립심을 키우기 위해 좋아하고 잘

하는 재능을 살리는 교육보다 입시위주의 교육에 매몰한 것을 후회한다. 또한 인간관계를 좋게 만들고, 나아가 전통적인 미풍양속과 세상에 공헌하는 여러 가지 행복한 삶의 지혜들을 발굴해 제때 가르치지 못한 것에 대해서도 후회하고 있었다.(전교조의 편향된 교육을 염려했다)

올바른 교육이 인생의 기적을 만든다

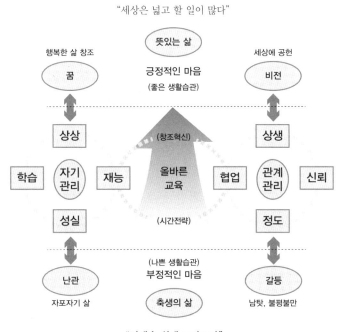

"세상은 넓고 할 일이 많다"

기적은 각자 재능을 살려 시의 적절한 협업으로 창조 혁신하면 생긴다.
(그리고 창조혁신 역량은 체계적인 자기관리, 관계관리, 생활교육이 핵심이다.)

도전의 노래

왜 '잘 말하기' 가 가장 큰 도전일까?

꿈 많은 아들딸들아! 말을 가려서 잘해야 한다. '한마디 말로' 사람을 살리거나 죽이기도 하기 때문이다. 나와 상대방을 살리는 말을 적절하게 잘 하는 것이 인생에 가장 큰 도전이다. 무엇보다 불평불만이나 비난은 하지 말아야 한다. 말문을 막고, 의욕을 떨어뜨리고, 반감을 불러일으키는 말은 자신은 물론 다른 사람에게도 하지 말아야 하는 것이다. 말 없는 세상은 상상할 수 없지만 아무 말이나 함부로 하면 안 된다. 듣는 이를 배려해서 격려나 따뜻한 말을 해야 한다. 혀는 인간의 신체에서 아주 작은 부위지만 혀를 통해 하는 말은 인생에 상당한 영향을 주기 때문이다.

예컨대 "말한 대로 된다."라는 말이 있다. 몸이 아프다고 말하면, 정말로 병에 걸려 아프게 된다. 환자를 정밀 검사를 하면, 실제 그들이 호소하고 있는 증상이나 그 원인이 될 만한 요인이 발견되지 않는데도 그 사람은 계속해서 아프다고 호소한다는 것이다. 그래서 만일 "난 그 일 못해"라고 말했다면, 시작도 하기 전에 이미 실패하고 만다. 자신이 말한 것에 얽매여 그 일을 하지 못하게 되기 때문이다.

성경에는 인간의 혀, 즉 말을 제대로 다스리지 않으면, 독을 뿜는다고 했다. 말을 조심하지 않으면, 그 독이 한 사람의 인생 속에 파고 들어가 그를 파멸해 버릴 것임을 시사하고 있다. 사람은 말 때문에 얼마든지 파괴될 수 있다. 단 몇 초 사이에 잘못한 말 때문에 한 사람의 인생이 파괴되는 것이다. 어떻게 보면, 이제껏 전쟁에서 싸우다 죽은 군인들보다도 더 많은 사람이 말 때문에 파멸 되었다고 할 수 있다. 뭇 사람이 함부로 한 말 때문에 직간접적으로 얼마나 많은 사람이 희생되었는지 그 수는 실로 셀 수도 없을 것이다!

실제로 주변에 있는 친구들이나, 이웃들이나, 가족들 때문에 낙담하고 자신의 꿈을 포기하는 경우가 얼마나 많은가? 말하기 전에 한 번 더 생각하지 않았기 때문에 가족 간 불화가 일어나고, 가정이 깨어지고, 또 우정이 벌어지는 일이 일어나는 것이다. 자신도 깨닫지 못한 한순간에 한 사람의 성공을 막는 수가 있다. 오죽하면 "말 한 마디로 천 냥 빚을 갚는다."라는 속담이 있겠는가?

따라서 말을 하기 전에 무엇보다 중요한 것은 '내가 무슨 말을 하고, 왜 하는지, 문제가 있는지'를 먼저 정리해야 한다. 특히 말하기 전에 '나와 상대방 모두에게 유익한 말인지' 한 번 더 생각할 것을 우리 마음속 깊이 명심해야 할 것이다. 조리 있는 말이 아니라도 좋다. 잘 꾸민 말이 아니라도 무방하다. 긍정적인 말을 해야 한다. '가는 말이 고와야 오는 말이 곱다.' 말할 때 상대방 입장에서 서로를 살리고 도움되는 말을 해야 한다.

길은 멀리 있는 것이 아니다. 내 입장에서 이렇게 되야 되고 저렇게 해야만 한다거나 남과 비교하면서 누구처럼 되어야만 해, 더 많이 가져야만 해, 더 고귀한 것 더 높은 것 더 영적인 무언가를 해야만 하는 그런 것이 아니다. 그것은 개인적인 세계 안에서 스스로 의미를 부여하는 것이다. 상대방이 스스로 의미를 느끼고 부여하는 영역 안에서 그 의미가 있을 수 있기 때문이다. 말하기 전에 듣는 상대방 입장에서 한 번 더 신중하게 고려한다는 것이 도전인 것이다.

왜 긍정적인 마음이 도전일까?

사람은 누구나 긍정적인 마음을 가지고 살아야 한다. 왜냐하면 부정적인 감정이 삶을 망친다. 표현이 거칠지 모르지만, 부정적인 감정은 우리 인생에서 도둑과 마찬가지다. 우리가 실패하는 일차적인 원인이 바로 부정적인 감정 때문이다. 부정적인 감정은 신체적, 정신적 질병을 유발하고, 인간관계를 파괴하고, 가정과 직장 생활을 망쳐놓는다. 부정적인 감정은 어떤 유익함도 없는 해로움 덩어리이고 행복에 가장 큰 적이다. 우리가 하는 모든 일에서 성취를 통해 느낄 수 있는 즐거움을 박탈한다.

누구든 반드시 해야 할 일이 바로 부정적인 감정을 제거하는 것이다. 성공을 원하는 사람이라면 그것보다 더 중요한 일은 없다. 마음의 평화는 인간에게 있어 최고의 선이며 부정적인 감정이 없어야만 얻을 수 있다. 부정적인 감정이 있는 채로 평화를 누리는 것은 불가능하다. 그것들은 상호배타적이기 때문이다.

　한때 나는 부정적인 감정을 피할 수 없는 자연스러운 것으로 생각했었다. 긍정적인 감정을 느낄 때가 있으면 부정적인 감정을 느낄 때도 있는 것이 당연하다고 생각했다. 그때 갑자기 인간이 부정적인 감정을 갖고 태어나는 것은 아니라는 생각이 들었다. 부정적인 갓난아기를 본 적 있는가? 우리가 지금 경험하는 모든 부정적인 감정은 어릴 때부터 성장하면서 모방, 연습, 반복, 강화를 통해 학습한 것이다. 이런 감정들은 학습된 것이기 때문에 제거할 수 있다. 부정적인 감정이 삶에 아무런 도움을 주지 못한다는 것을 이해하는 것이 부정적인 감정을 제거하는 첫 번째 단계다. '나는 할 수 있다.' 라는 긍정적인 마음은 성공으로 가는 길에서 가장 위대한 말이다. 이 말 속에는 자신감이 있다. 신념의 마력이 작용하며, 패배나 실패를 줄여준다. '나는 할 수 있다'라고 믿을 때, 어떻게 할까 하는 방법이 생각나고 그에 필요한 힘과 기술과 에너지를 생성하기 때문이다.

　여의길상(如意吉祥)이란 말도 있다. '항상 길하고 상서로운 좋은 일들은 자기 의지에 달려 있다.'라는 말로써 좋은 일을 생각하면 좋은 일이 생긴다는 것을 나타내주는 말이다. 말하자면 행복을 생각하면 행복해지고, 비참한 생각을 하면 비참해지고, 실패를 생각하면 정말 실패한다는 이야기다. 모든 것은 생각하기 나름이고 보기 나름이다. 한마디로 '일체유심조'인 것이다. 카네기는 지금까지 배운 최대의 교훈을 묻는 말에 다음과 같이 대답한다. "우리가 무엇을 생각하고 있는지를 아는 것이 중요 합니다. 당신이 무엇을 생각하는지 알 수 있다면 어떤 인물이 될지도 알 수 있습니다. 왜냐하면, 당신이 생각하는 것이 당신을 만들기 때문입니다. 그러니까 우리는 생각을 바꿈으로써

우리 인생을 바꿀 수가 있는 것입니다." (一切唯心造)

왜 성공하려면 꿈을 지켜야 하나?

누구나 도전에 성공하려면 꿈을 지켜야 한다. 성공은 꿈을 단념하지 않는 것이고, 실패는 쉽게 단념해 버리는 데서 기인한다. 꿈은 삶의 길잡이 역할을 해준다. 방황하는 사람은 꿈을 지키지 못하고 빼앗긴 사람들이다. "무엇 때문에, 무슨 근거로 그런 생각을 하느냐?" 하며 반문해 올 수도 있다. "그건 안돼. 불가능하다 구!", "그런 생각은 아예 없던 것으로 해"라는 말 그것이 바로 범인이다. 그리고 그런 말을 들었을 때 사람들은 세 분류로 반응한다.

첫 번째로 완전히 포기하는 사람들이다. 성공은 특별하게 운이 좋거나 타고난 조건이 좋은 사람들의 몫이라며 스스로 포기하는 사람들이다. 이들은 포기를 합리화 시키려고 뭔가 하므로 쉽게 구분할 수 있다. 사실, 이러한 그룹은 현실에 만족을 느끼지 못하고 늘 기회를 찾아 옮긴다. 방황하기 때문에 신세타령하며 좋지 못한 인생의 행로로 간다.

두 번째로 부분적으로 포기하는 사람들이다. 이들은 성공에 대한 많은 바램을 품고 있으면서 자기 자신을 이렇게 합리화한다. "우리는 평범한 사람들보다 훨씬 더 풍족한 삶을 누리고 있다. 여기서 우리 자신을 더 혹사할 필요가 어디 있는가?" 사실, 그들의 내면에는 실패에 대한 두려움, 사회적 논란에 대한 두려움, 불안정에 대한 두려움, 기득권 상실에 대한 두려움 등이 도사리고 있다. 하지만 그들 중에는 재주 많고 똑똑한 사람들이 다수 포함되어 있다.

세 번째 그룹은 결코 포기할 줄 모르는 사람들이다. 이들은 전체의 2~3%밖에 안 되는 사람들로 결코 비판적인 말에 흔들리지 않고 억압적인 세력에 항복하지 않으며 기어 다니는 것을 신봉하지도 않는다. 뜻있는 이들은 최고의 성취를 이루는 사람들이기에 가장 행복한 그룹이기도 하다. 이들은 각자의 부문에서 최고의 전문가 리더들, 성공의 주역, 집단의 지도자들이며 나름대로 신 나고 보람 있고 가치 있는 삶을 즐긴다. 그리고 이들은 날마다 성공을 꿈꾸며 완벽히 즐겨야 할 모험으로 여기고 다른 사람들과의 새로운 만남을 기대 한다.

애들아! 이제 솔직해지자. 앞으로 우리는 세 번째 그룹 속에, 매년 더 큰 성공하는 무리 속에, 늘 일을 벌이고 성과를 거두는 사람들 속에 속하기를 원한다고! 아무리 어려워도 "난 할 수 있다. 난 나를 믿는다."라고 생각하며 도전한다고!

에디슨은 전구를 발명하기 위해 무려 2,000번의 실패를 거듭했다. 그런 그에게 어느 신문기자가 물었다. "당신은 어떻게 1,999번이나 실패하면서 중간에 포기하지 않았습니까?" 그러자 에디슨은 정색하면서 이렇게 말했다고 한다. "실패라니요. 나는 절대로 실패한 적이 없습니다. 지금까지 실험을 통해 나는 단지 전구를 만들 수 없는 1,999가지 방법을 발견했을 뿐입니다."

꿈은 주변 사람이 뭐라고 해도 지켜나가야 한다. 니 아닌 나른 사람이 나서서 결정하고 망쳐 놓도록 내버려두어서는 안 된다! 물론, 모든 꿈이나 목표가 다 실현 가능성이 있고, 건전한 것이라고 단언하는 것은 아니다. 무턱대고 다른 사람들의 의견을 배척하라는 것도 결코 아니다. 이것 만은 기억해 두자! 그것은 자기 자신의 꿈이요 비전과 목표라는 것, 그것은 무의식에서부터 비롯된 것이며, 그래서 거의 본능에 가까운 것으로 바로 자기 자신이라는 것이다.

일단은 도전해보라. 만약 그 꿈이나 목표가 잘못된 것이라면, 그리 시간이 걸리지 않아 판가름이 날 것이다. 문제는 제대로 된 것인데도 도전해 보지 않는다면, 그만큼 손해를 보게 되는 것이다. 누군가가 말로 자신을 꺾으려 한다면, 그대로 주저앉지 말고 그에 맞서서 도전하라고! 오히려 철저히 만시간 준비해서 반격을 가하라고 권하고 싶다.

물론 성공에 이르는 길은 순탄한 것이 절대 아니다. 항상 자신을 좌절시키는 사람들이 있고, 또 그 성공의 길을 막는 방해 요소들이 있게 마련이다. 어떤 꿈이든 그것이 실현되기까지는 수많은 도전이 따르고, 승자가 되기 위해서는 여러 반론이나 비판으로부터 초연해야만 한다. 우리는 목표를 달성할 때까지 '끈질기게 붙어 매달려야만 한다. 마치 우편물이 배달될 때까지 우표가 거기에 붙어 있는 것처럼' 어려운 환경에서도 꿈과 목표를 지켜나가는 사람이 제대로 뜻을 세운 사람이다. 그리고 꿈을 지키는 사람은 어려운 환경을 접하면 더욱더 강해진다. 그리고 마침내 해낸다. 그는 자신의 장점뿐만 아니라 자신의 단점도 잘 알고 있다. 그는 스스로 동기부여가 될 만한 것을 삶 속에서 알아보고, 자신의 꿈을 이루어 성공하는데 도움되는 것들을 꾸준히 찾아내 활용한다.

진정한 의미의 성공은 당연히 굴러들어 오는 것이 아니다. 노력하여 얻어내는 것이다. 우리의 꿈이나 목표를 달성하는 일은 더욱더 대충해서 될 일이 아니다. 자신이 정해 놓은 꿈이나 목표가 열심히 노력하지 않아도 이루어지는 것이라면, 그것은 아마도 처음부터 별 의미가 없다고 보아도 좋을 것이다. 어떤 것이든 가치가 있는 것이라면, 그것을 얻어내기 위한 실행 노력이 따르기 때문이다. 굳은 결심 없이 실행 노력을 했다면, 성과는 그만큼 만족스럽지 않게 나타날 것이다.

그리고 실행 과정에서 어려움을 만나도 포기하지 마라. 뭐든 처음 보기에는 쉬워 보일지 몰라도, 어디쯤에선가 반드시 어려움에 직면하게 될 것이다. 예컨대 아기를 임신한 어머니는 처음 몇 달은 뱃속에 아기를 가진다는 것이 그다지 힘들게 느껴지지 않는다. 아기를 가지고 낳는다는 것이 얼마나 힘든가는 분만실에서 산고를 겪으면서 절감하게 된다. 산모들은 몇 시간 동안의 고통을 치른 후 아이를 낳게 된다. 아이가 나올 시간이 점점 다가올수록 고통은 커지고 비명소리를 지르며 죽을 만큼 힘든 산고를 참아 낸다. 그리고 어느 시점에선가 몇 번 온 힘을 들여 노력하면, 새로운 생명이 태어난다. 굳은 결심이 있고, 그 후 수많은 고통의 순간들이 따르고 나서야 그토록 오랫동안 고대해 왔던 목표에 다다를 수 있다. 목표를 달성하겠다는 마음으로 끝까지 포기하지 않는 것이다. 일단 목표를 정했다면, 목표를 달성하기 위해 다양한 가능성을 타진해 보고, 산모처럼 철저하게 노력해야 한다.

도전에 성공하려면 일을 즐기며 잘 놀아야 하지만, 기억해 둘 것이 있다. 자신의 능력을 제대로 발휘하지 못한 채 놀기만 하는 사람은 참으로 불행한 사람들이다. 작은 노력으로 달성할 수 있는 목표조차도 이루지 못한 채 일생을 마치는 패배자는 되지 말자. 실패보다 더 위험한 것은 '난 안 돼'라는 패배의식이다. 도전을 포기하면 끊임없이 패배감 때문에 시달리며 괴로워할 것이다. 꿈을 꾸는 사람은 막연하게 내일을 그리는 사람이 아니다. 미래에 도전해서 창조하는 사람이 진짜 꿈을 가진 사람이다. 자신의 능력을 믿고 그것을 발휘하도록 즐기며 도전해야 한다. 아인슈타인은 이렇게 말했다. "인생이란 자전거와 같아 계속 움직이지 않으면 균형을 잃게 된다. A가 성공하는 인생이라면 A=x+y+z다. x는 일하기, y는 놀기, z는 도전하는 것이다."

너희는 긍정적인 마음으로 생명 살리는 말을 하고 꿈을 이룰 때까지 창의적인 노력을 매순간 하라는 것이 도전의 노래이다.

참고 🐦 어떤 노력들을 매순간 더해야 할까?

우선은 오늘 무엇을 해야 할까를 생각하자. 아침에 일어나 단 3분 동안만 해도 하루가 달라진다. 오늘 하루의 목적과 계획이 있으면 좀 더 충실하고 효율적인 하루를 보낼 수 있기 때문이다.

그리고 다음과 같은 노력을 좀더 한다면 꿈꾸는 내일에 도전하는 인재로 성공하게 자명 할 것이다.

1) 긍정적인 사람? 밝고, 매사에 열심히 인 사람이며 적극적이고 모든 일에 최선을 다할 뿐만 아니라 힘든 일에도 웃을 줄 아는 사람이다. 어떻게 하면 될까? 우선 기본적으로 긍정적인 마음가짐을 갖고, 나는 할 수 있다 라며 적극적으로 행동한다.

2) 예의 바른 사람? 인사성이 밝고, 웃어른을 공경할 줄 알며 부모에게 효도하고 행동이 올바른 사람이다. 어떻게 하면 될까? 모든 일에 행동하기 전에 머릿속으로 3번 이상 생각한 후 행동한다. 단정한 차림에 미소지며 인사하고, 남을 배려하는 행동을 한다.

3) 믿음직한 사람? 자신에게 책임감을 가지며 신뢰, 약속을 잘 지키며 평소 행동이 올바른 사람이다. 어떻게 하면 될까? 긍정적이고 적극적이며 못 지킬 약속은 하지 않으며 한번 한 약속은 꼭 지킨다.

4) 노력하는 사람? 포기라는 걸 모르고 끈기가 있으며 자신이 맡은 바에 끝까지 최선을 다하고 스스로 만족할 줄 아는 사람이다. 어떻게 하면 될까? 배우려고 남들보다 더 열심히 하며 남들이 보지 않는다고 해도 맡은 일을 끝까지 끈기를 갖고 처리한다.

5) 주인의식을 가진 사람? 자기가 하는 일에 자부심을 갖고 책임감을 가지고 있는 사람이다. 어떻게 하면 될까? 자기 맡은 바 최선을 다하며 나의 일이라고 사명감을 갖는다. 끝나면 청소하고 정리정돈 한다.

6) 목표가 있는 사람? 자신에게 만족할 만한 일 또는 계획을 세운 후 그 일 또는 계획을 향해 달려가는 사람이다. 이렇게 하면 될까? 우선 오늘부터 하루 목표를 설정하고 실천하는 것이다.

7) 용기 있는 사람? 타인에게 도움을 줄 줄 알며, 남들이 꺼려는 일

을 앞장서서 하는 사람이다. 어떻게 하면 될까? 가장 어렸을 때 배웠던 것부터 차근차근 실행해 본다. 예컨대 어르신께 자리 양보해드리기, 봉사하기 등을 실천한다.

8) 스마트한 사람? 유연성을 가지고 모든 것을 융합할 줄 안다. 고정관념을 버리고 사고의 경계가 없이 개방적이다. 어떻게 하면 될까? "만나는 모든 사람에게서 무언가를 배우는 자가 가장 현명한 사람"이라는 말처럼 항상 배우려고 노력한다. 그리고 사람(People), 프로세스(Process), 제품(Product)을 분석해 새로운 가치창출과 혁신(PI)솔루션을 만들도록 노력한다.

9) 조정 화합하는 사람? 자신의 의견을 주장하는 것만이 아니라 타인의 의견도 존중해주며 나의 의견과 타인의 의견을 조정할 줄 아는 사람이다. 어떻게 하면 될까? 우선 조직목표를 이해하고, 다양한 의견을 반영하고 적절히 조정하는 것이다. 나도 틀릴 수 있다는 자세로 여러 의견을 모아야 한다. 그리고 기술과 예술을 융합하거나, 인문학과 자연과학을 통섭하는 노력도 해야 할 것이다.

이처럼 작지만 매순간 무엇을 좀더 하느냐에 따라 그 누적 결과는 달라진다. 그렇기 때문에 꿈꾸는 삶을 위해 창의적으로 지금 무엇을 하는가가 매우 중요한 성패요인이 되는 것이다.

navigation

4

젊음의 노래

자기 자신을 명품으로 만들자

멋쟁이 아들딸들아! 인품이 갖추어지지 않은 사람이 온갖 명품으로 치장한다고 해서 돋보이는 것이 아니다. 오히려 비웃음의 대상이 된다. 반면에 내면의 명검을 가진 자, 타고난 재능을 연마해서 달인이나 전문가로써 지혜와 덕이 높으면 무엇을 입던 남보다 돋보인다. 그가 명품을 입었을 때, 명품이 그 사람을 돋보이게 하는 것이 아니라 그가 명품을 돋보이게 하는 것이다.

왜 명품으로 치장하려는 걸까? 이유야 많지만 자신을 돋보여 첫인상을 좋게 하자는 이유 때문일 것이다. 첫인상이 좋으면 남들에게 주목 받고 선입견도 좋아져 여러모로 잘 되고 좋아질 것이라는 기내하는 것이다. 하지만 명품 치장보다 실제로 인상을 좋게 만드는 것은 눈가에 상냥한 웃음기를 띤 밝은 표정을 짓는 것이 먼저다. 그리고 배려와 예절을 배우고, 풍부한 지식과 경험을 쌓아 내면을 멋지게 하면서, 자신만의 차별화된 재능을 살리는 것이다.

그런데 사람은 부족한 점이 있으면 대부분 외모를 고치고 명품으로 치장하려고 무던히도 애를 쓴다. 어리석은 사람일수록 더욱 그렇다. 좀 더 예쁘게 보이려고 성형 수술도 하고, 값비싼 치장을 하고, 여유있게, 억지웃음을 지어보기도 한다. 그러나 지나치게 화장하고 화려한 옷을 차려 입으면 머릿속이 비어 있기 때문에 일부러 위장하고 있는 것으로 보인다. 또한, 옷차림이 엉망인 사람도 역시 그의 인격을 의심할 수밖에 없게 만든다.

하지만 현명한 사람은 자연스러우면서도 주변과 조화되도록 신경을 쓴다. 튀는 옷은 입지 않고, 많은 사람이 입는 옷과 비슷한 정도의 수준을 유지한다. 다만, 언제나 바느질이 잘된 옷, 몸에 잘 맞는 옷을 골라 입고 머리는 단정하게 하고 몸은 청결하게 한다. 물론 젊을 때는 머리 스타일이나 복장 디자인 등이 조금 화려하고 개성있는 특색을 갖추는 것도 나쁘진 않다.

좋은 표정과 바른 자세는 상대방과 주변환경에 따라 달라져야 한다. 밝고 쾌활한 사람들과 어울릴 때는 누구보다도 활달하게 처신해야 하고, 위엄 있는 사람들 사이에서는 누구보다도 점잖게 행동해야 한다. 그리고 호의를 베푸는 사람에게는 일일이 감사를 표시해야 한다. 이처럼 사람들과 어울리면서 분위기에 따라 재치 있는 변신을 해야 한다. 남을 배려하고 주변과 멋진 조화를 이루면서 자신만의 재능을 살려 차별화해야 돋보이는 것이다.

차별화는 자신만의 독특함을 창조해야 한다. 차별화는 남들과 다른 요소를 찾는 것이 아닌 자신의 희망과 개성이 적절히 혼합되어 만들어내는 결과물이다. 희망으로 가능성을 점치고 개성으로 현실적인 시각을 배합함으로써 차별화는 탄생하는 것이다. 자신이 좋아하고 잘하는 것을 최고로 만들어 남들도 느낄 수 있도록 독특한 가치를 창조하는 것이다.

　명품 인재상은 인간미와 삶의 지혜가 폭넓고 리더십도 남다를 뿐만 아니라 옛날부터 축적된 전통적 지식과 가치들을 새 시대에 맞게 융합하고 혁신해서 인류사회에 새롭고 유익한 독창적인 가치를 창출해 공헌하면서 희망찬 미래를 여는 창의적인 사람이다.

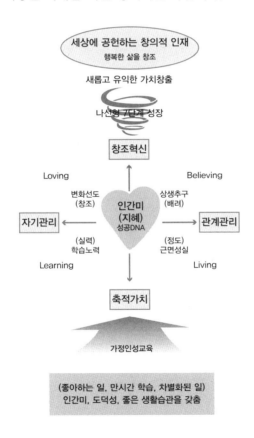

▲ 명품 인재상 인성도

무엇보다 하트에 인의예지신을 갖춘 인간미와 성공DNA의 지혜를 핵심가치로 놓고 우선 살아남기 위해 근면 성실하게 정도八正道로 가면서, 만 시간 학습하여 실력을 전문가 수준으로 만든다. 그리고 서로 배려하고 상생을 추구해 신뢰를 만들고, 창조와 변화를 선도하고 협업해서 자아실현을 완성해 나가야 창의적 인재가 된다. (하트의 폭을 사방면으로 넓히려면 실력·정도·창조·배려에 대한 인성교육이 매우 중요하게 된다.)

하지만 성공 DNA 잠재력은 저마다 모두 다르다. 타고난 재능과 소질을 보면 공부를 잘하는 사람이 있으면 사업을 잘하는 사람도 있고, 그림을 잘 그리는 사람이 있으면 글을 잘 쓰는 사람도 있다. 컴퓨터나 기계를 만지는 데 특출한 사람이 있는가하면 운동이나 인간관계를 잘하는 사람도 있는 것이다. 각자의 재능과 소질이 무엇인지 찾아내어 만 시간 이상 배우고 익혀서 최고로 만들어야 한다. 그리고 모든 사람에게서 항상 배우고 전문가나 달인이 되어 차별화가 되면 반드시 초심으로 돌아가 교만하지 말아야 한다. 그렇게 해야 존경 받는 멋진 명품인재가 될 수 있다.

젊음은 최고의 자산이다

내가 접했던 멋진 젊은이는 멋진 자동차를 타고 명품으로 치장한 사람이 아니었다. 요란하게 치장은 안 했지만, 눈빛이 초롱초롱하고 머리에서 발끝까지 빛나 보이는 젊은이였다. 그는 바로 긍정적인 사고와 자신감이 넘치는 젊은이다. 당당하게 미소 짓고, 초조함으로 말을 많이 하지 않고, 걸을 때도 자신 있게 어깨를 펴고 활기차게 걷는 것이다. 주변 환경을 탓하지 않고 자신을 다른 사람들과 달리 유용한 인재라는 자신(自信)감으로 가득 찬 사람이다. 그들은 다음과 같은 행동 특징을 가지고 있다.

첫째, 모임에 가면 항상 앞자리에 앉는다. 어떤 모임이든 뒷자리부터 먼저 사람이 차는 것이 보통이다. 뒷자리에 앉는 것은 사람들의 눈에 띄기 싫어서다. 그러나 그들은 앞자리에 의젓하게 앉음으로써 스스로 자신감이 붙게 한다.

둘째, 차분하게 상대방의 눈을 똑바로 바라보고 진실도 알아낸다. 상대방의 눈을 응시한다는 것은 진실을 바라볼 뿐만 아니라 상대방에게 이렇게 말하고 있는 것과 같다.

"나는 당신에게 아무것도 숨기는 바가 없습니다."

"당신도 숨기지 말고 진실을 알려 주십시오."

셋째, 빨리 걷는다. 심리학자들은, 사람은 자기 동작의 스피드를 바꿈으로써 실제로 자기의 태도도 바꿀 수 있다고 설명하고 있다. 25% 빨리 걷는다는 것은 그만큼 자신감이 넘치게 하는 것이다.

넷째, 모르면 질문하고 자진해서 이야기한다. 모르는 것을 질문한다는 것은 자기 말에 확신이 있다는 것을 의미한다. 우물쭈물하는 태도는 그만큼 자신감을 상실하게 하는 결과만을 가져올 뿐이다.

다섯째, 인사도 잘하고 담대(膽大)하게 웃는다. 웃음은 자신감 부족에 대한 특효약이다. 예의를 갖추고 자신 있는 것처럼 행동하면 자신감이 붙는다. 행동이 성격을 만들기 때문이다.

특히, 그들은 추구하는 목표나 생활자세가 남다르다. 자신이 좋아하고 잘하는 것을 발전시켜 세상에 기여한다는 목표가 명확하고 실천의지도 확고하다. 무엇보다도 너희처럼 젊기 때문에 그들은 의미 있고 새로운 가치를 창출하는 보람찬 삶에 도전한다. 그들은 1%의 가능성만 있어도 결단하고 도전한다. 젊음은 그들에게 최고의 자산이고 5대 자본이 되기 때문이다. 젊음이 5대 자본이란? 말하자면

첫째 시간이 자본이다. 무엇보다 시간은 가장 중요한 젊음의 자원이다. 젊은이에게는 반세기 긴 시간이 주어져 있다. 오십 년이라는 시간을 가지고 장차 "무엇을 할 것이냐?"이다. 무엇인가 보람 있는 일을 하여 가치 있는 것을 창출해야 한다. 50년이라는 시간을 허송세월하여 아무것도 남겨 놓지 못한다면 인간으로서 부끄럽고 면목이 없는 일이다. 인간이 죽을 때 역사가 던지는 엄숙한 질문이 있다. "무엇을 남겨 놓고 갑니까?" 사람은 이 세상에 의미 있는 무엇을 남겨 놓고 갈 것인가를 생각하면서 사는 것이다.

둘째는 정력이 자본이다. 젊은이란? 일생에서 가장 생명력이 왕성하고 원기가 충만한 때다. 팔다리는 힘찬 생기가 약동하고, 눈에는 정기가 빛나고, 오장육부는 강건하다. 온몸에 넘쳐흐르는 싱싱한 에너지를 무엇에 쏟을 것인가? 원기 발랄한 젊음의 정열을 주색잡기에 쏟거나 죄와 악의 어두운 나락으로 전락시키는 비참한 패륜아도 있다. 전도가 창창한 젊은이의 부패와 타락은 참으로 불행하고 안타까운 일이다. 너희는 정력을 생산적 에너지로 써야 한다. 심신을 단련하는 운동, 견문을 넓히는 여행, 학식을 갈고 닦는 공부, 인격을 연마하는 수련, 정서를 아름답게 순화하는 예술에 심혈을 기울이는 것이다.

셋째는 감격성이다. 인생에서 감격성의 가치를 매우 높이 평가한

다. 젊은이는 감격성이 강하다. 감격은 젊은이의 특권이요 자본이다. 늙은이는 감격성을 상실한다. 타락한 사람은 감격할 줄 모른다. 맑고 깨끗한 영혼의 소유자가 감격한다. 감격은 깊이 느끼어 마음이 뜨겁게 분발하고 정신이 새로워지는 것이다.

젊은이는 좋은 책을 읽고, 훌륭한 말씀을 듣고, 위대한 작품과 예술을 보고, 장엄한 자연에 접하고, 감동적 장면에 부딪힐 때 신선한 충격적 감격을 경험한다. 인간은 깊은 감격에 휩쌓일 때 새로운 자각, 새로운 결심, 새로운 용기, 새로운 분발심이 일어난다. 새로운 감격이 새로운 인간을 만드는 것이다. 깊은 감격에서 진지한 생활이 시작된다. 감격은 정신의 깊은 혁명이다.

넷째는 이상주의 정신이다. 젊은이는 이상을 품고 그것을 달성하기 위하여 분투노력하는 자다. 자신의 마음에 밝은 이상의 등불을 켜라. 이상이 없는 젊은이는 젊은이가 아니다. "꿈이 없는 청년은 청년이 아니다."라는 말도 있는 것이다.

이상이란 무엇이냐? 인생의 바람직한 꿈이요, 원대한 목표요, 간절한 소원이다. 산다는 것은 이상을 실현하기 위한 부단한 노력이다. 이상이 없는 현실은 무의미하고, 현실을 망각한 이상은 공허하다. 이상을 상실하면 정신이 늙고, 인격이 타락한다. 인간은 빵만으로 사는 동물이 아니라 이상을 먹고 사는 동물이다. 방안에 등불이 꺼지면 사방이 캄캄해지듯이 젊은이의 마음에서 이상의 등불이 꺼지면 젊은이의 생활은 어두워진다. 이상은 커다란 광명이요, 밝은 희망의 등불이요, 씩씩한 용기의 샘이요, 강한 힘의 원천이다.

다섯째 용기도 창조에 있어 중요한 자본이다. 용기에서 도전하는 힘이 생긴다. 가난과 싸우는 것도 용기요, 역경에 저항하는 것도 용기요, 시련을 극복하는 것도 용기요, 유혹을 물리치는 것도 용기요, 칠전팔기하는 것도 용기요, 이상을 향하여 전진하는 것도 용기다. 용기 있는 젊은이가 성공하고 승리하며 인생의 대업을 성취한다.('행복한 가정의 비전'에서)

자기주도로 열정을 다하자

젊을 때 열정적으로 노력해야 한다. 그리고 무엇을 하든 성과가 있어야 한다. 최선의 열정과 노력을 하지 않으면 그 어떤 결실도 볼 수 없다. 세상은 언제나 만만치 않다. 물론 행운이 따라서 적은 노력을 기울이고도 의외의 성과를 얻어 세상일이 만만해 보이는 예도 있겠지만, 그것은 요행, 즉 뜻밖의 행운일 뿐이다.

이 '뜻밖의' 상황은 말 그대로 자주 일어나는 게 아니다. 인생은 뜻밖의 상황에 기대며 살만큼 호락호락하지 않다. 업적은 끝까지 온 힘을 다해 물고 늘어져야 한다. 그뿐만 아니라 풍부한 경험을 쌓고, 각 분야에 전문가나 달인이 되도록 노력해야 한다.

목표를 달성하는데 힘들고 어려운 과정을 견뎌야 한다. 견디어 내야 할 일에는 여러 가지가 있는데 여러 유혹을 떨치는 일, 기다림을 참는 일, 번거로움을 견디는 일, 수고로움을 견디는 일, 욕됨을 견디는 일, 궁색함을 견디는 일 등이 그것이다. 이런 일을 참고 견디어 내지 못하면 뜻대로 할 수가 없게 되기 때문이다.

목표가 명확하고 실천 의지가 확고하면 목표 달성이 빠르다. 목표를 정하고 그것에 대한 철저한 계획을 세우고 날마다 실천하는 것이다. 이것이 최고의 성과를 내면서 목표를 달성하는 비결이다. 그럼 어떻게 해야 하는 것일까? 우선 성취하고 싶은 10가지 목표를 나열하라. 그리고 10가지 목표 중 어느 것이 자신의 삶에 가장 긍정적인 영향을 끼칠 것인지 자신에게 물어라. 중요한 것에 동그라미를 표시하고 우선순위별로 별도의 종이 위에 옮겨 적어라. 그리고 시한을 정하고 실천하면 되는 것이다. (제3장 참조)

"자작자수(自作自受) 자업자득(自業自得)"이라는 말이 있다. 풀어보면 "자신이 만든 것은 자신이 받는다. 자신이 행하는 대로 삶이 이루어진다." 그러므로 언제나 자기주도로 자발적이고 창조적으로 살아야 한다는 것이다. 하나님, 부처님, 공자님, 부모님 그 누구도 내 인생을 대신 살아줄 수 없다. 죽으나 사나, 좋으나 싫으나 자신의 인생은 자신이 살아야 한다. 아무리 길이 잘 닦여져 있더라도 자신이 주체적으로 가야만 그 길이 자신의 길이 되는 것이다.

예컨대 전 재산의 99%를 기부한 워런 버핏의 세 자녀는 적은 유산(1%)을 받고도 대단히 만족해 한다. 그들은 "돈보다 값진 자신의 꿈을 좇아 살라"는 가르침을 부모에게 받았기 때문이라고 말한다. 세계 최고갑부로 자수성가한 부모로서 자녀들에게 '유산으로 편안하게 살기보다는 각자의 재능을 살려 꿈을 이루거나 자신만의 값진 보화를 창출하라'리고 기르친 것이다. 칭조의 원동력은 젊음과 무한한 잠재력이기 때문이다. 그리고 그것이 자아실현의 행복한 삶의 길이기도 하다. 지혜롭고 현명한 부모는 자녀 스스로 열정을 발휘하고 싶은 분야를 찾아내 행복한 삶을 살도록 가르치는 것이다.

자아실현의 길은 자신의 꿈을 이루는 것이다. 무(無)에서 유(有)를 만드는 창조 작업이기도 하다. 온갖 위험과 시련이 뒤따르지만 '진실은 통한다.'라는 믿음과 흔들리지 않는 용기로써 한 걸음 한 걸음 앞으로 나아가면 어둡고 습한 절망의 땅에도 희망의 새 길이 조금씩 조금씩 넓게 열리는 것이다.

애들아! 최고의 자산은 젊음이란 걸 깨닫고 인간미 넘치는 명품 인재가 되자. 자신만의 차별화된 가치를 창조해서 미래를 여는 포공구덕 창의인재가 되라는 것이 젊음의 노래이다.

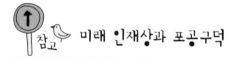 참고 미래 인재상과 포공구덕

포공구덕은 옛날 서당(학교) 주변에 민들레(蒲公英)를 심고 인성교육을 했다는 데서 유래한다. 포공영(민들레)을 보면서 아홉 가지 덕을 깨닫도록 가르쳤던 것이다. 요즘처럼 스펙을 쌓고 시험점수 높이는 공부만을 좇아서는 안 되고 세상이치에 맞게 생각하고 행동하는 '격물치지'의 지혜를 얻는 자세로 학문해야 한다는 것이다. 그래야 세상만물과 더불어 살아 가는 생명력 있는 지혜가 쌓이고 실생활에 맞게 남다른 창의력과 상상력이 생겨서 세상을 바꿀 힘이 생긴다고 가르쳤든 것이다. 옛날 선조들은 포공구덕을 실현하는 사람이 되기를 원했고 바랬다.

인(忍) : 어떤 열악한 환경에서도 잘 자란다.
강(剛) : 뿌리를 잘라 햇볕에 말려도 다시 심으면 싹이 난다.

예(禮) : 잎마다 꽃이 차례대로 핀다.

용(用) : 잎, 줄기, 뿌리 모두 유용하게 쓰인다.

정(情) : 이른 봄에 꽃을 피워 벌과 나비를 부른다.

자(慈) : 하얀 유즙으로 아픈 상처를 낳게 해준다.

효(孝) : 뿌리를 달여서 만든 약은 흰 머리를 검게 한다.

인(仁) : 모든 것을 내주는 사랑과 희생이 있다.

용(勇) : 씨앗은 어디서든 스스로 자수성가 한다.

요즘 요구되는 인재의 자질과 능력은 '문제 해결 능력, 창의혁신적 사고, 긍정적인 책임감, 팀워크, 의사소통능력, 전문가의 매너' 등이다. 아울러 부모들은 자녀에게 '자기 주도적으로 자신을 돌보고, 책임감 있는 결정을 내리고, 타자와 의견 차이를 이해하며, 문제를 해결하고, 말에 책임을 지며, 시간도 잘 활용하기'를 바라고 있다.

그리고 미래엔 그림처럼 미래 인간에게 필요한 3대 핵심 역량뿐만 아니라 인류학자 레비스토로스가 제시한 미래를 여는 창의적인 인재의 조건도 갖추도록 해야 할 것이다.

1. 끊임없이 변화되는 분야 간의 차이를 탐구해 나가는 인재 : 미래 자기분야에 대한 해박한 지식과 전문성뿐만 아니라, 여러 분야 사이에 존재하는 차이에 주목하는 전문가

2. 학문적 통섭보다 현실적으로 가능한 융합을 추구 : 모든 지식을 편집 가공해서 새로운 지식을 창조하는 지식 편집자, 혹은 이질적 정보를 융합해 새로운 지식을 창조하는 '지식의 연금술사'

3. 주어진 문제에 대한 모범답안을 찾는 모범생이기보다 모험가 :

이제까지 해보지 않은 일, 가보지 않은 곳, 읽어보지 않은 책, 보지 않았던 영화 등 다양한 경험을 축적하면서 색다른 도전을 즐김

4. 책으로 배운 논리적 사고보다 몸으로 배운 야생적 사고로 무장 : 책상머리에서 배운 논리와 이성에 일상에서 체득한 야성이 추가되지 않으면 공허한 담론에 불과함

5. 자신이 재미있게 할 수 있는 재능을 찾아 최고 경지에 이르도록 최선을 다하는 전문가 : 야생의 사고로 무장한 미래의 전문가는 실천적 지혜의 행동하는 인재

6. 냉철한 판단력과 함께 따뜻한 가슴, 그리고 과감한 추진력을 겸비한 전문가 : 야망으로 가득 찬 미래의 인재는 작은 아이디어라도 과감하게 행동으로 옮겨 변화를 추구하는 인재이어야 한다.

미래 인간에게 필요한 3대 핵심 역량(미래전략보고서)

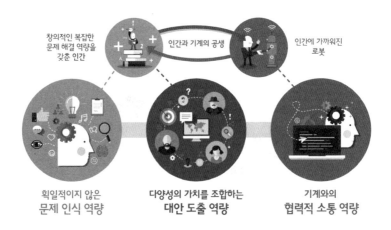

(『미래창조과학부-10년 후 대한민국 미래 일자리의 길을 찾다』, 2017.01.지식공감)

navigation
5

희망의 노래

매일매일 변화로 희망을 창조하자

철부지 아들딸들아! 미래를 여는 창의적 인재에 도전하라고 권하고 싶다. 왜냐하면 인재가 되거나 평범한 사람이 되는 것은, 태어날 때부터 하늘이 정해 놓은 것이 아니라, 자신의 정체성을 가지고 오늘 무슨 생각을 하며 어떻게 생활하느냐로 정해지는 것이기 때문이다.

다시 한번 강조하지만 만일 큰 뜻을 가지고 오늘을 더 크고, 더 좋고, 더 의미 있고, 더 즐겁게 만들겠다는 불타는 욕망으로 변화하면 희망적으로 발전할 것이고, 내 편안한 대로 생각 없이 아무렇게나 생활하면 미래는 참담할 것이다.

가장 중요한 것은 오늘 어떤 생각을 하고 어떻게 생활하느냐가 미래에 어떤 사람이 되느냐가 결정되는 것이다. 그림처럼 일상 생활을 매일매일 바르게 고치고 혁신해야 한다. 오늘 비록 작더라도 더욱 새롭고 유익한 변화를 창출하면 언젠가 세상에 편익을 창조하는 인재

가 되는 것이다. (日新又日新)

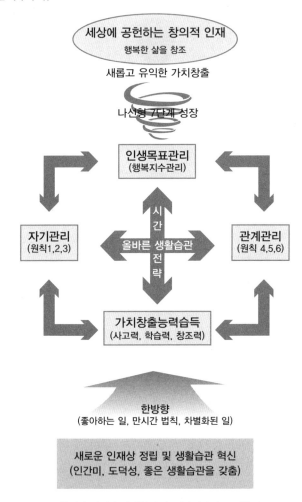

* 창의적 인재의 신생활체계도 (상세설명 2부 참조)

　　왜냐하면 세상에는 나비효과라는 이론이 있다. 중국 베이징에서 시작한 나비의 날갯짓처럼 작은 변화가 대기에 영향을 주고 시간이 지날수록 증폭되어 긴 시간이 흐른 후 미국 뉴욕을 강타하는 허리케

인과 같은 엄청난 결과를 가져온다는 이론이다. 즉 나의 미약한 날갯짓이 먼저 자신을 변화시킬 것이고 인류에 공헌하는 결과를 가져오는 변화를 만들수 있는 것이다.

그러므로 우리에게 작고 하찮은 일이란 있을 수 없다. 우리가 하는 말 한마디, 행하는 행동 하나가 어느 순간 우리에게 거대한 폭풍의 모습으로 되돌아올 수도 있다. 그것이 바로 나비효과의 힘이자 무한한 가능성이다. 새로운 변화는 오늘 한 가지 실천을 했다고 해서 내일 아침에 당장 큰 변화를 부를 수는 없다. 하지만 그 작은 변화가 바로 변화의 초기조건이며 나비효과의 가능성과 희망이 된다. 사소하더라도 나쁜 습관을 버리고 모두에게 이롭게 하는 올바른 습관을 만들어야 하는 것이다. 나비의 기적은 매일매일 올바른 생활습관을 만드는 실천적 행동변화에서 오기 때문이다.

변화에는 3가지 원칙이 있다

사람들에게 "어제와 같은 오늘을 살고 싶은가?"라고 물으면, 대부분 다르게 살고 싶다고 대답한다. 어딘가 변화를 주고 싶고, 무언가 다른 느낌의 미래를 만들고 싶어 한다. "그렇게 살면 되지 않느냐?"라고 반문해 보지만, 변화가 쉽지 않은 건 필자 또한 마찬가지이다. 그래서 선현들의 지혜를 본받고 지이혁명을 이끌어 가는 게 지혜로움이 아닐까 생각한다.

예컨대 세상은 '살아남으려면 변하라!'라며 다그치지만, '자면 잘 수록 더 자고 싶은 잠'처럼, 이미 익숙해진 일상은 어지간해선 우리의 발목을 놔주지 않는다. 어제와 같은 오늘, 오늘과 다르지 않을 내일. 실상 변화가 없다는 것은 안정이 아니라 실패와 추락을 의미한다. 매일매일 새롭게 변하는 자만이 미래에 희망을 기대할 수 있는 것이다. 변화란 우리가 일상에서 일어나는 작은 것들의 차이를 말하기 때문이다.

그렇다면 변화에 뾰족한 원칙은 없을까? 연구한 결과 세 가지 조건을 갖추지 않으면 변화되지 않는다는 것을 발견했다. 놀랍게도 성공한 변화에는 세 가지 법칙이 작동했던 것이다.

첫째, 모든 변화는 '나부터' 시작해야 한다. 잔잔한 호수에 돌을 던지면 동심원의 파문이 처음에는 작지만, 점점 커져 호수 전체로 확산해 나가는 것과 같이 모든 변화의 원점에는 나부터 변화가 있어야 한다. 사례처럼 '나부터 변화와 너부터 변화'는 비록 획 하나의 차이지만 그것이 만들어 내는 결과는 전부(全部)와 전무(全無)의 차이이다.

내가 아직 어리고 상상력에 끝이 없었을 때 나는 세상을 변화시키겠다고 꿈을 꾸었다. 나이가 들고 뭔가를 알아가면서 나는 세상을 변화시킬 수 없다는 것을 알게 되었다.

나는 시야를 약간 좁히기로 하고 우리나라를 변화시키겠다고 결심했다. 하지만 그것 또한 미동도 하지 않았다.

황혼기에 접어든 지금 이제는 마지막으로 절박한 기분으로 나와 가장 가까운 사람들 즉 내 가족을 변화시킬 방법을 찾는다.

하지만 이럴 수가... 그것도 되지 않는다.

이제 죽어가며 침대에 누워 난 처음 깨달았다.

그저 나 자신을 먼저 변화시켰더라면

내 가족이 영향을 받았을 것이고.

가족의 응원과 지지를 통해 내 나라를 변화시킬 수 있었을 테고

누가 아는가? 세상을 변화시킬 수도 있었을지!

(이 글의 시사점은 나부터 변해야 한다는 것이다.)

– 어떤 주교 신부님의 글

둘째, 뜻 있는 큰 목표를 세우는 것이 중요하다.(상세내용 제3장 참조) 즉 변화의 방향을 한 방향으로 모으는 것이 중요하다. 큰 목표가 있어야 변화가 가져올지도 모를 불편, 불이익에 굴복하는 악순환의 고리를 과감히 끊어버릴 수가 있다. 불편을 감수하더라도 꼭 이루겠다는 꿈이나 목표가 바로 뜻이 되는 것이다. 올바른 변화의 방향을 제시하고 무슨 대가를 치르더라도 해보겠다는 의지를 갖추는 것이 변화의 지름길이다.

마지막으로 단계별로 올바른 생활습관을 만들어야 성공한다. 한꺼번에 모든 변화를 이루려고 기대해서는 안 된다. 인류의 역사를 통틀어 보아도 혁명이 성공한 예는 거의 없다. 변화란 쉬운 일, 간단한 일부터 차곡차곡 쌓아 올라가야 한다. 자은 변화리도 싱공을 느껴보고, 변할 수 있다는 자신감을 확인하는 것이 중요하다. 아무리 실력 있는 산악인도 처음부터 에베레스트를 오르지는 않는다. 도봉산, 백운대, 인수봉을 비롯하여 비교적 덜 험난한 국내의 산악을 두루

거친 후에야 티베트로 향하는 것이다. (엄홍길 산악인 등)

　물론 변화의 시작은 나부터 해야 한다. 그리고 내가 변하려면 우
선 내가 누구인지 알아야 한다. 자성해서 나를 먼저 알고 그것을 바
탕으로 해서 목표를 향해 스스로 변해야 한다. 자기 자신을 철저히
알려면 '왜(Why)'를 다섯 번 이상 반복해 가면서 자신에게 묻고 생각
해야 한다. 그러면 고쳐야 할 점과 변화하는 방법을 알게 될 것이다.
무엇이든 자꾸 분석해 들어가면 위와 아래, 전후좌우가 보이고 매크
로와 마이크로가 다 보인다.

　내 습성, 내 성격을 알고 아울러 나의 나쁜 점, 모자라는 점도 알
아야 한다. 자신의 특징과 강·약점이 무엇인지 그 원인이 어디에 있
는지를 철저하고 완벽하게 아는 것이 변화의 시작이다. 그리고 무엇
을 어떻게 바꾸어야 하는지 알아야 한다. 잘 모르면 우선 스스로 생
각해서 '이것은 남한테 해롭다.' '이것은 남한테 불쾌감을 준다.'라는
것들을 열거해서 없애야 한다. 이렇게 해서 우선 인간미와 도덕성을
회복하여 사람다운 사람으로 바꿔야 한다.

　중요한 것은 나부터 변해야 한다는 것이다. 내가 변해야 가족이
변하고, 나아가 집안도 변하고 사회와 국가가 변하는 것이다. 너부터
변해야 한다고 생각하지도 말하지도 말아야 한다. 스스로 자기만 변
하면 모든 것이 변하게 된다. 무엇보다도 자신이 변하고 싶어서 변해
야 한다. 해보고 좋으면 반복해서 습관이 되도록 하는 것이다.

　하루에 10시간을 자는 사람은 9시간으로 줄이고 SNS도 1시간 줄
여 1~2시간 책을 보는 것으로 바꾸는 것이다. 이것은 하루아침에 되
는 것이 아니라 365일 나아가 2~3년 꾸준히 노력해야 바뀌는 것이

다. 변화는 자발적으로 해야 한다. 자신의 변화는 순전히 의지력의 문제다. 매 순간 자기와의 싸움에서 이겨야 한다. 내 맘대로 중간에 쉬거나 포기하면 영영 변할 수 없다. 억지로 누가 변해라 해서 변할 수 있는 것도 아니다.

사람은 7단계 변화를 해야 한다

앞 그림처럼 새 생활습관을 만들어야 사람은 인재로 변화한다. 하지만 새 습관변화는 한번에 이루어지는 것이 아니라 매일 단계별로 확대해서 나선형 모양으로 만들어가야 한다. 아래 설명처럼 생각과 마음, 말과 행동, 생활자세, 가치창출역량, 세계관이나 성품 등이 단계별로 좀더 좋고 크게 확대해 나가야 하는 것이다. 사람은 나선형 7단계 변화를 통해 생활습관이 만들어 지고 창의적 인재로도 성장하기 때문이다.[03]

1단계. (인재가 되겠다는 마음가짐 → 생활자세 변화)

인재가 되겠다는 마음가짐을 갖는다. 그래야 말과 행동이 변하고 생활이 변화한다. 예컨대 아침에 일어나는 시간을 어제보다 조금만

---

03 (주) 7단계 변화는 I. 매일 매일 솜더 나은 선택 (Making better choices everyday) 2. 보다 나은 습관의 개발 (Develops better habits) 3. 좋아지는 성격과 성품 (Build better character) 4. 보다 가치 있는 것들 (Makes more valuable) 5. 더 크고 나은 기회의 발견(Attracts bigger and better opportunities) 6. 더 많은 기여와 공헌을 꾀하게 됨 (Allows you to give more and contribute more) 7. 더 크고 값진 보상을 가져 온다 (Brings you bigger and better rewards) 라는 나선형 변화를 말한다. (홍석기의 Changing roadmap .)

빠르게 조절한다든가, 서점에서 책을 고를 때 흥미보다 지적(知的) 호기심을 채워 주고 오랫동안 기억하고 싶을 책을 선택한다. 오늘 하루의 선택이 조금씩 달라지면서 말과 행동이 바뀌게 된다.

그리고 자신이 하는 일에 대해 경쟁력을 높이려고 전문서적을 뒤적거려 보고, 경험자나 선배를 찾아가 더 깊이 묻고 배운다. 혼자 고민하고 갈등하는 시간을 줄이고 행동으로 실천하는 시간이 많아지도록 한다. 서두르지 않고, 멀리 바라보면서 매일매일 조금씩 변해보려고 꾸준히 노력하는 것이다.

2단계. (마음가짐 → 생활원칙 실천 → 생활습관 변화)

몇 가지 생활원칙을 정해 실천하므로 더 나은 습관을 개발한다. 예컨대 주변환경을 정리(필요한 것, 불필요한 것 분리), 정돈(제 위치에 바르게), 설거지 및 청소(깨끗하게 만들기), 청결(맑고, 깨끗하게 유지), 예절(인사, 접대, 배려, 전화예절, 역지사지), 식사, 독서 등의 기본원칙을 정해 매일 변화시키고 남다른 선택을 하다 보면 생활 습관이 하루하루 달라진다. 어색함이 없어지고 불편함이 줄어들며, 생활이 바뀌는 걸 느끼게 될 것이다. 일어나는 습관, 인사하는 모습, 책을 선택하는 버릇, 사람을 찾아 다니고 배우려는 자세, 수강하는 태도, 고객을 대하는 마음, 일해서 돈을 버는 생활 습관, 직무 수행에서 효율을 생각하고, 회의에 참석할 때는 효과를 고려하는 사고방식과 태도들도 변화한다.

작은 습관도 원칙을 정해 하나씩 한가지씩 바뀌어 가는 모습은 보기에도 좋고, 결과도 나아질 수밖에 없다. 행동이 바뀌는데 어찌 결과가 같을 수 있는가? 사람을 만나러 갈 때 잠시 머물러, 상대방이 원하는 바를 다시 한번 생각해 보고 빠진 게 없도록 준비한다면 결과는 좋아질 수밖에 없는 것이다.

3단계. (생활습관 변화 → 성품변화)

변화된 생활은 늘 만나는 사람만 만나지 않고 새로운 사람을 만난다. 부담스럽고 어색하지만 도움을 받을 수 있고 가르침을 줄 만한 사람을 만나본다. 조금씩 익숙해지면서 새로운 현상을 이해하고 습관이 변하면서 성격과 성품이 달라진다. 다양한 사람들을 만나면서 성격이 온화해지고 그들과의 어울림을 통해 타인에 대한 이해심이 깊어지고, 역사와 철학, 문학 등 속 깊은 책을 읽으며 사물에 대한 식견이 정립되고 업무의 이해도와 직무에 대한 전념도가 높아지면서 성품과 인격도 달라진다. 멀지 않은 시일 안에 만나는 친구로부터 성격이 좋아졌다는 말을 듣게 된다. 나이가 들고 세월이 흘러야 철이 드는 게 아니라, 노력한 만큼의 깊이와 넓이에 따라 언제나 인품이 달라진다.

4단계. (성품변화 → 가치관 변화 → 기회발견)

차츰 하나씩 보다 가치 있는 것들이 발견되고 만들어진다. 습관이 바뀌고 성품이 달라지면서 새로운 가치를 발견하게 된다. 평소 읽지 않던 책을 가까이 하고, 해보지 않던 일을 하면서 배우고 느끼는 게 달라진다. 모든 것이 다르게 새로운 느낌으로 다가온다는 사실을 알게 된다.

예전엔 보이지 않았던 기회를 발견하게 되고 사람과의 만남이 배움이 되고 돈이 된다는 걸 알게 된다. 비즈니스의 철칙도 발견하게 된다. 주어야 받을 수 있고(Give and Take), 모든 것에는 시간이 걸린다는 쉬운 원리를 이해하게 된다. 보이지 않는 가치에 대해 존엄성을 부여하게 되고, 간단하고 쉬운 일에 전력을 기울여야 하는 의미를 인식하게 된다.

5단계. (기회발견 → 기회 확대 → 새로운 가치 창출)

더 크고 나은 기회를 발견하는 단계다. 보이는 것만 보고, 듣고 싶은 것만 듣다가 보이지 않던 것도 보게 되고, 듣기 싫은 이야기도 되새겨 보면서 또 다른 기회가 눈에 띈다. 엉뚱한 곳에서 아이디어를 얻어 전혀 예측하지 않은 상품이나 기술을 개발하게 되고, 뜻하지 않는 고객을 발굴하여 큰돈을 벌게 되는 기회를 잡는다.

새로운 고객이 또 다른 고객을 소개해 주기도 하고, 고객을 통해 추천을 받기도 한다. 가만히 앉아 고민하면서, 늘 같은 사람들끼리 어울리면서, 매일 같은 습관으로 생활하면서, 똑같은 책만 읽으면서 뭔가 색다른 삶을 추구하는 것은 오히려 이치에 맞지 않는다는 것을 깨닫는다.

6단계. (새로운 가치 창출 → 변화 주도 → 사회공헌)

더 많은 기여와 공헌을 꾀하게 된다. 인류가 고민하는 문제를 해결하거나 세상에 공헌하는 새로운 가치를 창출한다. 수많은 수요자가 바라던 서비스나 상품을 개발하여 그들을 기쁘게 해주는 것, 기존 수준을 뛰어넘는 기술을 개발하여 삶의 질과 인간관계의 가치를 높이는 것이다.

서로에게 도움이 될만한 사람을 연결해 주고, 자신이 아는 것을 조건 없이 알려 주며, 가진 정보나 자료를 나누어 아낌없이 주는 것은 먼 훗날 자신에게 되돌아올 가치를 먼저 만들어 놓는 일이다. 이러한 변화와 역할이 사회 발전과 조직의 성장에 기여할 수 있다고 느끼기 전에 스스로 변화된 모습에 놀라기도 한다.

7단계. (가치 창출 → 사회변화 공헌 → 미래를 여는 창의적 인재)

최고의 인재가 된다. 몸담은 분야와는 다른 곳을 넘나들고, 다양한 전문가들의 모임에 주도적으로 참여하면서, 새로운 가치를 주고받게 된다. 하루하루의 가치창출이 새로워지면서 생활 습관이 바뀌고 변화를 주도하게 된다. 그런 가운데 많은 사람으로부터 또 다른 가치를 인정받게 되고, 그것이 기회가 되어 존경 받게 된다. 말하자면 주변 사람들에게 일상적으로 도움을 주고 변화를 이끌어 가다 보면 어느 날 리더가 되고 통섭(統攝)과 융합으로 인류사회에 유익한 가치를 창조하는 인재가 되는 것이다.

한자의 일신우일신(日新又日新)은 '하루를 새롭게 하면 또 하루가 새롭다'는 의미이다. 세상사 모든 만물이 그렇지만 오늘에 하루가 더해 갈수록 낡을 수밖에 없는 것이 이치다. 그러나 이것은 생물학적 이치다. 생각과 마음만큼은 어제보다 오늘 더 새로울 수 있고 오늘보다 내일이 더 새로울 수 있다. 그러려면 새로운 가치를 창조히는 인새가 되어야 한디. 이것이 성공하는 습관과 행복한 내일을 창조하는 것이기 때문이다. 이 모두가 행복과 성공의 새로운 변화를 만드는 핵심 요체이다. 신생활 체계도와 7단계 변화는 창의적 인재가 되는 모델이요 시스템이다. 한마디로 '미래를 여는 창의적 인재가 되는 과정으로써(제2장 상세설명 참조)' 부모들의 바램이요 희망의 지혜이다. 나비 노래를 부르는 부모의 열망이기도 하다.

왜 미래를 여는 창의적 인재인가?

여기서 미래를 여는 게 무슨 뜻인지? 왜 창의적인 인재가 돼야 하는지? 설명하자면 한도 끝도 없다. 하지만 명제가 중요하기 때문에 우문현답(愚問賢答 : 어리석은 질문에 현명한 대답) 방식으로 추상적 개념을 좀 더 명료하게 구체화 하고자 한다.

Q 책의 핵심주제는 무엇인가?

A "미래를 여는 창의적인 인재"라는 주제다. 자신만의 멋진 삶을 창조하는 길라잡이(내비게이션)이고, "나도 행복한 삶을 창조할 수 있을까?"에 대한 정답일 수 있다. 핵심주제에 적합성이 가장 높기 때문이다.

Q 왜 아직 오지도 않은 미래인가?

A 살아온 지난 과거, 방황하며 사는 현재보다 미래만큼은 삶이 편안하고 행복하고 밝았으면 하는 바램 때문이다.

Q 미래 사회는 어떤 사회인가?

A 지금과 엄청나게 다를 것 같지만, 여전히 낮이면 태양의 밝음과 함께하고 밤이면 별을 보는 어둠과 함께하며, 배고프면 먹고 똥

마려우면 똥 누어야 하는 사회다.

Q 기본적으로 그렇다 하더라도 환경문제, 생명과학, 정보화, 세계
화 우주화 등으로 변화가 가속화되기 때문에 지금과는 엄청나게
다르다고 예상할 수 있지 않은가?

A 비록 그렇다 하더라도 당사자가 주체적이고 창조적으로 삶을 가
꾸냐 그렇지 않느냐의 여부에 따라 괜찮기도 하고 그렇지 않기
도 하다.

Q 왜 굳이 창의적인 인간이 되어야 하는가?

A 복잡한 삶의 문제를 바람직하게 잘 풀어내고 자신의 이상과 가치
를 잘 실현하려면 그렇게 해야 하기 때문이다.

Q 창의적 인간이 되려면 어떻게 해야 하는가?

A 직면한 삶의 문제를 주체적으로 사실과 진실에 연결시켜 세상 사
물 이치에 맞게 관련된 지식과 지혜를 융합할 때 창조성이 제대
로 발휘될 수 있다. 따라서 지금 직면한 존재의 실상, 즉 삶의 주
체인 자신을 자성해서 제대로 아는 일이 삶의 해답을 찾아가는
첫걸음임을 놓치지 말아야 한다. 이유는 '자기를 잘 알고 적을 잘
알면 백 번 싸워서 백 번 패배하지 않는다."라는 옛말이 있듯이
옛말에 담긴 세상 이치는 인생살이 어디에도 그대로 적용되기 때
문이다.

Q 생명의 존재인 나는 누구인가?

A 도법스님의 설법을 요약하면 다섯 가지로 설명할 수 있다.
첫째는 내 생명보다 더 귀한 것은 없다. 천하의 그 무엇으로도 비

교하거나 대신할 수 없는 유일한 존재다.

둘째는 그 누구도 내 삶을 대신 살아줄 수 없다. 어떤 상황이라 도 삶은 자기 스스로 살아야 한다.

셋째는 완성된 존재다. 나는 자유자재로 보고 듣고 말하고 학습 하며, 생각하고 행동하는 대단히 완성된 존재인 것이다.

넷째는 창조적인 존재다. 자신의 행위대로 그 삶이 창조된다. 스스로 농부로 살면 농부가 되고, 가치를 창조하는 삶을 살면 발명가나 혁신가가 된다.

다섯째는 상호관계적인 존재다. 예를 들어 꽃은 나비에 의해 생명의 씨앗을 만들고, 나비는 꽃에 의지하여 생명을 유지한다. 서로가 서로에게 생명의 의지처요 뿌리요 모체다. 마찬가지로 우주만물은 서로가 서로에게 생명을 낳고 길러주는 상호관계적인 존재다.

Q 나는 어디에 어떻게 존재하고 있는가?

A 부록 및 추천도서에 있는 '성학십도'를 보면 우주 만물이 모두 내 생명과 관계있다고 설명하고 있다. 우주인 영원과 무한의 존재가 지금 여기 내 생명인 것이다. 내 마음에 들고 안 들고, 좋아하고 좋아하지 않고, 이익이 있고 이익이 없음에 관계없이 온 우주가 이미 한 몸, 한 생명의 공동체이다. 따라서 어떻게 살아야 할 것인지 저절로 자명해진다.

예컨대 저 멀리 태양이 없다면 내 생명이 존재할 수 있을까? 생각이나 글이나 말로는 존재할 수 있다고 할 수 있지만, 실제로는 존재할 수 없다. 우주와 분리·단절된 내 생명은 어떤 형태로도 존재할 수 없다. 이처럼 우주 만물이 서로 의지하고 도움을 받아야만 내 생명이 존재하게 된다는 사실은 너무나 명백하다. (성학십도 참조)

Q 그렇다면 어떻게 살아야 하는가?

A 무한한 자부심을 품고 당당하게 주체적으로 자족의 삶을 살고, 자유롭게 창조적인 삶을 사는 것이다. 그리고 정체성에 충실한 삶을 사는 것이다. 나의 정체성은 모든 상대에 의지하여 사는 것이다. 태양에 의지하여, 밥에 의지하여, 풀 한 포기에 의지하여 내 생명이 존재한다. 그래서 모든 상대를 존중하고 배려하고 감사하는 삶을 살아야 마땅한 것이다.

Q 왜 그렇게 살아야 하는가?

A 우주만물의 존재 법칙과 질서, 즉 본래부터 주어진 천부의 진리이고 의무이며 생명의 보편적 진리의 길이기 때문이다. 인간사회의 갈등과 대립, 고통과 불행의 원인으로 작용하고 있는 성차별의 벽, 국가와 민족의 벽, 이념의 벽, 종교의 벽, 빈부와 이해타산의 벽 등을 넘어서야 모든 생명의 염원인 평화롭고 자유롭고 행복한 삶을 실현할 수 있는 확실한 길이기 때문이다.

Q 미래를 여는 창의적 인간이란 어떤 존재인가?

A 기존의 틀을 깨고 새로운 가치를 창조하는 사람을 말한다. 바로 '자신의 재능을 알고 잘하는 것을 창의적으로 차별화하는 사람' 이라고 정의할 수 있지 않을까. 타고난 재능으로 뜻 있는 목표를 만들어 자아 실현하는 인재가 되는 것이다. 행복한 내일을 창조

해 성공하는 사람이다. 현재가 미래를 만드는 게 아니라, 미래에 대한 비전이 현재를 만든다. 또 예측 불가능한 세상에서 미래 비전을 세우고 새로운 시대를 대비해야 하는 것이다.(제3장 참조)

특히 창의적 명품 인재는 나비처럼 기존의 틀을 허물고 새로운 변화를 창조할 수 있는 능력을 갖추어야 한다. 예컨대 자연 이치와 세상 물정을 헤아리는 통찰능력, 만시간 학습하는 능력과 변화에 적응하는 능력, 의사소통 능력과 문제 해결 능력, 뉘우치는 능력과 용서하는 능력, 남에게 봉사하는 능력과 지도하는 능력, 새로운 변화의 동력인 가치 창출 지식융합 능력, 사막에서도 생존할 수 있는 능력과 재미있게 즐길 줄 아는 능력, 소중한 것을 집중하는 목표지향적 시간 관리 능력이 그것이다. (제2장 참조)

나는 두 손 모아 눈감으며 너희의 행복과 성공을 기원한다.
"내게 금빛과 은빛으로 수놓은 천상의 천이 있다면
어두운 빛에도 푸르고 몽롱한 진주 같은 천이 있다면
그 천을 방황하는 너희들 발아래 펼쳐 놓으련만
나는 메아리 없는 노래 부르고 장단을 친다.
젊은 너희들 발 딛는 곳이 내 꿈이니까!"
침묵의 나비노래가 너희들 마음에 울려 퍼지길 희망한다.

이것이 부모가 부르는 다섯 번째 희망의 나비노래이다.
분명한 것은 작은 씨앗이 자라 풍성한 숲을 이루고 바다에 떨어진 빗방울이 동그란 파동을 그리며 퍼져 나가는 것처럼 오늘 당장 시작한 작은 행동이 우리의 삶에 변화를 가져 온다.

그래서 시작이라는 말에는 무한한 희망과 가능성이 담겨 있다. 다만 생각과 말만으로는 시작했다고 볼 수 없다. 오직 묵묵이 행동으로 실천하고 열정적으로 노력할 때 하나씩 생활습관이 되고 스스로 변화하면서 자신의 삶을 기적으로 만드는 것이다.

지금까지 나비노래를 들어줘서 무한한 감사를 드린다.

제1장에서는 명심할 것은 누구나 자존감과 자신감을 가져야 한다고 강조한 것이다. 사람은 저마다 무한한 잠재력을 갖고 있어, 누구나 실력을 갖추고 창조혁신하면 자아실현은 물론 인류에 공헌하는 새로운 가치도 창출할 수 있다는 믿음과 희망 때문이다.

자기성찰⇨꿈⇨목표⇨노력⇨실력⇨자신감
⇨모험,도전⇨창조혁신⇨성취⇨자아실현

제2장에서 미래를 여는 창의적 인재가 어떻게 되는지 설명한다. 신생활 체계도에 대해 전체적인 설명을 하고, 개념부터 진행과정에 따라 각 모듈별 구성내용을 설명하는 방식이다.

젊은이여! 제2장을 읽고 창의적 인재에 도전하십시오.

신생활체계도가 혁신의 길라잡이다

혁신에는 3박자가 필요하다
나도 인재가 될 수 있어야 한다
습관을 1% 바꾸면 인생이 달라진다
습관변화는 말보다 어렵다

우선 나쁜 습성부터 고친다

인생을 망치는 나쁜 습성들
옛날 선조들이 경계하신 것들
요즘 젊은이가 경계해야할 것들

인재상과 생활원칙을 정한다

올바른 인재상은 어떤 모습일까?
인재는 우선 인간미가 기본이다
그리고 생활원칙은 필수 요소다
나만의 인재상과 생활원칙을 정한다

창의력을 체계적으로 키운다

창의력 배양은 3가지가 핵심이다
상상력이 새로운 발상의 씨앗이다
가치를 창출하는 발상법들을 익힌다

시간을 전략적으로 관리한다

시간의 특성을 알고 관리한다
경중 완급으로 구분 관리한다
전략적 시간관리가 경쟁력이다

인간관계를 올바르게 만든다

훌륭한 사람과 사귄다
감정계좌를 관리해야 한다
인간관계 형성에 6A가 필수다
좋은 대화법이 강력한 수단이다

인생목표는 가슴 뛰도록 만든다

목표를 향한 마음가짐이 관건이다
목표는 주기적으로 관리해야 한다
목표달성은 생활시스템이 기반이다

창의적 리더가 되도록 한다

리더는 덕목을 갖춘 인재다
그런데 덕목의 형태는 다양하다
최고의 덕목은 진정성이다

제 2 장

창의적 인재가 되려면?

"나비처럼 나를 깨야, 미래를 창조하는 혁신적 인재가 된다."

상상하지 않던 것이 어느 날 갑자기 이뤄지는 법은 없다. 꿈이든 성공이든, 인생에서 무언가를 이루기 위해서는 각자의 재능과 '목표, 방법, 실천'이 일체화가 되어야 한다.

미래를 창조하는 명품 인재가 된다는 것은? 나비처럼 나를 깨고 인간미 도덕성 기반에 미래 비전 가치창출 목표달성을 위해 인간관계, 재능계발, 시간관리 등을 매일 습관적으로 실천하는 것이다.

하지만 누구나 기존 습관을 바꾼다는 것은 힘들고 어렵다. 혁신하는 것은 실패 요인도 많다. 따라서 동서고금 선현들의 금과옥조 같은 삶의 지혜를 배워서 시행착오를 줄여야 한다.

navigation

1

신생활체계도가 혁신의 길라잡이다

혁신에는 3박자가 필요하다

여기서 제시한 신생활체계도(창의적 인재의 길)는 혁신과정을 도식화한 것으로 '한 마리 나비가 알에서부터 유충과 번데기를 거쳐 아름다운 날갯짓을 할 때까지의 변신과정'과 같다고 생각한다.

혁신 변화의 과정은 3단계로 진행되고, 단계별로 아래에서 위로 올라가는 모양이다. 7개의 기능모듈이 상하 좌우로 자리하고 모듈 간 관계는 화살표로 상호연관성을 나타낸다. 다만 중간에 변화 성공 경계선으로 상단과 하단을 구분하고 있다.

전체구조는 상단 부문에 희망목표(자신이 행복하고 세상에 공헌하는 인재)가 있고, 중심에는 인재의 생활규칙과 시간전략 기반으로 올바른 생활 습관이 4모듈과 연결되어 있다. 그리고 하단에는 과거반성과 현실인식을 통해 버려야 할 나쁜 습성의 모듈들이 자리 잡고 있다.

성공하는 창의적 인재의 길 = Navigation for Your Best Life

(나를 깨고 미래를 창조하는 생활 모형이다.)

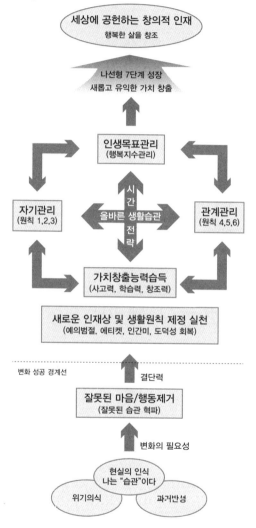

(신새활체계도: 창의적 명품 인재가 되는 과정)

이런 혁신 변화 과정은 크게 세 가지 요소로 나누어 볼 수 있다.

첫째, 현재 상태다. 현실을 객관적으로 직시해서 잘못에 대해 "이 대론 안 된다."라며 변화의 필요성을 느끼는 상태다. 이것이 없으면 변화 자체가 일어나지 않는다. (→ 위기의식)

둘째, 혁신변화를 통해서 얻고자 하는 결과, 즉 바람직한 상태다. 이것을 명확히 설정해 놓지 않으면 어디로 가겠다는 명확한 목적지를 정해 놓지 않고 무작정 집을 나서서 정처 없이 떠도는 것과 같다. 인생 목표가 절실하게 중요한 이유가 여기에 있다. (→ 인생목표)

셋째, 현재 상태에서 바람직한 상태로 이행해 가는 과정이다. 실천하는 생활습관을 만드는 것이다. 나와 인류사회에 유익한 가치가 창출되도록 목표관리, 재능계발, 시간관리, 인간관계를 유기적으로 최적화시켜 생활습관을 만들어야 한다. (→ 생활습관)

나도 인재가 될 수 있어야 한다

당연하다. 그러려면 신생활체계도처럼 나 자신이 시스템적인 생활을 해야 한다. 내가 결단해서 기존 나쁜 습성을 버리고 새로운 올바른 생활습관을 만들어야 행복한 삶을 창조하는 인재가 될 수 있는 것이다. 그런데 기존 습관을 버리고 새로운 생활습관을 만드는 변화는 생활원칙과 실천의지가 필요하다. 선현들의 경험과 지혜가 절실히 필요한 이유이다.

더욱이 혁신 변화란 더 훌륭한 미래 목표를 위해 현재 익숙하여 안주하는 생활들을 포기할 때 비로소 가능하다. 기존 생활에서 잘못된 것들을 버리고 바람직한 생활들을 습관으로 만들어야 한다. 이것은 힘들고 고통스러운 일이지만 꼭 극복해야 하는 일이다. 수도자처럼 생활원칙과 생활시간표를 정해서 힘들어도 매일 활동해야 한다. 매일 지속적으로 실천해야 한다. 결국, 새로운 습관을 만들어야 한다. 습관을 바꾸지 못 하면 실패하는 것이다.

습관을 1% 바꾸면 인생이 달라진다

신생활체계도 중간에 '변화 성공 경계선'은 결단을 하는 시점이고 운명을 바꾸는 성공의 출발선인 것을 알아야 한다. 습관을 변화시키는 데에는 엄청난 고통과 희생이 따르기 때문이다. 습관이란 응급처치 식으로 짧은 기간에 바꿀 수 없다. 습관을 바꾸기 위해선 운명을 바꾸겠다는 결단과 오랜 인고의 노력이 필요하다.

습관은 지식, 기술 그리고 욕망의 혼합체로 정의한다. 지식이란 우리가 무엇을 해야 하고, 왜 하는지에 대한 이론적 패러다임이다. 기술은 어떻게 해야 하는가, 즉 방법을 말하고, 욕망이란 하고 싶어 하는 것, 즉 동기를 말한다. 우리가 어떤 것을 습관화하기 위해서는 반드시 3가지를 갖춰야만 하는 것이다.

생활습관은 거대한 중력의 원리를 가지고 있다. 비행기가 10분 동안 이륙하는 연료가 100배의 비행거리에 쓰이는 연료보다 많이 든다. 중력의 힘이 그만큼 크다는 것이다. 습관을 바꾸는 것도 엄청난 힘이 필요하다. 만일 중력의 힘을 효과적으로 통제할 수 있다면 비행에 성공할 수 있듯이, 생활습관을 통제한다면 인생 성공을 불러오는 질서를 창조할 수 있다는 것이다.

예컨대 "우리가 생각의 씨앗을 뿌리면 행동의 싹이 나와 습관의 열매를 얻는다. 습관의 씨앗은 성품을 얻게 하고, 성품은 우리의 운명을 결정짓는다."라는 격언이 있다. 이처럼 습관은 인생에서 매우 중요한 요소다. 습관이란 사람의 성품을 나타내고 운명을 결정한다. 사람에 대한 평가는 그 사람의 단일 행동이 아니라 바로 습관이다. 좋은 습관 하나가 성공을 불러오는 것이다. 이른바 성공한 사람은 공통적으로 이런 말을 한다. "그냥 습관처럼 했을 뿐입니다."

어떤 사람들이 이런 이야기를 했을까? 그저 습관처럼 공부했을 뿐이라고 말하는 사법고시와 행정고시를 모두 패스한 중견 법조인, 매일 밭에 나가 일하고 조금씩 먹는 습관밖에 없다고 말하는 103세의 장수 노인, 그냥 평상시에 습관적으로 많이 듣고 많이 말했을 뿐이라고 하는 5개 국어를 구사하는 직장인 등을 떠올려 보라.

이들이 우리에게 던져 주는 메시지는 바로 사소해도 올바른 습관을 만들었다는 것이다. 그러나 우리는 불필요한 수많은 일과 사람들에 부대끼면서 살아간다. 대다수가 스마트폰, PC, TV, 인터넷 게임, 채팅, 술 담배 등에 일상생활을 빼앗겨 버리고 있으니 얼마나 안타까운 일인가! 사람은 무언가 한가지라도 반복적 행동에 따라 운명이 결정되는 존재다. 1% 바꾼 습관이야말로 개인의 성공 혹은 실패를 결정하는 데 중요한 역할을 한다.

습관변화는 말보다 어렵다

한 습관을 다른 습관으로 만드는 습관변화는 말처럼 쉽지 않고 어렵다. 한마디로 지금 오른손 쓰는 사람이 왼손잡이가 되어야 한다는 것이다. '지금까지는 부모님의 보살핌으로 오른손을 써서 먹고 살 수 있었다. 그러나 오른손만 가지고는 홀로 자신의 삶을 만들어 가기가 쉽지 않다. 양손을 모두 쓴다고 해도 세상 살기가 어렵다. 왼손을 오른손처럼 제대로 잘 쓰지 못하면 빌어먹을 수는 있을지 몰라도 남과 함께 손잡고 일하기가 쉽지 않다. 살아가려면 한순간이라도 다른 사람과 손을 잡지 않으면 안 된다. 사회생활은 혼자서 할 수가 없기 때문이다.' 말은 간단하다.

그러나 오른손이 있는데 왼손을 쓰기가 쉽겠는가?

잘되는지 한번 해보라. 왼손을 제대로 쓰려면 어떻게 해야 하느냐? 우선 병원에 가서 오른손에 깁스해야 한다. 앞으로 묶든 뒤로 묶든 묶어야 한다. 없는 걸로 생각해야 한다. 그리고 왼손으로 모든 것을 하도록 해보아야 한다. 몇 달이고 혹은 몇 년이라도 반복해서 말이다. 보통 괴로운 일이 아닐 것이다. 부모에 의존하지 않고 자립하거나 나쁜 습관을 버리고 올바른 생활습관을 갖는다는 것이 이것보다 더 어렵다. 창조와 혁신을 하는 것보다 더한 각오로 하지 않으면 안 된다. 그 각오와 의식이 바로 변화의 원동력이 되는 것이다.

창조와 혁신에는 좀 더 똑똑해지고, 좀 더 뛰어난 통찰력을 가지며, 좀 더 창의적이 되는 열쇠가 필요하다. 그 열쇠가 바로 올바른 생활습관이다. 생활패턴 변화 비밀의 열쇠를 갖고 있으면 얼마든지 미래통찰, 창조, 혁신을 원할 때마다 꺼내 쓸 수 있다. 그 최적화라는 비밀 열쇠를 갖는다면 자신의 미래를 바꿀 수 있다.

저자는 수년 동안 성공한 리더나 인재들의 숨은 이면을 보는 통찰력, 미래를 예측하는 기술, 창조와 혁신의 원리 등에 관한 연구와 컨설팅을 담당해왔다. 아울러 그와 관련된 패턴을 활용함으로써 평범한 사람들도 놀라운 창조혁신을 발휘할 수 있게 된다는 것을 경험해왔다. 그리고 최적의 창조혁신 성공 기술들을 체계적인 프로세스로 정리하고 현장지도 하면서 '사람들은 위기의식을 느껴야 변화한다.'라는 것도 깨달았다.

따라서 사람은 '꿈과 현실, 목표에 대한 자신의 능력' GAP (차이)를 정확히 알아야 한다. 그러면 차이를 없애려는 노력, 즉 차이를 극복하고 만해하려는 의식이 자신을 변화시킬 위기의식이 되는 것이다. 혁신은 만해 의식에서 나오기 때문에 위기의식이 없으면 변화는 안된다. 무엇보다도 파멸로 가는 축생의 삶에서 벗어나겠다는 위기의식이 있어야 한다. 때문에 무엇이 잘못된 습관인지 무엇이 사람답지 못한 습성인지 찾아내 고쳐야 한다.

navigation
2

우선 나쁜 습성부터 고친다

인생을 망치는 나쁜 습성들

신생활체계도에서 하단부는 자아성찰을 통해 현실인식과 나쁜 습관들을 찾아내고, 실패요인이 되는 나쁜 습성을 떨쳐 버리는 단계이다. 현재 자신의 잘못된 생각, 말, 행동 습관까지 찾아서 제거하고, 그 자리에 바른 사고방식과 생활태도를 만들어야 한다.

그런데 잘못된 요소들을 어떻게 찾아낼 수 있을까?

현실을 보면 많은 사람들이 술, 마약, 도박, 섹스, 채팅, SNS, 인터넷, 게임 등에 빠져있다. 그리고 얼마나 빠져 있는지 통계를 보면 놀라지 않을 수 없다. 그런데도 스스로 어떤 점이 좋고 나쁜 것인지 스스로 분별할 수 없다는 데 문제가 있다.

젊은이 다수가 분별력이 없다는 것은 충격적인 사실이므로 우리 모두가 지혜를 모아 풀어야 할 과제이다. 그동안 옳고 그름에 대한 변별력에 대해서 인성교육을 못 받은 것이다. 모든 교육이 국·영·수

점수위주로 편중된 탓에 분별력을 높이는 인성교육, 윤리 도덕교육
을 도외시했기 때문에 생긴 것이다. 가정부터 학교교육, 나아가 국가
의 사회교육을 시급히 혁신해야 하는 이유이다

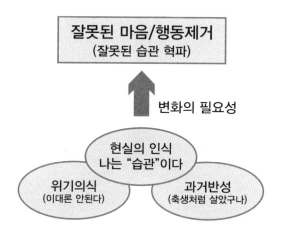

핵심은 각자 잘못된 생각과 행동이 무엇인지 분별할 수 있어야 하
는 것이다. 무엇이 잘못인지 스스로 인식 못하면 아무 소용없다. 자
신이 인식해야 나쁜 사고방식이나 생활습관을 버리겠다고 결심하게
된다. 결단은 위기의식을 가지고 변화의 필요성을 스스로 느껴야 하
기 때문이다. 그래도 천만다행인 것은 동서고금에 옳고 그른 것이 무
엇인지 설명하는 교육자료가 많이 있다는 점이다. 지금부터 인성교
육을 한다면 얼마든지 고쳐나갈 수 있다는 희망이 된다
  예컨대 인생을 망치는 7가지 생활습관을 보아라. 읽으면서 마음이
자유롭지 못하다면 제거해야 할 나쁜 것들이 무엇인지 느끼게 되기

때문이다. 내용은 스티븐 코비 박사의 '성공하는 사람들의 7가지 생활습관'을 반대 개념으로 정리한 것이다.[04]

습관 1. 축생처럼 대응한다

자신의 문제를 부모님 탓, 선생님 탓, 못된 이웃 탓, 남자 친구나 여자 친구 탓, 정부 탓, 기타 여러 가지 탓으로 돌린다. 이런 습관으로 인해 소극적이 되고 그냥 낙오자가 된다. 자기 삶에 대해 책임지지 않고 동물처럼 행동한다. 배고프면 먹고 다른 사람이 자신에게 소리치면 더 큰 소리로 대꾸한다. 잘못된 행동이라도 함부로 마구 한다.

습관 2. 목표 없이 행동한다

계획을 세우지 않는다. 어떤 일이 있어도 목표를 갖지 않는다. 내일도 생각하지 않는데, 미래까지 생각할 필요가 있겠는가? 순간을 위한 삶을 산다. 졸리면 자고, 놀러 다니고, 있을 때 쓸 뿐이다. 왜냐고? 내일이면 어떻게 될지 모르니까.

습관 3. 소중한 것을 나중에 한다

인생에서 가장 중요한 것이 무엇이든 간에 난 내 마음대로 한다. 텔레비전을 실컷 보고, 재방송도 보고, 밤새도록 채팅도 하고, 게임도 실컷 하고, 빈둥거린 후 오늘 할 일을 내일로 미룬다. 숙제도 항상 내일로 미룬다. 무엇이 소중한지 알지 못한다.

---

04 『성공하는 사람들의 7가지 생활습관』, 1994년, 스티븐 코비 저

습관 4. 자기만의 이익을 모색한다

나만 절대로 손해 안 본다. 남이 나를 이기려고 안달이니까 내가 먼저 이겨야 한다. 무슨 일이 있어도 다른 사람이 성공하지 못하도록 한다. 다른 사람의 승리는 나의 패배로 이어진다고 생각한다. 혹시라도 질 것 같으면 끈질기게 물고 늘어져 같이 망하도록 한다.

습관 5. 먼저 말하고 대충 듣는 척한다

태어날 때부터 입을 달고 태어나지 않았던가? 그럼 써먹어야 한다. 말을 많이 하고, 항상 자신의 주장을 먼저 이야기한다. 모든 사람이 내 말을 이해하게 되면 그때 가서 상대방에게 말하도록 한다. 고개도 끄덕거리고 "그래"라고 하며 경청하는 척한다. 특히 다른 사람의 의견이 진짜 필요할 때 반드시 그렇게 한다.

습관 6. 서로 협력하지 않는다

'생각해 보자. 다른 사람들의 사고방식은 정말 이상해. 우리랑 생각이 크게 다르다. 사정이 그런데 그들과 잘 지낼 필요가 있을까? 팀워크는 강아지한테나 쓰는 말이야. 가장 좋은 생각은 항상 나에게서 나오니까 혼자서 하는 게 제일이지.' 천상천하 유아독존, 뭐니 뭐니 해도 나뿐이야.

습관 7. 심신을 피곤하게 한다

학원에서 스펙 쌓고, 채팅, 인터넷, 게임 등으로 바쁘게 살아라. 독서도 하지 말고, 새로운 것은 절대 배우지 말고 병이라도 걸린 것처럼 운동은 피하라. 그리고 좋은 책이나 자연 같은, 나에게 감동을 주는 것들에 가까이 가지 마라.

옛날 선조들이 경계하신 것들

우리 선조들은 불교 유교 도교의 영향을 받아 아래처럼 자신을 망치는 것들에 대해 일상생활에서 경계하라고 인성교육을 했다.

불교의 '육방예경(六方禮敬)'에서 인용 수정

불교인이 아니라도 누구나 공감하는 내용이다.

1. 술, 담배, 약에 취하는 일 : 재산을 소비하고, 몸에 병이 생기고, 잘 다투고, 나쁜 이름이 퍼지고, 분노가 폭발하고, 지혜가 날로 없어지는 것이다.
2. 투기나 도박을 하는 일 : 재산이 날로 줄어들고, 도박에 이기더라도 원한이 생겨서 지혜로운 사람이 타일러도 듣지 않으며, 도둑질할 마음이 생긴다.
3. 방탕하여 음색에 빠지는 일 : 몸을 보존하지 못하고, 자손을 보호하지 못하고, 항상 놀라고 두려워하게 되며, 온갖 괴롭고 나쁜 일이 몸을 얽어매고 허망하다는 생각을 하게 된다.
4. 풍류에 빠져 악행을 저지르는 일 : 가정이 파괴되고 사회의 지탄을 받으며 가문에 불명예가 된다.
5. 나쁜 벗과 어울리는 일 : 남을 속이는 꾀를 내고, 으슥한 곳을 좋아하며, 남의 여자를 유혹하고, 남의 물건을 훔치며, 재물을 독차지하려 하고, 남의 허물을 드러내기를 좋아하는 것이다.
6. 게으름에 빠지는 일 : 부자면 부자라고 해서 가난하면 가난하다고 해서 일하기를 싫어하고, 시간이 이르면 이르다고 해서 늦으면 늦었다고 해서 일하기를 싫어한다.

율곡선생의 『격몽요결』에서 인용 수정

유교적으로 자신을 망치는 8개 조항을 경계하라고 가르쳤다.

1. 마음가짐(心志)을 게을리하고 몸가짐을 함부로 해서, 한가하고 편안하기만을 생각하여 통제 당하기를 매우 싫어한다.

2. 항상 동작할 것을 생각하여 고요함을 지키지 못하고, 어지럽게 드나들면서 말만 하면서 세월만 보낸다.

3. 소신 없이 여러 사람과 의견이 같은 것을 좋아하고 다른 것을 싫어하여 남들과 괴리될까 두려워한다.

4. 화장하고 겉모습만 보기 좋게 꾸며 스타들의 명예나 취하려 하고 화려하게 자신을 꾸민다.

5. 춤추고 노래하고 술 마시는 것을 업으로 삼아 한가히 놀면서 세월을 보내며 끼를 발휘한다고 한다.

6. 잡무나 인터넷, TV, 채팅 게임 등으로 시간을 보내면서 배불리 먹고 남과 다투는 데만 힘을 보탠다.

7. 부귀를 부러워하고, 가난하고 천한 것을 싫어하여 남루한 옷과 거친 음식 먹는 것을 몹시 부끄럽게 여긴다.

8. 즐겨 하고 좋아하는 욕심을 절제하지 못해서 가무와 여색에 빠져 그 맛을 사탕처럼 달게 여긴다.

요즘 젊은이가 경계해야할 것들

요즘 젊은이들은 다음과 같은 문제점들이 지적되고 있다. 이유는 인성보다 국영수 위주로 교육을 받고, 자녀주도보다 부모 주도로 성적 지상주의에 빠져 인재교육을 망쳤기 때문이다.

1. 자기가 무엇을 하고 싶은지 설명하지 못한다.

2. 질문도 없고, 토론에 미숙하며, 자기주도로 학습하지 못한다.

3. 인터넷 게임이나 SNS, 폰팅, 채팅 등을 많이 하며 독서나 운동은 내일로 미룬다.

4. 일상생활을 부모에 의존하기 때문에 음식을 못 만들고, 설거지를 안 하고, 청소·빨래는 물론 정리 정돈도 할 줄 모르며, 아예 하려 하지도 않는다.

5. 인생목표가 없고 일상생활 계획도 없이 생활한다.

6. 독서의욕이 없고 재능개발을 위해 아무 노력도 않는다.

7. 중요한 문제가 생겼을 때, 적극 해결하지 않고 외면하거나 대충 타협하려 한다.

8. 남의 잘못은 맹비난하나 자기 잘못은 여간해서 인정하려고 하지 않는다.

9. 어른에게 인사도 하지 않고 남의 말을 듣지도 않는다.

10. 꿈만 멋있게 그릴 뿐 성취하려고 노력하지 않는다.

11. 계획을 세우지 않는다. 그리고 잘못하고도 반성하지 않는다.

12. 눈앞에 기회가 와도 손을 내밀어 잡으려고 하지 않는다.

13. 조그마한 실패를 구실로 다시 도전하려고 하지 않는다.

14. 독립해서 자립하는 것보다는 부모에 의존해 그냥 이대로 지내는 편이 좋다고 생각한다. 스스로 '무엇을 하고 싶다' '이것을 해야겠다'는 의지가 없다. 행동은 게으름뱅이 같다.

15. 뭐든 애써 노력하지 않고 횡재나 요행을 찾는다.

16. 부모에 감사할 줄 모르고 자립하는 노력을 하지 않는다. 결국은 스스로 먹고 살 일을 하지 않는다.

지금까지 열거한 내용들은 모두 인생을 망치는 것들이다. 하루 빨리 고쳐서 벗어나야 한다. 자성해서 고치려면 자신의 잘못을 하나씩 고치는 것이 중요하다. 잘못을 고치는 것은 매우 어렵고 힘들기 때문이다. 그리고 하나를 고칠 때는 힘들어도 될때까지 거듭거듭 반복해서 자신을 일깨워 나아가야 한다. 왜냐하면 혁신적 변화는 작은 것 하나라도 성공적으로 고쳐야만 또 다른 것을 반복해서 고칠 수 있기 때문이다.

참고 🐦 자신을 바르게 다잡는 글

세상과 타협하는 일보다 더 경계해야 할 일은
나쁜 습성을 버리는 데 자기 자신과 타협하는 일이다.
스스로 자신의 매서운 스승 노릇을 해야 한다.

현실 집착을 버리고 떠난다는 것은 곧 자기답게 사는 것이다.
낡은 탈로부터, 낡은 울타리로부터, 낡은 생각에서 벗어나야
창조적으로 새롭게 시작할 수 있다.

우리가 일단 어딘가에 집착해
그것이 전부인 것처럼 안주하면 그 웅덩이에 갇히고 만다.
그러면 마치 고여 있는 물처럼 썩기 마련이다.

행복한 삶을 창조하는 것은 나비처럼 틀을 깨고
자신이 좋아하고 잘하는 일을 보람차게 하면서
가치를 창출하여 세상에 이롭게 하는 것이다.

분명한 것은 이대론 안 된다는 사실이다.

틀을 깨고 나를 깨야 한다.

새 삶 창조는 내가 먼저 변해야 한다.

새로운 세상은 사람 사이에 신뢰가 있고

서로 함께 잘살기 위해 합심 노력하는 세상이어야 하며,

비로소 기쁨 있고 살맛 나는 행복한 세상이 될 것이다.

자신을 바로잡는 항목들 (신생활체계도 관련 항목들)

구 분	코비의 7가지 습관 항목들	주요 관리대상 항목들	
자기관리	1. 자신의 삶을 주도하라. 2. 목표 수립 후 시작하라. 3. 소중한 것을 먼저하라. 원칙 1,2,3 개인의 승리	꿈/상상 목표설정 계획/학습 재능개발	건강관리 진취성/몰입 책임감/자립심 근면성실
관계관리	4. 상호이익을 생각하라. 5. 경청한 다음 이해하라. 6. 시너지를 만들어라. 원칙 4,5,6 인간관계의 승리	비전/상생 경청/배려 문제해결 협업작업	갈등관리 도덕/예절/정직 다양성 존중 협상능력
시간전략	7. 끊임없이 창조 혁신하라. 습관 7 올바른 생활습관	의지/의미 열정열망	자기관리 과정관리

navigation
3

인재상과 생활원칙을 정한다

이제 신생활체계도 중앙에 위치한 '올바른 인재상 및 생활원칙 제정 실천' 모듈을 설명하고자 한다. 이것은 신생활 체계도에서 매우 중요한 역할을 하는 모듈이다. 이것은 7단계 변화로 창의적 인재가 되는 기준과 행복한 삶을 만드는 생활원칙이 되기 때문이다.

올바른 인재상은 어떤 모습일까?

창의적 인재가 될 수 있는 생활원칙은 어떠해야 하는지 뒤에 설명하기로 하고 우선 올바른 인재상이 어떤 모습이어야 하는지 사례를 들어 간단히 살펴보자.

사례. 이런 소년을 찾습니다

똑바로 서고, 똑바로 앉고, 똑바로 행동하고, 똑바로 말하는 소년. 손톱이 길지 않고, 옷도 단정하고, 머리는 단정하게 빗고, 치아가 깨끗한 소년. 누군가 말할 때 잘 듣고, 이해하지 못할 때 질문하고, 자기 일이 아닌 것에 대해 질문하지 않는 소년. 밝은 표정으로 모든 사람에게 웃어주고, 인상 쓰지 않는 소년. 모든 사람에게 겸손하고, 부인과 소녀에게 정중한 소년. 술, 담배, 마약은 하지도 않고 하려고도 생각하지 않는 소년. 속어보다는 고운 말을 하려고 노력하는 소년. 다른 소년과 자신을 못살게 굴도록 하지도 않는 소년. 모를 때 "모릅니다", 잘못 했을 땐 "죄송합니다", 어떤 일을 부탁 받으면 "노력하겠습니다." 라고 말하는 소년. 상대방의 눈을 똑바로 보고, 언제나 진실을 말하는 소년. 좋은 책을 읽으려고 하는 소년. 비밀 장소에서 오락이나 게임을 하기보다 체육관에서 심신을 단련하며 여가를 보내는 소년. 약삭빠르고 자만하지도 않고 주목을 끄는 데 머리를 쓰지 않는 소년. 자신을 변명하지 않고 늘 자신에 대해서만 생각하거나 말하지 않는 소년. 다른 소년들이 좋아하고, 소녀들과 편안하게 있는 소년. 엄마에게 친절하고, 누구보다도 엄마와 친밀한 소년. 그가 있는 주변의 사람들을 기분 좋게 해주는 소년. 착한 척하지도 않고, 위선자도 아니며 건강하고, 행복하고, 삶이 충만한 소년. 이런 소년은 모든 곳에서 요구된다. 가족도 원하고 학교도 원하고 직장에서도 원하고 소년들도 원하고 소녀들도 원하고 모든 사람이 원한다.

윗글은 새로운 인재가 어떠해야 하는지 단면을 언급한 것이다. 미국 신문에 등장했던 "이런 소년을 찾습니다."라는 입가에 미소를 떠오르게 하는 공익광고이다. 어디에든 이런 소년이 있다면 누구나 좋아할 것이다. 이런 소년이 사랑 받고 복 받는 체질인 것이다. 언제든 이런 소년이 있다면 그의 앞길은 밝고 훤하리라 생각이 든다.

그러나 자세히 보면 이런 소년은 어디에나 있는 것 같기도 하다. 옛날처럼 전통 미풍양속을 기반으로 인성교육 한다면 누구나 다 이런 소년, 소녀, 나아가 청년이 될 수 있기 때문이다.

인재는 우선 인간미가 기본이다

인재는 기본적으로 인간미가 있어야 한다. 그리고 근본을 바로 알아야 한다. 뿌리는 땅속에 들어가야 하고, 줄기는 올라와야 하고, 잎사귀는 봄에 피어서 가을에 지는 것이 자연의 순리이다. 이것을 부정하면 안 된다. 흐름을 따라가면서 원칙과 기본을 바탕으로 바람직한 것만 생각하는 능력, 원하는 목표와 결과를 결정하는 능력은 모든 행복과 높은 성취도의 출발점이기 때문이다.

그 뿐만 아니라 인재를 만드는 가장 좋은 재료는 돈, 출세, 권력이 아니라 인간미 도덕성이다. 남을 배려하고, 약속을 지키며, 예절, 정직, 봉사, 사랑, 효도, 지혜, 성실, 근면, 절약, 창의력, 분별력, 등이 조화로워야 한다. 항상 사람은 더불어 살아야 하고, 누군가와 협업해야 살아갈 수 있기 때문이다.

특히 인재는 사람답게 살면서 자기 자신의 타고난 능력과 세상이치를 깨달아 세상에 널리 이롭게 하는 목표를 달성하는 것이다. 따라서 명품 인재상을 "인의예지신을 갖춘 인간미를 중심에 두고 상생의 리더십과 인류에 공헌하는 새로운 가치를 창출해 자아실현을 한다."라고 정의했다.

전통적으로는 인간미를 갖추고 수신제가하여 치국평천하할 홍익인간[05]이 되는 것이다. 그런데 우리는 일제강점기, 6.25를 거쳐 인간미가 유린되었다. 치욕의 역사는 좋은 전통을 단절시켰다. 무엇보다도 인의예지신의 인성교육 전통을 외면하고, 왜곡된 전교조의 편향된 교육사상이 인간미. 도덕 불감증을 증대시켜 왔다. 더욱이 인성교육보다 국영수 성적서열 중시 교육내용은 아이들을 원칙과 순리를 모르는 사람으로 만들었다. 반면 노벨상을 20% 넘게 배출한 유대인은 탈무드의 생활원칙을 항상 지켜 오고 있다.

그리고 생활원칙은 필수 요소다

인재가 되는 좋은 습관을 만들려면 생활원칙이 반드시 필요하다. 생활원칙을 지키는 마음가짐 → 말과 행동 → 생활습관 → 성품으로 이어지는 인성형성 과정을 거쳐 되기 때문이다. 나뭇잎을 쳐내는 것과 같은 응급처치 기법을 가지고는 태도와 행동을 바꿀 수 없다. 인재가 되는 생활원칙을 정해 수도자처럼 매일 지켜야 한다. 예컨대 잘 알려진 생활원칙은 벤자민 프랭클린의 13가지 덕목이 있다. 그가 몸소 실천한 것으로 미국 근대사에 큰 영향을 주었다.

프랭클린의 13가지 덕목

1) 절세(Temperance) : 과음·과식하지 않는다.
2) 과묵(Silence) : 불필요한 말을 하지 않는다.

---

05 홍익인간 : 인간을 경제적으로나 도덕적으로 널리 이롭게 한다.

3) 질서(Order) : 모든 것을 제자리에 두고 할 일을 제때에 한다.

4) 결단(Resolution) : '내가 해야 할 일은 꼭 하겠다.'라고 결심하고 반드시 실천하다.

5) 검약(Frugality) : 다른 사람 혹은 나에게 유익한 것 외에는 돈을 쓰지 않는다.

6) 근면(Industry) : 시간을 헛되이 보내지 않고 항상 유익한 일만 하며 불필요한 행동 역시 삼간다.

7) 진실(Sincerity) : 남을 속이지 않으며 순수하고 정당하게 생각한다.

8) 정의(Justice) : 다른 사람에게 손해를 입히지 않고 나의 유익함도 놓치지 않는다.

9) 온유(Moderation) : 극단적인 것을 피한다.

10) 청결(Cleanliness) : 몸, 의복, 생활을 깨끗하게 한다.

11) 평상심(Tranquility) : 사소한 일로 마음을 흩트리지 않는다.

12) 순결(Chastity) : 부부관계 이외의 성생활은 절제하며 자신과 상대방의 인격을 해치지 않는 범위에서 유지한다.

13) 겸손(Humility) : 성현들을 본받는다.

매우 훌륭한 것이지만 수도자처럼 매우 절제된 생활을 요구한다.[06] 따라서 팔정도를 생활화한 승려처럼 진지하게 실천해야 한다. 참된 변화는 내면으로부터 시작되기 때문이다. (팔정도는 정견, 정사, 정어, 정업, 정명, 정근, 정념, 정정 등이다.)

---

06 벤자민 플랭크린은 가난한 집안에서 정규 교육도 제대로 받지 못했으나 신문 발행, 대학 설립, 피뢰침 발명, 대통령으로 독립선언문과 미국 헌법의 기초를 만들었다.)

스티브 코비의 생활원칙

또 그림처럼 스티븐 코비 박사의 '성공하는 사람들의 7가지 습관' 역시 효과적이다. 생활원칙이 매우 체계적이고 합리적이다.

자기주도적으로 목표를 세워 소중한 것부터 실행하고, 상호 이익이 되는 공동가치를 추구해 시너지의 효과를 극대화할 수 있게 해준다. 모델처럼 7단계로 일상 생활원칙을 습관화함으로써 삶의 균형을 효과적으로 유지하고 행복과 성공을 합리적으로 만드는 것이다. (상세한 내용은 본서를 읽어 참고하기 바란다.)

▲ 성공하는 사람들의 7가지 습관 모델

그리고 『성공하는 사람의 7가지 습관』이 제시하는 생활원칙의 효과는 다음과 같다. 삶을 컨트롤 할 수 있다, 자신감을 기를 수 있다, 원만한 대인관계, 즉 사람과의 관계가 원만하다, 현명한 결정을 내린다, 가족과의 관계(사이)가 좋다, 가치 있는 일, 가장 중요한 것이 무엇인지 결정할 수 있다, 짧은 시간에 많은 일을 할 수 있다, 행복하다, 삶의 균형을 잡을 수 있다, 등등 수없이 많다.

율곡 선생의 생활원칙

율곡 이이 선생은 『격몽요결』에 몸과 마음을 바르게 가다듬고, 학문과 지혜를 높이며, 나아가 대인관계도 바르게 해나가는 생활원칙을 정해 몸소 실천하셨다.

구용(九容) : 몸과 마음을 가다듬는 동작 9가지

발 거동은 힘차게, 손은 공손하게, 눈 거동은 단정히 하고, 입 거동은 그치며 미소를 띠고, 소리 거동은 명쾌하고 고요히 하며, 머리 거동은 곧게 하며, 기운의 거동은 엄숙히 하고, 서 있는 거동은 덕 있게 해야 하며, 얼굴 거동은 생기 있고 씩씩하게 한다.

구사(九思) : 학문과 지혜를 높이는 생각 9가지

보는 데는 똑바로 볼 것을 생각하고, 듣는 데는 총명할 것을 생각하고, 얼굴빛은 온화할 것을 생각하고, 용모는 공손할 것을 생각하며, 말은 신뢰 될 것을 생각하며, 의심날 때에는 묻기를 생각하고, 일에는 공경(한 가지라도 똑바로 함)한다. 이득을 보았을 때는 의(win-win)를 생각해야 한다.

접인(接人) : 대인관계를 바르게

무릇 사람을 접할 때에는 온화하고 공경하기를 힘써야 한다. 가장 나쁜 것은 자신의 학문을 믿고서 스스로 높은 체 하거나 가문을 으뜸으로 알고 남을 업신여기는 것이다.

친구는 배움을 좋아하고 착한 일을 좋아하며 방종하지 않으며 곧고 진실한 사람을 사귀어 그를 통해 반드시 나의 결함을 다스리게 해야 한다. "예가 아니면 보지 말며, 예가 아니면 듣지 말며, 예가 아니면 말하지 말며, 예가 아니면 움직이지 마라."라는 네 가지 조목은 몸을 수양하는 요점이다.

퇴계 선생의 생활원칙

또, 퇴계 이황 선생은 『수신십훈』에 생활원칙10가지를 언급하시고, 『성학십도』[07]를 통해 선비로서의 생활자세는 물론 국가 리더로서의 비전도 제시하셨다.

수신십훈(修身十訓)

1) 입지(立志) : 뜻을 높이 세우라. 성현을 목표로 하고 자신이 못났다는 생각을 하지 마라.
2) 경신(敬身) : 몸가짐을 경건히 하라. 아홉 가지 바른 모습(구용 : 足容重, 手容恭, 目容端, 口容止, 聲容靜, 頭容直, 氣容肅, 立容德, 色容莊)을 지키고 잠깐이라도 방종한 태도를 보이지 마라.

---

07 『성학십도』는 성리학을 10가지 그림으로 주석해 퇴계가 만들었다. 선조대왕은 병풍으로 만들어 항상 관조하였다. 그리고 현대에는 일본, 미국 등 외국에서 더 많은 관심을 가지고 연구하고 있다. (부록 참조)

3) 치심(治心) : 구사(九思)로 마음을 바로 다스려라. 마음을 깨끗하고 고요하게 유지하고 흐릿하고 어지럽게 놓아두지 마라.

4) 독서(讀書) : 책을 열심히 읽어라. 책을 통해 지혜를 깨달아야 하며 말과 문자에만 매달리지 마라.

5) 발언(發言) : 말을 바로 하라. 말을 정확하고 간결하게 하며, 자제하고 이치에 맞게 함으로써 자신과 남에게 도움이 되도록 하라.

6) 제행(制行) : 행동을 자제하라. 행동을 반드시 바르고 곧게 해야 하고 도리를 잘 지켜서 세속에 물들지 마라.

7) 거가(居家) : 가정생활에 충실 하라. 가정에서는 부모님을 존경하고 형제자매와 우애를 다하며 윤리를 지킴으로써 서로의 은혜와 사랑을 굳게 하라.

8) 접인(接人) : 사람을 잘 대하라. 만나는 사람들을 성실과 신의로 대하고 모든 사람을 사랑하고 존경하며 어진 사람들을 더욱 가까이하라.

9) 처사(處事) : 모든 일을 옳게 처리하라. 업무에 임해서는 옳고 그름을 철저히 분석하고 쉽게 분노하지 말며 욕심을 줄여라.

10) 응거(應擧) : 편안하게 과거 시험에 응시하라. 각종 시험에 온 힘을 다 해서 준비하고 평안하게 치른 다음 천명을 기다려라. (과거 시험을 시험이나 창업으로 보면 된다.)

이처럼 동서고금 공히 생활원칙의 효과는 매우 크며 모두가 인간미 넘치는 명품 인재를 배출하는 실천적인 내용들이었다.

나만의 인재상과 생활원칙을 정한다

지금까지 올바른 인재상과 생활원칙들을 살펴보았다. 특히, 언제 어디서나 환영 받는 소년 모습부터 동서고금의 현자들이 제시한 생활원칙까지 보았다. 모두 인재에게 필요한 금과옥조 같은 생활지혜이고 지금 우리에게도 절실한 것들이다. 하나하나 발전시켜 각자의 새로운 삶을 만드는데 활용해야 할 내용들이다. 이제 남은 과제는 '나만의 창의적 인재상과 생활원칙'을 어떻게 만들어야 하나이다.

방향은 창의적 인재가 되기 위해 각자의 장점은 강화시키고 단점은 보완할 수 있어야 한다. 남을 배려하고 자기를 엄격히 관리하는 원칙이어야 한다. 특히, 역지사지하는 배려, 입체적 생각, 정리정돈 습관, 인사하는 습관, 사색과 책을 읽는 습관, 일기 쓰는 습관, 합리적 시간관리 습관, 윤리 도덕 에티켓으로 대인관계 신뢰구축, 운동과 휴식 습관 등 행복한 삶을 창조할 인재에 적합한 항목들을 정해서 실천할 수 있도록 만들어야 한다.

다만 개인적인 것과 참고사례처럼 가족이 함께 실천할 것을 구분 정리하는 것이 좋다. 방법은 지금까지 열거한 항목들 중에서 선택하여 자신에 적합하게 몇 가지만 미래지향적으로 정리하면 된다. 다만 겸손한 자세, 변화를 수용하고 차별화를 창조하며, 재미와 약간의 희한함 있고, 모험정신과 배움 추구 등이 포함하면 좋다. 그리고 명문가들의 가훈을 참고하거나 자신만의 좌우명이 몇가지 있으면 그것들을 추가해도 된다.

그래도 어쨌든 새로운 변화를 창출할 수 있는 것, 진정한 삶이 무엇인지 깨우치는 것, 배려하고 예의 바르게 행동하는 요령을 익히는 것, 지속되어야 할 것을 아끼고 존중하는 것, 받는 것보다 베풂의 소중함을 아는 것, 팔정도를 이해하고 감언이설을 구별할 줄 아는 것, 상대가 말하고자 하는 뜻을 헤아리는 것, 소중한 것을 집중하는 목표지향적 시간 관리 하는 것, 성학십도를 이해하고 돈의 노예가 되지 안는 것, 등등 하면 좋을 것이다.

중요한 것은 한가지라도 꼭 정해서 반드시 실천해야 한다. 작지만 원칙을 매일 실천하면 누적 결과는 커지기 때문이다. 중요한 것은 하나라도 실천해서 반드시 성공해야 한다. 작은 것이라도 성공을 반복해야 성공이 습관화 되기 때문이다.

"대부분 사람들의 삶은 너무 단순하다.
오늘은 어제와 다름없는 시간이 예정되어 있다.
내일도 그렇다면 인생도 그러리라."

언제 어디서 의미 있는 새로운 삶을 창조할 것인가?
새 삶을 창조하는 시작은 지금 이 순간 바로 나부터다.
당장 내가 꿈꾸는 인재상과 생활원칙을 정해 실천해야 한다.
바로 지금 망설이지 말고 한 가지라도 당장 실천하자."

반드시 각자 나만의 인재상과 생활원칙을 지금 정해야 한다. 안 하는 것보다 결과는 훨씬 크고 좋기 때문이다. 추가적인 보완이나 부분적인 수정은 나중에 얼마든지 하면 된다.

참고 가족이 함께 지킬 생활원칙 사례

'행복한 가정의 비전'에서 인용한 생활원칙 항목들이다

1	사색하는 시간을 가진다. (입체적 사고는 힘의 근원이다.)
2	감사·격려·칭찬하는 시간을 가진다. (삶을 가치 있게 한다.)
3	가족이 함께 책 읽는 시간을 가진다. (독서는 지혜의 원천이 된다.)
4	가족이 함께 휴식하고 여행하는 시간을 가진다. (삶에 활력을 줄 것이다.)
5	놀이 시간을 가진다. (놀이는 변함 없는 젊음의 비결이다.)
6	사랑과 우정을 나누는 시간을 가진다. (생활에 향기를 더해준다.)
7	웃는 시간을 가진다. (웃음은 영혼의 음악이다.)
8	가족이 함께 대화하고 토론하는 시간을 가진다. (몸과 마음이 통하는 신뢰를 준다.)
9	함께 음식도 만들고 식사하는 시간을 가진다. (자존감과 소속감을 유지해 준다.)
10	봉사, 나누는 시간을 가진다. (삶을 윤택하게 한다.)
11	모두 함께 청결하게 청소하고 정리 정돈 한다. (질병을 막아준다.)
12	기도하는 시간을 가진다. (역경에 처했을 때 도움이 된다.)

가족 모두가 12항목별로 정리한 일정표를 만들어 실천하면 행복한 명문가가 만들어 진다. 가족이 행복해지고 가족이 창의적인 인재로 발전되어지기 때문이다.

navigation
4

창의력을 체계적으로 키운다

인재에게 가장 중요한 것은 가치를 창출하는 능력이다. 모래로 반도체나 유리를 만들듯 창의력으로 고부가가치를 만들어내는 것이다. 이건희 회장은 신경영에서 "미래는 한 명의 천재가 만 명을 먹여 살리는 시대가 된다. 삼성은 지금 창의적 인재를 확보하는 것이 가장 절실하다"라고 창의력을 강조한다. 그것은 세상을 바꿀 새로운 가치를 만들어 낼 뿐만 아니라 불경기의 영향도 받지 않기 때문이다.

창의력 배양은 3가지가 핵심이다

신생활 체계도에서 가치 창출이 변화를 일으키는 기반이요, 창의력이 성공의 원동력이다. 그리고 창조력은 현상에 만족하지 않고 무엇인가 새로운 것을 만들고 싶다는 일념, 열의, 소원 같은 것이 힘이다. 누구나 가치창출능력을 갖추는 것이 창의적 인재가 되는 핵심조건이 된다. 능력의 배양은 생각하는 일(思考力)·배우는 일(學習力)·창조하는 일(創造力)이 핵심이다.

생각하는 일의 핵심은 편견과 선입관을 배제하고 사물의 본질을 객관적으로 파악하는 일이다. 섣부른 판단이나 개인적인 취향에 의한 속단을 배제하고 어떤 발상이나 행동이 초래하게 될 결과를 입체적으로 정확하게 본질을 파악하는 것이다. 무엇이든 철저히 입체적으로 분석하면 본질을 알게 된다. 한 가지만 완전히 통달하면 다 응용이 될 수 있다. 모든 것을 프로세스 흐름으로 파악하고 여러 데이터를 매크로와 마이크로로 분석하면 미래를 판단하는 사고 능력이 나온다.

열심히 4시간 일하는 것과 8시간 일하는 것은 50%밖에 차이가 안 나지만 머리를 깊이 쓰고 발상하면 10배 100배 차이를 만들 수 있다. 그래서 머리를 쓰고 발상해야 한다. 머리를 아무리 써도 우리는 평생 동안 뇌의 역량 중 10%도 쓰지 못한다.

배우는 일은 '어떻게 배울 것인가'를 배우는 것이다. 어떻게 배울 것인가를 알고 있으면 새로운 분야에 새로운 지식을 얻기 위한 강력한 무기를 손에 넣을 수 있다. 학문에 있어서는 먼저 편견을 버려야 하며 호기심과 탐구심을 가져야 한다. 학습에는 겸허한 자세를 가져야 하며 자기가 아는 것과 모르는 것을 분명히 알아야 한다. 그런데 배움에 있어 무엇보다 중요한 것은 훌륭한 선생을 만나는 일이다.

자기보다 지식이 앞선 사람한데 배울 때는 '삼고초려'의 정신으로 머리를 숙이며 세 번 네 번 안 될 땐 서른 번이라도 찾아가서 배워야 한다. 그 사람의 성격이 까다롭다거나 어떻다는 이유를 붙이지 말아야 한다. 자기보다 실력이 있으면 그 사람한테 열심히 배워야 한다.

그 사람만큼 실력이 될 때까지 배워야 한다.

창조하는 일은 논리가 아니고 긍정적인 사고방식과 열의다. 무엇인가 새로운 것을 개발하고 싶다는 일념으로 자나 깨나 무엇을 생각하는 열의나 소원 같은 것을 가지고 행동하면 그것이 곧 창조적 에너지가 되는 것이다. 그리고 실수와 실패는 큰 자산이 된다. 왜냐하면 새로운 발상은 구체화 실험 단계에서 수많은 실수와 시행착오가 있기 때문이다. 전구 발명도 에디슨의 긍정적인 사고방식과 열의가 없었다면 성공할 수 없었을 것이다. 어떤 문제에 부딪혀도 끈기를 가지고 긍정적인 발상을 지속할 때 해결의 실마리가 나오기 때문이다.

창조력은 그 사람의 생활 자세에 달려 있다. 아이디어가 있는 사람은 적극적인 사람이다. 현상에 만족하지 않고 끊임없이 앞을 향해 전진하는 적극적인 기백이 없으면 큰일을 해낼 수 없다. 문제의식을 갖고 도전적인 자세로 새로운 가치를 창출하는 것이야말로 창조력의 원동력임을 잊어서는 안 된다.

상상력이 새로운 발상의 씨앗이다

발명한다는 것은 무언가 새로운 것을 상상하는 상상력, 그리고 상상을 가시적으로 묘사하는 표현력이 있어야 가능하다. 문자 그대로 인간이 창출해내는 모든 '착상'을 구체화하는 것이다. 착상이나 소망은 디자인 설계 계측 표현력의 도움을 받아 비로소 모양, 무게, 색상을 가진 현실의 모습으로 드러난다. 인간이 상상할 수 있는 것은 무엇이든지 표현되어 실현될 수 있다.

그 결과로, 인간의 상상력은 하늘을 나는 꿈을 실현했고 몇 백만 마일이나 떨어진 태양을 분석하여 그 중량을 계산하고 구성 원소를 측정해냈다. 인간에게 있어서 단 하나의 한계는 오로지 이 상상력을 개발하여 어디까지 이용할 수 있는가 하는 것이다.

상상력을 개발하려면 두 가지 방법이 있다. 하나는 합성적 상상력이며, 다른 하나는 발명적 상상력이다. 합성적 상상력은 오래전부터 내려온 사고방식이나 지식, 아이디어 등을 융합시켜 새로운 무엇인가를 창조해 내는 힘이다. 합성적 상상력은 가치를 창출하는 수많은 방법을 교육해서 손쉽게 새로운 발명품들을 만들어 낸다. 대부분 모방하면서 합성적 상상력으로 새로운 것들을 창조해 왔다.

발명적 상상력은 우주 만물의 무한한 지성과 직접 교신하는 힘이다. 자연 법칙이나 마음속의 번뜩임 등은 통찰을 통한 창조적 직관에 의한 것이다. 예컨대 천재들이 새를 보고 비행기 나는 원리를 발견한다거나 사과 떨어지는 것을 보고 만류인력의 법칙을 발견하는 것 등이 해당된다. 이것에 의해 문제의 본질을 해명하거나 세상을 변화시키는 법칙이나 원천 기술로 새로운 발명을 할 수 있다. 따라서 천재를 체계적으로 양성하는 특별한 노력을 해야 한다.

가치를 창출하는 발상법들을 익힌다

누구나 가치를 어떻게 창출하는지 요령을 알면 발명가가 된다. 간단한 것은 5-10분 만에도 가능하기 때문에 1년에 최소한 250건 이상의 아이디어를 창출할 수 있게 된다. 이미 머릿속에 지니고 있는 여러 가지 지식, 정보, 경험들을 결합하고 재구성하여 새롭고 유용한 아이디어를 만들면 되기 때문이다. 누구든 체계적으로 다음 같은 방법들을 훈련시켜 조직적으로 활용하면 더 큰 가치를 만들어 낼 수 있다. 창의력이 커지는 것이다.

1. 문제 해결법

문제 해결법을 문제를 발견 → 문제 해결책 모색 → 그 결과 새로운 발명품을 만듦으로 도식화할 수 있다.

> 예 둥근 연필 → 굴러 떨어진다(문제 발견) → 둥근 것은 잘 굴러 떨어진다(논리적 해석) → 사각형이나 육각형으로 연필을 만든다(발명).

이렇듯 문제를 해결한 아이디어가 새로운 가치를 창출한 것이다.

한 출판업자는 대부분의 독자가 책의 내용보다는 제목을 보고 사게 된다는 사실을 발견했다. 그래서 책의 표지와 제목만 새롭게 하여 출간했더니 100만 부 이상 팔렸다고 한다.

2. 수평적 사고법

단순한 체크리스트 법으로도 수많은 아이디어를 만들 수 있다.

전용(轉用)	개량해서 다른 용도로의 사용방법은 없는가?	
차용(借用)	다른 유사한 것은? 무언가 닮은 것은 없는가?	
변경(變更)	의미, 움직임, 소리, 서식 등을 바꾸면?	
확대(擴大)	추가, 빈도, 강도, 높이, 길이, 복제, 확장?	
축소(縮小)	감소, 작게, 농축, 낮게, 짧게, 생략, 분할?	

대용(代用)	사람을, 물건을, 재료를, 소재를 기법을, 동력을?	
대차(代替)	순서를, 스케줄을, 요소를, 인과를, 패턴을?	
역전(逆轉)	전후, 상하, 좌우, 역할?	
⋮	⋮	⋮

브래인 스토밍 기법으로 기존 것과 다른 것을 발명 할 때 쓴다.

예 둥근 것 → 각형

빨간 것 → 흰색

큰 것 → 작은 것

콘크리트 → 폐타이어 아스콘

폐품TV → 비디오 아트

3. 융합 합성법

카드에 낱말을 써서 잘 섞어 무작위로 3개를 뽑아 짜맞추어 신상품 개발할 때 사용한다.

예 라디오 + 테이프 레코더 → 카세트 라디오

텔레비전+ 비디오 → 텔레 비디오

오골계 + 시계 → 자명종

사과 + 음성 합성기 + 시계 → 사과 모양의 자명종, 과일 맛 우유

개인용컴퓨터(PC)도 계산기와 타자기의 뛰어난 결합이다. 애플 컴퓨터 창시자인 스티브 잡스는 일찍이 1960년대 초반 어느 가정이나 사

무실, 학교에 있는 모든 책상 위에 작고 값싸고 놀랄 정도로 강력한 컴퓨터가 한 대씩 자리잡고 있을 미래를 상상한 것이다. 스마트폰도 하드와 소프트웨어의 창의적인 합성품이다.

4. 가치 제고법(효율 제고법)

❶ 가치↑ = $\dfrac{\text{목적 적합성↑} \times \text{품질↑} \times \text{서비스↑}}{\text{비용↓} \times \text{시간↓} \times \text{복잡성↓}}$

화살표 방향으로 개선하면 가치는 증가하고, 반대 방향이면 가치나 효율이 줄어든다. 특히, 두 가지 법칙이 일어나고 있어 효과적이다.

- 1/4과 2, 그리고 20 법칙 : 시간을 1/4로 줄이면 생산성은 2배로 늘어나고 코스트는 20% 감소한다는 법칙

- 3×2의 법칙 : 시간을 줄이는 기업은 업계 평균대비 3배의 성장률과 2배의 이익률을 달성한다는 법칙 등이다.

❷ P(이익) = R(매출) − C(비용)

C(비용) = $\Sigma a_i c_i$ (각 활동비용의 전체 누적)

불필요한 활동을 줄이면 비용은 줄어든다. 반면 매출을 늘리려면 고객과 관계를 지속적으로 개선해야 한다.

❸ 일의 성과 = 능력 × 열의 × 사고방식

일의 성과는 사람의 능력뿐만 아니라 사고방식과 열의에 따라 좌우된다. 일반적으로 사람의 능력 차이는 크지 않기 때문에 사고방식과 열의가 성과를 좌우한다. 특히 '할 수 있다.'라는 긍정적 사고방식과 열의가 성과에 큰 차이를 나타낸다.

- 효과 : 중요한 것을 먼저 집중적으로 하는 것이 효과적이다.

- 효율 : 흐트러진 것을 정리한다. 기준을 이해한다. 절차를 최적화 한다. 할 일을 제대로 한다. 더 능숙하게 한다.

- 개선 : 제대로 하는 일을 더 잘한다. 품질이나 성능을 개선하는 방법을 생각한다. 프로세스를 혁신하고 제안에 귀를 기울인다. 구성원을 가르치고 이끈다.

- 삭제 : 불필요한 일들을 하지 않는다. 중요하지 않은 일은 그만둔다. 단순화한다. '왜?'라고 질문한다. 집중을 계속한다.

- 모방 : 모방하며 생각한다. 다른 사람들의 좋은 점을 따라 한다. 주의를 기울여 관찰한다. 가장 좋은 사례에 대해 찾는다.

- 차별화 : 아무도 하지 않는 일을 한다. 생각에 대해 사고한다. "왜 안돼?"라는 질문을 한다. 새로운 테크놀로지를 받아들인다. 비슷한 것이 아니라 다른 것에 초점을 맞춘다.

- 불가능에 도전 : 불가능한 일을 한다. 전제에 대한 의문을 가진다. 산만해진다. 규칙을 깬다. '오늘은 불가능하지만 ○○○'이라는 기대와 '만일 ○○○라면 어떨까?'라는 발상을 한다.

예 코카콜라의 효율 제고법의 사례

1888년 8월 아사캔트러는 애틀랜타의 한 약사로부터 현금 2,300달러로 코카콜라 탄산음료의 독점권을 사들였다.

⬇

처음에는 지역 주변 상점에서 한잔에 5센트씩 받고 시원한 콜라를 판매하였다. 어느 정도 수익이 늘어나다가 더는 늘어나지 않았다.

⬇

단순한 아이디어 '병에 담는다.'라는 효율적 수단을 이용하여 시간과 노력을 덜들이고 더 많은 돈을 벌 수 있겠다고 판단하였다.

⬇

제품 판매로 오늘날에는 전 세계의 거의 모든 사람이 시간과 장소에 제한 없이 '언제 어디서나' 신선한 코카콜라를 편리하게 즐길 수 있게 되었다.

예 맥도널드 등 프랜차이즈 성공 비결

1950년 레이 락이라는 세일즈맨이 '맛있는 음식 맥도널드'라는 식당 체인을 열수 있는 독점권을 사들였다.

⬇

그는 프랜차이즈 성패의 열쇠는 '복제'라는 점을 인식하였다.

⬇

체인점의 모든 세부 사항을 하나에서 열까지 일일이 규정한 완벽한 시스템을 구축하였다. 예컨대 햄버거는 물론 완벽한 감자튀김의 비결을 유지하기 위해 거금 3백만 달러를 들여 조리 방법을 매뉴얼화하고 감자튀김 기계도 표준화했다.

⬇

세계 어디에서나 체인점을 열 때 사전에 정해져 있는 시스템을 따라 하기만 하면 된다. 매우 간단하면서 사업권 소유자와 사업자 모두에게 이익이 되는 전형적인 윈윈(win-win) 분야다.

맥도널드는 시스템으로 표준화된 맛뿐만 아니라 4가지의 매혹적인 요소 덕분에 천문학적인 성공을 거둘 수 있었다.

첫째, 효율성(Efficiency)이다. 맥도널드는 소비자에게 배고픈 상태에서 벗어나 포만감을 안겨주는 최고의 방법을 제공한다.

둘째, 계산 가능성(Calculation)이다. 맥도널드에선 주문한 음식이 몇 분 만에 나올지, 양이 얼마나 될지, 돈이 얼마가 들지 정확히 짐작할 수 있다.

셋째, 예측 가능성(Predictability)이다. 우리는 베이징의 맥도널드에서든, 파리의 맥도널드에서든 같은 음식이 나온다는 걸 알고 있다. 생산 과정의 엄격한 표준화로 인한 결과다.

넷째, 자동화를 통한 통제(Control)다. 이 모든 프로세스는 자동화된 시스템을 통해 작동된다.

프랜차이즈 성공비결은 창의적인 사업 모델을 만들어 필요한 사항을 빠짐없이 기록해 두고 독점권을 만드는 것이 중요하다. 성공한 모델을 매뉴얼화하여 보통 사람도 성공한다면, 무엇이든 프랜차이즈로 성공할 수 있는 것이다.

❹ 기하급수나 복리의 효과

금융업은 복리이자 원리를 응용하고 정보통신업은 기하급수 효과를 이용해서 큰 가치를 창출한다. 금융업이 다양한 고도화와 수많은 정보통신 ICT 비즈니스가 창출될 것이 예상된다. 아인슈타인도 "기하급수나 복리는 세계의 8대 불가사의한 개념으로 많은 부를 창출할 것이다."라고 말했다.

5. 최고 기획자가 된다

나무로 예를 들어 보자. 미루나무는 10년을 키우면 오천 원, 만 원 받는다. 같은 땅에 같은 비용을 들여서 소나무를 심으면 백만 원, 천만 원까지 받을 수 있고 일본 히노끼는 100년 이상 키우면 3억원을 받는다. 이 나무로 일식 집 도마를 만들어 팔면 도마 하나에 3천만 원 이상을 받는다. 이것이 무슨 뜻인가? 같은 나무를 심더라도 처음에 수종을 연구하고 어떻게 가꿀 것인지를 연구하면 엄청난 차이가 난다는 것이다.

이것이 상품 기획력이다. 수종을 연구하고 시장을 연구해서 50년 후 100년 후, 200년 후에 어떻게 될 것인지를 생각해 보면 똑같은 비용을 투입하고도 결과는 엄청난 차이가 난다. 예컨대 애플 창업자인 스티브 잡스는 '레드 오션'(휴대전화, 개인용 컴퓨터 등 경쟁이 치열한 시장)에 뛰어들어 '블루 오션'(아이팟, 스마트폰 등 새로운 시장)을 창조했다. 그는 "소비자도 자신이 무엇을 원하는지 모른다"며 뛰어난 통찰력으로 상품을 기획하고 창조해 나갔다.

기획 단계부터 철저히 분석하고 여러 사람이 모여 토의한다. 멀리 보면서 해당 시장과 상품성에 앞서 갈 수 있는 아이디어 상품을 만드는 것이다. 경쟁자는 '질은 훨씬 좋고 값은 조금 비싸게' 물건을 내는데, 같은 재료를 쓰면서 부가가치는 물론 패션이나 디자인 면에서도 질이 낮고 기능 면에서도 차별성이 없다면, 게다가 어디에 무엇을 어떻게 팔아야 할지도 모른다면 이유는 뭔가? 이것은 기획력이 없기 때문이다. 그리고 망하는 지름길이다.

뿐만 아니라, 미래는 하이컨셉. 하이터치 기획능력이 요청된다. 좀

더 구체적으로 이야기하면 다음과 같다. (다니엘 핑크 '새로운 미래가 온다')

1) 기능만으로는 안 된다. 디자인으로 승부해야 한다. 보기 아름답거나 좋은 감정을 선사할 수 있는 가치를 만들어야 경제적, 개인적 보상을 받는다.

2) 단순한 주장만으로는 안 된다. 스토리를 겸비해야 한다. 본질적으로 설득, 의사소통, 자기 이해 등은 훌륭한 스토리를 만들어야 한다.

3) 집중만으로는 안 된다. 조화를 이루어야 한다. 즉 큰 그림을 그릴 수 있고 새로운 전체구성을 위해 이질적인 조각들을 서로 결합해 내는 능력이다.

4) 논리만으로는 안 된다. 공감이 필요하다. 쉽게 말해 상대방의 마음을 상하게 하는 것이 무엇인지 이해하고, 유대를 강화하며, 다른 이를 배려하는 정신을 갖춰야 한다는 의미다.

5) 진지한 것만으로는 안 된다. 놀이도 필요하다. 재미, 웃음, 게임, 즐거운 마음, 유머가 필요하다.

6) 물질의 축적만으로는 부족하다. 의미를 찾아야 한다. 목적의식, 브랜드 가치, 그리고 정신적인 만족감이 그것이다.

하이컨셉은 패턴과 기회를 감지하고, 예술적 미와 감정의 아름다움을 창조해 내며, 훌륭한 이야기를 창출해 내고, 언뜻 관계가 없어 보이는 아이디어를 결합해 뭔가 새로운 것을 창조해 내는 능력과 관계가 있다. 그리고 하이터치란 다른 사람과 공감하고, 미묘한 인간관계를 잘 다루며, 자신과 다른 사람이 즐거움을 잘 유도해 내고, 목적과 의미를 발견해 이를 추구하는 능력이다. 이들 재능(디자인, 스토리, 조화, 공감, 놀이, 의미)은 앞으로 성공과 개인적 만족을 얻기 위해 필수적 요소이다.

6. 창조 혁신가가 된다

역사적 발전과 혁신을 가져온 아이디어는 크게 두 가지로 나누어 진다. 인쇄술, 전기, 컴퓨터 등 물리적인 것을 발명한 과학적인 아이디어, 그리고 민주주의, 진화론, 자유 평등 박애 사상 등 관념적 시스템 아이디어가 그것이다.

우리는 21세기에 살고 있다. 21세기는 창조 혁신의 시대이다. '변화 자체가 변했다.'라는 게리 해멀은 "점진적이고 단선적인 구시대의 변화가 아니라 21세기 창조 혁신은 예측 불허이며 돌발적이고 전혀 새롭다."라고 말한다.

그리고 혁신은 사람들의 생각이나 행동의 습관변화가 있을 때 진정한 의미가 있게 된다. 인간관계는 물론 생각이나 행동, 시간관리, 일 관리에 이르기까지 변화를 일으킬 수 있을 때 비로소 혁신은 시작된다. 무엇보다 혁신적인 마음가짐이 중요하다.

1) 혁신은 관심에서 출발한다. 혁신에 대한 무관심은 변화를 가로 막는 걸림돌이 된다. 혁신에 대한 작은 관심이 결국 큰 변화를 이끌어 낸다. 구글의 창조혁신 원칙은 '사람의 삶, 사람의 일, 사람의 꿈'에 관심을 갖고 유용성, 신속성, 매력포인트 등을 창의적으로 집중 차별화하는 것이다.

2) 독서로 심기일전해야 한다. 누구나 그렇듯 어느 순간 '짠'하고 혁신과 변화를 만들어 낼 수는 없다. 삶의 어느 부분에서 혁신을 이루어야 할지, 어떻게 시작해야 할지를 판단하기 어렵기 때문이다. 그럴 땐 이미 혁신과 변화를 이룬 성공자의 경험담이 담긴 책을 읽는다. 그들의 이야기는 혁신과 변화에 대한 막연한 꿈을 구체적으로 이뤄

가는 방법을 알려준다.

3) 명상으로 생각을 잡는다. 우리는 정말 바쁘고 정신없이 하루하루를 살아가고 있다. 매일 만나는 많은 사람과 다양한 업무들, 그 속에서 수많은 생각, 기발한 아이디어, 작지만 소중한 깨달음들이 스쳐 지나간다. 스쳐 지나가는 그 생각들만 잡을 수 있다면, 보다 가치 있는 삶을 살 수 있을 것이다. 하루 중 딱 10분 동안만 눈을 감고 하루를 돌이켜 보면, 스쳐 지나가게 두었던 생각 하나하나가 새롭게 다가올 것이다. 무엇을 변화시켜야 할지, 그 시작은 어디서부터 해야 할지 그 답이 떠오르는 것이다. 그 순간 혁신은 시작된다.

4) 줄여나가는 지혜를 발휘한다. 우리는 혁신과 변화를 이뤄 낼 때, 지금보다 무언가를 더해야 한다고만 생각한다. 하지만 무언가를 더해야 한다는 사실은 마음도 시간도 몸도 부담스럽게 만든다. 더하는 부담 대신 줄이고 단순화하여 가벼움을 실천하면 어떨까?

5) 함께 혁신하고 창조할 동지를 모아라. 변화와 혁신을 혼자서 하긴 어렵다. 웬만큼 의지가 강한 사람이 아니면 쉽게 이루기 어렵다. 그럴 땐 같은 목표를 가진 사람들, 즉 혁신과 변화의 동지들과 함께 하면 좋다. 같은 목표가 있기 때문에 방법과 비법의 공유가 쉽게 이루어진다. 자칫 있을 수 있는 좌절도 격려하고, 고민에 대한 상담자가 될 수도 있다. 가끔 경쟁자가 되어주기 때문에 혁신을 이루겠다는 의지도 높여준다. 무엇이든 동지가 있다면 외롭지 않은 법이다.

세상을 바꾼 아이디어는 천재적인 개인에서 온 것이 아니다. 사회적인 지식 네트워크를 바탕으로 출발한다. 즉 다양한 분야의 배경을 가진 사람들이 만나 그들이 가진 생각을 통합, 분리, 절충하면서 새롭게 확장된 통섭(統攝)과 융합에 아이디어 공간이 생긴다는 것이다.

마치 밀가루 반죽이 이스트를 만나면 부풀어 오르는 것처럼 말이다.

6) 시대변화의 물결을 잘 활용한다. 예컨대 웹의 시대변화를 보면, 초기의 웹1.0은 '원하는 정보를 어떻게 쉽게 찾을 수 있게 할 것인가'에 야후가 등장했다. 웹2.0는 '개방·참여·공유'를 시대정신으로 내걸었다. 블로그, 위키피디아와 같은 집단지성, 또한 이용자가 참여·공유하는 유튜브와 댓글 문화 등이 쏟아졌다. 소셜네트워킹이 자리잡았다. 현재는 웹3.0을 얘기한다. 지능화된 인터넷을 바탕으로 거대한 데이터를 활용해 언제 어디서나 '개인 맞춤형 서비스'를 제공하려는 변화의 물결이다. 나아가 구글이나 애플처럼 새로운 플랫폼 비즈니스를 창조한다.

7) 남의 것을 빌려 모방한 후 독창적인 것을 만들어 낸다. 빌게이츠는 애플을 모방하여 윈도우 프로그램을 만들었고, 스티브 잡스는 MS가 실패한 작품 태블릿PC에서 아이패드 아이디어를 따냈다. 2000년 첫날 레리킹이 빌게이츠에게 성공 비결을 묻자, 같은 아이디어를 가졌어도 그들과 다른 점은 '아이디어를 즉각 행동으로 실행하는 것이다'라고 말한다.

7. 두뇌 잠재력을 창조력으로 만든다

사람은 엄청난 두뇌 잠재력을 가지고 있어서 그것을 창조력으로 만들어야 한다. 그러려면 두뇌 작동 원리(메커니즘)를 이해하고 활용할 줄 알아야 한다. 그것은 복잡하게 그림처럼 연동됐기 때문에 원리를 작동순서 별로 설명하면 다음과 같다. (나폴레온 힐 '나의 꿈 나의 인생')

첫째, 모든 것은 열렬한 소망(뜻있는 목표)에서 출발한다. 꿈을 꾸기만 해서는 안 된다. 열렬한 소망을 해야 한다. 미치도록 하고 싶은 것이 두뇌 잠재력을 깨우는 실마리다. 뜻이 있거나 간절한 목표가 중요한 것이다. 예컨대 오늘날 스마트폰, 인터넷, 비행기, 자동차 등 모든 창조는 누군가의 타오르는 소망과 열망에 의해 창조된 것이다. 간절한 목표를 세우면 작동 메커니즘에 의해 축적된 지식과 상상력이 연동되어 창조력으로 발휘되기 때문이다. 누구나 간절한 목표를 뜻있게 잘 만들어야 하는 이유가 되는 것이다. (제3장에서 상세히 설명)

둘째, 결단은 신속하게 한다. 자기가 무엇을 바라고 있는지가 명확하면 두뇌는 결단을 신속하게 내릴 수 있다. 결단은 확고한 신념을 만든다.

셋째, 신념이 도전하게 한다. 동요되지 않는 확고한 신념, 그것이 사고의 힘으로 바뀐다. 결단은 잠재의식과 자기암시에 영향을 주고 신념을 강화시킨다. 신념은 한계를 뛰어넘어 새로운 도전으로 만든다.

넷째, 자기암시는 놀라운 힘이 있다. 날마다 마음속에 목표 달성한 모습을 그려라. 긍정적인 자기암시는 가장 효과적인 자극방법이다.

다섯째, 전문 지식을 활용한다. 성공의 길로 진입 했을 때 여러 가지 지식은 그 길을 포장해 준다. 얼마나 다양한 지식을 갖고 있느냐가 중요한 것이 아니고 지식을 얼마나 잘 활용하느냐 하는 것이 더 중요하다. 따라서 수시로 배우고 활용할 줄 알면 누구보다도 앞설 수 있다.

여섯째, 상상력에서 가능성이 나온다. 자신이 찾고 있는 기회는 자신의 상상력 안에 있다. 상상력은 자신의 소망을 실현하게 해주는 공장이다. 문제는 상상을 명확하게 만드는 것이다.

일곱째, 행동할 수 있는 계획을 세운다. 단순히 소망을 가진 것과 그 소망을 이루고자 노력하는 것은 엄청난 차이가 있다. 자신의 재능과 성격을 분석하여 자신이 '무엇을 할 수 있는가?'를 명확하게 하고, 의욕과 재능을 어떻게 조화시키면 되는지 그 계획을 세워야 한다.

여덟째, 참고 견디는 마음을 키운다. 성급함이야말로 사람을 파멸시키는 것이다. 어떤 경우라도 단념하지 않고 전진을 계속하는 자만이 최후에 승리할 수 있다.

아홉째, 유용한 협력자를 찾는다. 소망을 현실로 실현하는 데는 조직적인 노력이 필요하다. 자기 주위의 협력자들이 자신의 목표 달성을 도와줄 것이다.

열째, 성 에너지를 창조적으로 전환한다. 성 에너지는 정열, 창조력, 상상력, 집중력, 인내력, 그리고 그 밖에 당신을 풍족하고 행복하게 하는 모든 것의 원동력이다. 이성을 위한 소망에 사로잡혔을 때 사람들은 평소에는 보지 못하는 상상력과 왕성한 용기, 의지력, 창조력 등을 발휘하게 된다.

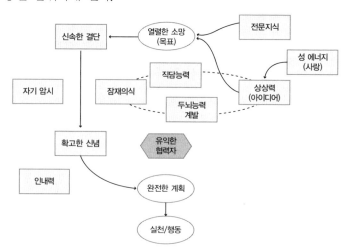

▲ 창조하는 두뇌의 작동 메커니즘 연관도

열 한째, 잠재의식을 끌어낸다. 잠재의식은 잠자는 거인이다. 게다가 이 거인은 자신의 하인이다. 잠재의식은 자신이 바라는 것은 무엇이든 가져다 준다. 무한한 잠재의식을 자유자재로 구사하는 능력을 하루하루 착실하게 구축해 가기 바란다. 머지않아 모든 계획과 사업을 성공하게 해 줄 것이다.

열 둘째, 잠재된 두뇌 능력을 계발한다. 두뇌에는 위대한 힘이 잠재해 있다. 잠자는 두뇌를 깨워야 한다.

열셋 째, 육감을 불러일으킨다. 육감은 아이디어, 착상, 번뜩임, 명답 등을 포착하는 수신장치다. 이 육감을 불러일으켜 활용하라. 성공으로 이어지는 문이 기다리고 있을 것이다.

육감의 요소는 무한의 지성, 잠재의식 등으로 오늘날 예술이나 과학 등을 비롯하여 온갖 분야에서 기적을 일으키고 있는 것이다. 헤아릴 수 없는 가치가 있는 육감을 기르기 위해 자신의 사고를 높이는 노력을 해주기 바란다. 그렇게 하면 모든 사람의 잠재의식의 저장고와도 자유롭게 교신이 되는 것이다.

8. 프로 정신으로 1등이 된다

프로정신은 최고가 되겠다는 기개이다. 모든 면에서 제일이 된다는 정신은, '하면 된다.'라는 불굴의 의지 그리고 끊임없는 자기계발 노력의 발로이다. 성공한 사람들은 습관적으로 매일매일 어제보다 좋게 개선하고, 나이기 그들이 좋아하고 잘하는 것을 반 시간 이상 노력하여 남들이 하기 전에 전문가나 달인 경지에 도달한 것이다. 문제는 좋아하고 잘하는 분야에 전문가나 달인이 되기보다는 스펙 쌓고 명문대학이라도 나와야 성공한다고 대부분 착각한다는 것이다. 그래서 토마스 영은 과잉스펙을 혹평한다. "학위라는 것은 아이디어가 부족한 사람이 그것을 감추려고 할 때 필요한 것이다." 인재는 가치 창출 결과로 평가해야 한다는 것이다.

"목표는 100%를 세워놓고 110% 초과 달성하는 것보다, 120% 목표를 세워놓고 110%를 달성하는 것이 더 바람직한 방법이다." 프로는 원대한 목표를 가지고 도전하는 것만이 생존경쟁에서 이기는 길임을 자각한다. 큰 목표는 큰 사람을 만들어 주고 작은 목표는 작은 사람을 만들어 준다고 믿기 때문이다.

또한, "올챙이가 개구리로 되는 가장 빠른 길은 매 순간마다 올챙이로서 최선을 다하여 충실하게 사는 것"이라는 말처럼, 현실에서 찾아낼 수 있는 최고의 가치, 현실에서 성취할 수 있는 가장 가치 있는 목표를 위해 열심히 하는 것이다. 가장 가치 있는 것은 한마디로 말하면 "진선미"이다. 그리고 저마다의 타고난 재능과 역량이 다르니, 각자가 성취할 수 있는 가장 가치 있는 일도 그렇게 제각각 다를 수밖에 없다. 가치는 자신을 위한 물질적인 것인가, 아니면 이웃을 위한 정신적인 것인가에 따라 평가되지만, 그 행동을 하는 동기도 프로로 중요하다.

9. 상생정신으로 가치를 극대화시킨다

경쟁을 하면 자기자신에게 집중하는 것이 아니라 다른 사람들에게 집중하게 된다. 더욱이 자신의 활력에너지를 낭비시킨다. 경쟁을 함으로써 '적수'나'경쟁자'라고 여기는 사람들을 물리치기 위해 자신의 귀중한 에너지를 소모하게 된다. 그리고 두려움에 근거해서 방어적으로 행동하기 때문에 부정적인 에너지를 자아낸다.

반면에 상생정신으로 협력을 하면 상대방을 두려워하는 것이 아니라 상대방에 대한 사랑과 애정이 싹튼다. 상생 협력은 상대방과 마음을 트는 신뢰에서 비롯되므로, 그들과 함께 일을 수행할 수 있는 것이다. 협력할 때는 자신의 고유한 재능(지식, 기술, 관계)을 인정하고 그것들을 상대방과 함께 공유할 수 있다는 것을 안다. 또한 상대방의 재능이 자신에게 도움이 될 수 있다고 믿게 된다.

상생협력이란 상대방과 서로 중요하면서도 다양한 도움을 주고받음으로써 모두가 연결되어 함께하고 있는 상황을 개선시키는 것이다. 협력을 함으로써 다른 사람들과의 상호관련성을 인정하고 존중하는 것이다. 그러려면 당신은 항상 자신의 고유한 가치를 상승시키는데 집중하고, 다른 사람들은 자기들의 가치를 발전시키도록 한다. 당신의 목표는 다른 사람들을 이기려고 하는 것이 아니라, 자기 자신을 꾸준히 계발시키는 것이어야 한다.

사업을 할 때도 상생정신으로 협력적인 자세를 유지하고 상대방과 협력하는 길을 모색해야 한다. 공동 판촉, 공동 운송, 공동 연구개발, 공동 생산 등과 같은 내용들도 협력함으로써 얻을 수 있는 혜택으로는 원가절감, 자원의 보완성(기술력, 경험, 거래처, 기술 정보, 자금 등), 대외 협상력 강화, 품질개선, 공동 사업의 제품이나 서비스의 다양성 등을 들 수 있다. 대체적으로, 타사와 협력 계약을 맺으면 시너지 효과를 창출하게 된다.

10. 정통적인 아이디어 창출법들

그리고 보다 전통적인 트리즈 기법, 브레인스토밍, 시네틱스법, KJ법, NM법, 형태분석법, 식스시그마 법, 생선뼈 품질 특성법, 마인드

맵법, 연상법, 매트릭스법, 프로세스분석법, 다각화분석법 등 수많은 아이디어창출 요령이 있다. 이런 전통기법에 관한 것들은 이에 대해 출판된 책들이 있으니 독자의 몫으로 돌린다.

하지만 중요한 것은 무엇이든 실천이 중요하다는 것이다. 또 분명한 것은 아이디어는 갑작스레 하늘에서 떨어지지 않는다는 것이다. "나는 몇 달이고 몇 년이고 생각한다. 그러다 보면 99번은 틀리고 100번째가 되어 비로소 해답을 얻어낸다."라는 아인슈타인의 고백은 무엇을 뜻하는가? 생각하면 자명해진다. 아이디어 창출이 쉽지 않다는 것이다. 남보다 높은 곳에서 더 멀리 보고 입체적 질문을 통해 남다른 독창적인 아이디어를 제시하려면 호기심을 갖고 많은 노력을 해야 하는 것이다. 중요한 것은 작은 것 하나라도 실천하는 것이다.

navigation

5

시간을 전략적으로 관리한다

시간은 모두에게 공평히 주어진 무한한 가능성을 가진 자원이다. 이를 활용하는 것은 각자의 태도와 지식에 달려 있다. 순간순간 최선을 다하면 어제는 행복한 추억으로, 오늘은 보람찬 날로, 그리고 내일은 희망찬 꿈으로 변화한다. 따라서 시간을 가장 소중한 자산으로 만들도록 합리적인 관리가 필요한 것이다.

특히 시간을 효율적으로 관리하는 것은 개인의 삶의 질을 높이는 또 다른 방법이다. 시간은 누구에게나 하루 24시간씩 주어진다. 하루 1,440분의 시간을 물리적으로 줄이거나 늘리는 것은 누구도 할 수 없다. 그리고 인생을 80년으로 보았을 때 29,220(= 365×80+20)일이다. 인생 과제는 시간을 얼마나 효율적으로 관리하고 효과적으로 활용하는가에 있다.

시간의 특성을 알고 관리한다

시간은 무한한 가능성을 가진 자원이다. 시간 관리를 효과적으로 잘하려면 시간 자원에 대한 우리의 태도와 지식이 중요하다. 무엇보다 자원으로서 시간의 속성을 제대로 알고, 연간 → 월간 → 주간 단위로 계획과 실적을 관리하는 것이 합리적이고 유용하다.

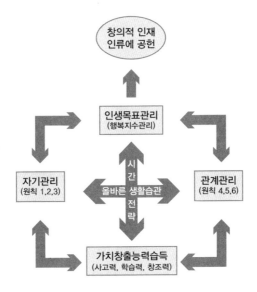

시간은 귀한 것이다. 시간을 흔히 돈이나 황금에 비유하기도 하지만, 돈이나 금으로도 살 수 없는 아주 귀한 것이 바로 시간이다.

시간은 기회다. 아무리 좋은 재능과 자원이 있어도 이것을 활용할 시간이 없으면 일을 성취해 나갈 수 없다. 시간 속에는 기회가 잠재해 있다.

시간은 신비한 것이다. 시간을 달력과 시계로 재려고 하지만 잴 수 없다. 즉 시간이 어디에서 시작되고 어느 지점에서 그친다는 것을 추측도 할 수 없고 자로도 물론 잴 수 없다.

시간은 생명이다. 시간을 가진 자가 생명을 가진다. 고로 시간을 선용하면 생명을 늘리는 것이다.

시간은 짧다. 시간은 순간이다. 그래서 그 순간을 붙잡지 못하면 영원히 잃어버리게 된다.

시간은 일회적이다. 어제와 오늘이 다 같이 24시간이지만 그 시간의 질은 다른 것이다. 시간은 일회성을 가지며 따라서 인생도 일회적이다.

시간은 책임을 가진다. 시간은 계속되지만, 어느 시기에는 시간 내에서 자기가 이루어 놓은 결과에 따라 심판을 받기 마련이다. 그러므로 시간을 가진 자는 시간 사용에 대한 책임을 지고 있다.

시간은 양면성을 지니고 있다. 긍정적인 상황에서는 기회 혹은 유리한 상황을, 부정적인 상황에서는 위험을 가리킨다. 한자어 '위기(危機)'와 영어의 'Timing(기회를 잡음)'은 모두 같은 의미다.

경중 완급으로 구분 관리한다

시간관리는 넓은 의미로는 삶 전체를 관리하는 것이요, 좁은 의미로는 효과적인 활동을 하기 위해 일의 경중 완급을 구분하여 시간을 잘 조직화하는 것이다. 인생 목표를 달성하는 데 있어서 경중 완급을 구분하고 관리할 수 있는 능력은 매우 중요하다. 그것은 시간을 효율적으로 활용하여 최대의 효과를 거두기 때문이다. (내용은 현재 삭사하고 있는 일을 가지고 분류해서 조정하고 추가하길 바란다.)

시간 구분

우선 자신의 일상을 경중 완급으로 구분하여 표를 만든다.

	(급함)	(급하지 않음)
중요함	위기, 급박한 문제 해결 마감시간에 쫓기는 프로젝트 계획 및 약속된 업무처리 급한 회의나 업무보고 〈1번 상한〉	만 시간 재능개발 학습 미래 예측 및 계획 수립 독서 및 진정한 휴식 인간관계 유지 〈2번 상한〉
중요하지 않음	장해, 간섭, 중단 일상적으로 오는 전화, 우편물, 회의, 일상적인 활동 시간에 쫓기는 사소한 일들 〈3번 상한〉	사소하고 분주한 일들 불필요한 전화, 우편물들 시간을 낭비하는 일들 현실 도피적 활동 〈4번 상한〉

성공요체

3·4번 상한을 줄여서 1·2번 상한에 집중하는 것이다. 성공 요체는 2번 상한을 철저히 준비하여 1번 상한을 효과적이고 효율적으로 잘 처리하는 것이다.

유익한 점

시간관리를 잘하면 리듬 있는 생활을 하게 된다. 일과 휴식을 조화롭게 하고 적당한 긴장감으로 살게 한다. 바쁜 사람에게는 여유를 주고, 한가한 사람에게는 긴장감을 주어 삶을 균형 있게 한다. 여유로운 마음으로 목표를 달성하게 한다.

서두름과 분주함을 예방한다. 급변하는 시대에 스트레스를 예방하여 건강한 삶을 살게 한다. 운동, 독서. 사교 활동, 사색 등의 활동에 시간을 투자하여 폭 넓은 삶을 살 수 있게 한다. 최대로 자아실현을 하여 행복한 삶을 살게 한다. 일과 삶에서 그 어느 때보다 더 빠르게 많은 것을 성취하기 시작하게 되는 것이다.

시간 관리를 잘하는 사람은 성공이 빨라지고 소득이 증가한다. 그런데 놀라운 것은 그들이 가족 및 친구와 함께 많은 시간을 보낸다는 사실이다. 성공한 사람들은 실패한 사람들보다 같은 시간 내에 더 많은 일을 할 수 있다. 그들은 명확한 목표와 목적, 구체적인 계획 그리고 중요한 일에 시간을 집중하는 잘 짜인 일정표를 갖고 있기 때문이다.

시간관리는 핵심업무에 대해 성과를 올리게 한다. 가치 있는 일에 좀더 시간을 투입함으로써 목표 달성을 쉽게 한다. '5 - 2 = 7(+4) 추론'에 따르면 비효율적이고 중요하지 않은 일 2가지를 제거하고 중요한 3가지 일에 집중하면 새롭게 +4만큼 가치가 창출되는 것이다. 우선순위의 결정이 삶의 질을 좌우하게 된다. 자신에게 중요하지 않은 일들을 중단하고 의미 있는 일에 몰두해야 한다. 삶과 일에 가장 큰 가치를 주는 활동에 항상 전념해야 한다.

시간계획을 잘 수립할수록 업무수행 시간이 줄어든다. 계획에 들인 10분이 실행할 때 100분을 절약하게 만든다. 목표, 활동, 시간 등의 계획을 세우는 데 들인 10분마다 계획들을 실행하는 데 길리는 시간을 100분씩 절약하게 한다는 것이다. 효율적이고 능동적으로 일하기 위해서는 규칙적으로 계획을 작성해 가치 있는 일에 더 많은 시간을 사용해야 한다.

모든 것을 할 수 있는 시간은 부족하지만 가장 중요한 일을 할 수 있는 시간은 마련할 수 있다. 그리고 시한을 정해 일을 하면 중요한 일 중심으로 처리하기 때문에 일을 일찍 끝낼 수 있다. 또 지식, 노력, 돈을 적절히 아웃소싱 한다면 혼자서 모든 것을 처리하는 것보다 같은 시간에 훨씬 많은 것을 성취할 수 있다.

시간은 돈이다. 때맞춰 판단하고 신속히 행동하라. Speed-up만으로도 경쟁의 우위를 차지할 수 있다. 우선순위를 정하고 빨리 움직여서 짧은 시간에 훌륭하게 일을 해낼 수 있는 능력은 오늘날 가장 귀중하게 여기는 시간관리 기술이다. 시간을 절약하는 아이디어와 때맞춰 행동하는 기술을 개발해야 한다.

낭비요소

3번과 4번 상한이 시간을 낭비한다. 외적 요소로서 자신의 업무와 직결되지 않은 사람과 사건에 의한 것으로 멋대로 조정할 수 없다. 예를 들면 방문객들과 면담하거나 걸려온 전화 받은 일 등이다. 또 채팅, 폰팅 등도 해당한다.

다른 하나는 내적 요소로서 쓸때없는 걱정이나 불안 초조 등, 즉 심리적인 요인으로부터 발생한다. 이것은 분명히 하기도 어렵고, 극복하기도 어렵다. 많은 사람은 시간 낭비의 문제점이 자기 내부에 있음에도 외부에 원인이 있다고 불평하거나 책임을 전가하고 있다.

시간 낭비 사례

참고로 마이클 포티노가 조사한 자료에 의하면 80년을 사는 미국인은 먹고(6년), 자고(23년), 기다리고(5년) … 등으로 43년을 소비한다고 한다. 또한 일본인은 연간 출퇴근 시간으로 천 시간을 (125일간) 소비한다고 한다.

특히, 하찮은 일에 사로잡혀 소중한 일을 게을리하는 것이 문제다. 반복적인 사소한 일이나 가치가 없는 일에 시간을 많이 쓰는 것이다. 지나간 일이나 미래에 대한 쓸데없는 걱정을 많이 하고 일에 대한 개념 파악이 부족하며 목표 설정이 불분명하고 완료할 일자도 정해 놓지 않고 무턱대고 일한다. 우선순위를 잘 배열하지 못하고 스케줄도 잘 못 만든다. 게임, 채팅, 통화를 너무 길게 지속한다.

그리고 남과 협력해서 하지 못하고 혼자 다 하려고 한다. 회의를 거듭하지만 거기서 도출되는 것은 별로 없다. 물건, 서류 더미 속에서 뭘 찾느라 많은 시간을 허비한다. 문제는 시작만 해놓고, 다급한 상황이 올 때까지 미룬다는 것이다.

나아가 우리는 채팅, 트위터, 우편물, 팩스, 이메일의 홍수 속에 생활하는데 그 절반은 광고성 쓰레기 등으로, 우리는 그것들에 원격조정 되는 일상에 파묻혀 있다. 그래서 누가 뭔가를 눈앞에 들이밀면 "NO"라고 답하지 못한다. 하는 일이 너무 많아, 저녁이 되면 맥이 풀린다.

반면, 성공하는 사람들은 어떻게 할까? 장담하건대 그들은 책상 위를 깨끗이 정리하고 가장 중요한 것에 몰두할 것이다. 문을 닫고, 미팅도 취소한 채 4시간을 집중해서 미래 구상, 상황 분석, 대안 마련을 하고 중요한 마무리를 할 것이다. 그런 후에 "뭐 중요한 일이 있었나?" 하고 궁금해 하며 비로소 이메일, 전화, 우편물과 소소한 일을 처리하는 것이다.

전략적 시간관리가 경쟁력이다

시간관리에서 간과하지 말아야 할 것은 전략적 시간관리이다. 그것은 창조력과 경쟁력을 높이기 때문이다. 왜 그런지 다음 3가지 핵심 사례만 설명하면 쉽게 이해될 것이다.

창조적 휴식의 관리

우선 전략적으로 창조적 휴식을 하라. 왜냐하면, 창의적 아이디어라는 것은 종종 뜻밖의 시간과 공간에서 찾아오는 것이기 때문이다.

예컨대 며칠을 밤낮으로 고민하던 난제에 대한 해답이 일상 업무 공간이 아닌 목욕탕에서 떠오르거나 산책하면서 떠오르는 경우가 많다. 말하자면 창의적인 아이디어는 산책이나 여행길에서, 잠들기 전 침대에서, 또는 밥상머리나 화장실에서 문득 기발한 아이디어가 떠오르는 특성이 있다. 따라서 창조력을 키우려면 일주일에 하루 푹 쉬는 것은 물론 일상 업무에서 벗어나 독서를 하거나 여행을 하기도 하고, 나아가 장기간 휴가나 안식월 안식년 같은 창조적 휴식을 해야 하는 것이다.

인류 역사를 살펴보면 깜짝 놀랄 만한 아이디어들은 종종 휴가 기간이나 쉬는 동안에 나왔다. 고대 그리스의 수학자이자 벌거벗은 과학자로도 알려진 아르키메데스는 목욕탕에서 부력의 원리를 발견하였고, 뉴턴은 어슬렁거리며 산책하다가 사과나무 아래서 쉬던 중 만유인력의 법칙을 발견해 냈다. 유대인들이 안식년이나 안식일을 철저히 지킨다는 것과 노벨상 수상자가 많은 것은 결코 우연의 일치가 아니다.

경쟁력 높이는 시간 관리

기업 경쟁력을 높이는데 삼성 같은 초일류기업에선 시간을 전략적으로 활용한다. 치열한 경쟁 속에서 신제품개발, 생산, 판매 및 제반 서비스 제공에 시간의 4대 속성(**먼저, 빨리, 제때, 자주**)을 적절히 활용한다. 남보다 먼저 기회를 선점한다던가 고객에게 상품을 제때 공급한다는 것이 기업 경쟁력을 높이기 때문이다. 한마디로 과학에서 힘의 공식(power = volume × density × speed)을 기업 경쟁력으로 응용하는 것이다.

$$\text{기업 경쟁력(power)} = \text{scale(양)} \times \text{density(질)} \times \text{speed(시간)}$$

(* 질: 사람의 질, 업무의 질, 제품의 질)

4대 속성	의 미	대응방향
먼저 (기회 선점)	Early start Market leader	미래 유망사업의 조기 발굴, 사전 준비, 선행 투자, 경쟁사보다 신상품 조기 출시
빨리 (시간단축경쟁)	Time Compression Fast Decision	프로세스 리드 타임 단축(상품 개발 시간 단축, 시작~완료시간 단축) 신속한 의사 결정
제때 (타이밍 경영)	On-Time Just in time	외부 고객, 내 부고객과의 납기 준수 필요한 시점에 필요한 만큼 공급
자주 (유연 경영)	Real Time Management Flexible Management	사람, 돈, 물류 등 실시간 관리 (예)일일결산 체제 소량다품종, 고 회전율(자산 회전율)

생채리듬 시간에 맞는 일상생활 관리

연구에 의하면 인간의 두뇌는 2시간 이상 계속 사용하면 지적 생산성이 급격히 떨어지는 경향이 있다는 사실에 근거하여 업무 단위를 최대 2시간씩 나누어야 한다는 것이다. 즉 정해진 2시간 동안은 그날 중 가장 중요한 업무에 전념하게 하도록 방해하는 어떠한 일도 과감히 배제하는 것이다. 그리고 2시간마다 30분 정도를 휴식하고 잡무(전화, 은행 업무, 화장실 등)를 처리하도록 하는 것이다. 이러한 방법이 3배의 생산성을 제고시킨다는 것이다. 공부도 마찬가지다.

또, 수많은 실험을 통해, 인간의 두뇌는 시간대에 따라 생산성이 높고 낮음이 있다는 것이 밝혀졌다. 같은 시간이라면 오전 시간대가 오후 시간대보다 생산성이 높게 나타난다. 따라서 정해진 시간을 효율적으로 사용하도록 시간 관리를 잘해야 한다. 이처럼 경쟁력을 높이고 창의력을 키우는 시간을 전략적으로 생각할 필요가 있다. 각자 신체적 특성에 맞게 시간 낭비 없이 두뇌 중심으로 시간 관리를 잘할 수 있도록 개발된 시간관리 시스템을 이용해도 좋다.

우리는 대부분 바쁘다는 말을 입버릇처럼 한다. 하지만 하루의 일상생활을 냉철하게 관찰하면 헛되이 흘려 보내는 시간이 의외로 많음을 알 수 있다. '하루 주어진 시간에서 1초도 낭비해서는 안 된다.'라는 주장을 하려는 것이 아니다. 오늘날처럼 창의성이 요구되는 시대에서는 적합하지 않다는 것이다. 따라서 전략적 시간관리 개념이 필요하다고 강조하는 것이다.

navigation
6

인간관계를 올바르게 만든다

인간관계가 성공하는 데 90% 영향을 미친다고 한다. 그리고 고독한 천재보다는 인간관계가 좋아 협업을 잘하는 사람이 더 쉽게 성공한다고 한다. 그래서 인간관계를 잘해야 한다고 제1장에서 힘주어 언급했었다. 하지만 살면서 가장 힘든 것이 '인간관계'라고 경험하고 느끼게 된다. 인간관계는 여러 요인에 의해 영향 받기 때문이다. 그래서 지금부터는 인간관계를 어떻게 좋게 만드는지 좀 더 살펴보자.

훌륭한 사람과 사귄다

흔히 사람들은 다양한 인맥을 만들라고 한다. 특히 자신보다 훌륭한 사람과 좋은 관계를 맺으라고 강조한다. 그들의 장점을 본받아 그들처럼 훌륭한 사람이 되라는 것이다. 여기서 말하는 '훌륭한 사람'은 좋은 가문에서 태어났다거나 학력과 지위가 높은 사람을 의미하는 게 아니다. 인격이나 모든 역량면에서 실제로 훌륭하다고 평가할 만한 사람, 모두가 훌륭하다고 인정해주는 사람을 뜻한다.

훌륭한 사람을 사귈 때 굳이 남녀노소나 낯을 가릴 필요는 없다. 그리고 관계를 제대로 만들려면 기회를 봐서 이렇게 부탁하라. "저는 여러 가지 부족한 점이 많습니다. 제가 실수하거나 무례를 하면 주저하지 말고 제 잘못을 지적해 주시기 바랍니다." 그리고 지적을 받을 때마다 곧바로 잘못을 바로잡고 고맙다는 말을 잊어선 안 된다. 자신을 아끼고 잘 되기를 바라는 마음으로 지적해주는 것이므로 도움을 받은 뒤에는 진심으로 감사할 줄 알아야 한다. 태도는 밝고 예절 바르게 행동 한다. 작은 호의에도 감사 표시를 한다면 좋은 인상을 주게 되어 친하게 된다.

그리고 사람을 사귈 때 좋은 인상을 주어야 하기 때문에 미소 짓는 표정, 활기찬 자세, 인사태도, 시선처리, 외모 등도 중요하다. 그리고 상대방을 알아주고 존중하면 더 효과가 있다. 만약 마음에 드는 사람과 친구가 되고 싶다면, 먼저 그의 장단점을 찾아라. 그리고 그가 인정받고 싶어하는 부분을 칭찬해라. 사람은 자기가 칭찬받고 싶은 것, 인정받고 싶은 것을 찾아 알아주고 존중해주면 반드시 상대방의 마음을 사로잡을 수 있다. 그렇게 마음을 움직일 수 있는 사람이 많으면 인간관계를 잘하는 것이다.

하지만 사람마다 개성이 달라서 처음부터 대인관계를 잘하기는 쉽지 않다. 누구나 당황하고 실수해서 상처를 입고 좌절감에 빠져 힘겨워할 때도 많이 생긴다. 그래서 전략적이고 합리적으로 인간관계를 접근해야 한다. 이것은 시행착오를 줄이기 때문이다.

감정 계좌를 관리해야 한다

인간은 모두 다르다. 가치관은 물론 생각하는 방법도 다르고 살아가는 방식도 다르다. 그리고 같은 사람이라도 감정이나 마음이 항상 일정하지 않다. 기분이 좋은 날도 있고 나쁜 날도 있다. 그런가 하면 신바람이 나는 날도 있고 우울한 날도 있다. 인간관계가 쉽지 않다는 이야기다.

인간관계를 좋게 만들려면 얼굴에 미소 짓고 상대방을 배려하는 마음으로 친절하게 대해야 한다. 좋은 인상을 주는 요소는 미소 짓는 표정, 배려하는 자세, 예절 바른 인사, 시선 처리, 외모, 활기찬 목소리 등이다. 대화할 때 시의적절하게 "네, 그렇습니다"라고 말하는 유순한 마음, "미안합니다"라고 말하는 반성의 마음, "덕분입니다"라고 말하는 겸허한 마음, "제가 하겠습니다"라는 봉사의 마음, "고맙습니다"라는 감사의 마음으로 상대방을 대해야 좋은 관계가 될 수 있다.

무엇보다도 인간관계는 시간이 어느 정도 경과해야 형성된다. 상대방과 매 순간 접촉한 결과가 누적되어 형성되는 것이다. 매 순간 주고받는 대화방법이나 접견하는 태도와 자세가 영향을 미친다. 순간순간 접촉을 통해 좋은 관계가 되기도 하고 나쁜 관계가 만들어지기도 한다. 그래서 저축 통장처럼 감정 계좌를 만들어 장기간 제계적으로 관리해야 한다.

감정 계좌에서 저축과 인출 요소

감정은행	계좌에 저축	계좌에서 인출
개인 계좌	• 자신과 약속을 지킨다 • 역지사지 생각한다 • 자존감을 갖는다 • 긍정적이고 정직하다 • 항상 혁신하고 쇄신한다 • 재능을 발휘한다	• 약속을 안 지킨다 • 자기만 생각한다 • 자신을 경멸한다 • 부정직하다 • 지칠 때까지 우려먹는다 • 재능을 무시한다
대인관계 계좌	• 경청하고 이해하기 • 약속 지키기 • 칭찬하고 친절한 행동 • 배려와 신뢰 있는 행동 • 미안해 하고 감사하기 • 합리적 기대	• 대충 흘려 듣기 • 약속 어기기 • 자기 일만 생각하는 행동 • 흉보고 배신하는 행동 • 거만한 행동 • 터무니없는 기대

　얼마나 좋은 인간관계를 맺고 있는지 가늠해볼 수 있는 단순한 척도는 '웃음'이다. 관계가 정말로 좋으면 함께 있을 때 자주 웃는다. 좋은 관계는 감정 계좌에서 플러스 잔고를 보유하는 상태에 따라 정해진다. 감정은행 계좌에서 저축과 인출 요소를 잘 이해하고, 평소 플러스를 만들어 가는 것이 매우 중요하다.

　대인관계는 감정의 계좌에 얼마나 플러스 값을 갖느냐에 따라 정해지기 때문에 체계적인 관리가 필수적이다. 접견 시 자신의 습성에 대해 알면 인간관계를 원만히 유지해 나가도록 컨트롤 할 수가 있다. 그렇지 않으면 본심은 그렇지 않으면서도 공연히 남을 섭섭하게 만들거나 자신도 역시 어색한 기분이 되어 인간관계를 파탄으로 가는 경우가 종종 있다.

　그리고 그 탓을 상대방의 책임으로 대부분 돌린다. 원만한 대인관계를 만들기 위해서는 상대방을 배려하고 자기 내면과의 전쟁에서 이겨야 한다. 모든 인간관계 변화는 자기 자신에서 비롯된다. 반드시 어떤 특정한 사람이 중요하다고 하여 그에게 모든 것을 매달리라는 것이 아니다. 다양한 계층의, 다양한 분야의 차별성과 다양성을 인정하고 받아들이는 수용적인 자세를 먼저 만들어가야 한다는 것이다.

인간관계 형성에 6A가 필수다

(인간관계 ← 상호수용 ← 이해. 존중. 감사 ← 경청 ← 관심)

연구 결과를 보면 좋은 인간관계를 만드는 것은 모두 첫 글자가 A로 시작한다. 그 중 첫 번째와 두 번째는 각각 동의해주는 것(Agreement), 수용해주는 것(Acceptance), 즉 만나는 사람에게 미소 지어주는 것이다. 세 번째는 감사를 표시하는 것(Appreciation), 즉 기회가 있을 때마다 "고맙습니다"라고 말하는 것이다. 네 번째는 인정해주는 것(Approval), 즉 상대방이 하는 긍정적인 일을 인정해주고 칭찬해주는 것이다. 다섯 번째는 찬사를 보내는 것(Admiration)인데, 이것은 상대방이 성취한 것, 특성 또는 소유하고 있는 것에 대해 존경하며 인정하고 있다는 것을 알리는 것이다.

이 다섯 가지 행동이 다른 사람들과 좋은 인간관계를 맺기 위한 기초가 된다. 이런 행동을 할 때마다 상대방은 자신을 더 좋아하게 되고 자신도 더 좋게 된다. 상대방이 자신을 중요하다고 느끼게 할 수 있는 여섯 번째 방법도 역시 A로 시작된다. 관심을 두는 것, 주의를 기울이는 것(Attention)이 그것이다. 사람들은 항상 자신이 가장 소중하게 생각하는 것, 자신이 가장 흥미를 느끼는 것, 자신에게 가장 중요한 것에 대해 관심을 둔다.

그렇다면 상대방에 대한 관심을 표현하는 방법은 무엇일까? 답은 경청이다. 잘 듣는 것이다. 교감하며 듣는 것은 마술과 같다. 상대방의 이야기를 잘 들으면 3가지 중요한 이익을 얻을 수 있다. 신뢰가 쌓이고 자부심을 높이며 자기 제어 능력이 높아진다. 인간관계가 좋은 친구들이나 소통에 뛰어난 리더들은 모두 듣는 것에 매우 능숙한 사람들이다. 상대방의 말에 귀 기울여 듣는 것은 상대방에 대한 관심의 정도를 나타내기 때문이다.

좋은 대화법이 강력한 수단이다

서로 교감하며 통하는 대화는 인간관계를 좋게 한다. 요령은 상대방의 말을 잘 들어주고, 자신의 견해를 적절하게 드러내면서 대화를 이끌어 가는 것이다. 좋은 대화는 서로 눈을 맞추고, 상대의 감정을 살피는 데서 시작된다. 경청과 감정이입, 두 가지가 대화 기술의 요체다. 상대방이 말을 할 때 중간에서 끊지 말고, 상대방의 입장에서 "~그랬구나, 그래서 ~ 그랬구나" 하면서 공감하며 인내심을 갖고 끝까지 들어주는 것이다. 어렵지만 체계적으로 훈련해야 인간관계를 좋게 만드는 대화가 가능해진다.

좋은 대화법은 상대방을 만날 때마다 의사소통을 상황에 맞게 적절히 잘하는 것이다. 따라서 다음 같은 의사소통의 기본요령을 알아야 한다.

첫째, 인사를 잘해야 한다. 인사는 소통의 시작과 끝이며 의사소통의 기본이다. 일상생활에서 만나고 헤어질 때 인사말을 분명하게 해야 한다. "안녕하세요", "반갑습니다", "고맙습니다", "미안합니다", "즐거웠습니다", "또 뵙겠습니다"

둘째, 상대방에 대한 불평, 불만, 비난의 말을 절대로 하지 않는다. 반면에 관계를 강화하는 사랑의 말, 존경과 감사를 보여주는 친절한 말, 우리를 웃게 하는 재미있는 말, 사랑과 치유를 부르는 기적의 말, 상냥함을 배우게 하는 다정한 말을 많이 한다.

셋째, 상대방의 입장에서 "~그랬구나, 그래서 ~그랬구나" 공감하며 끝까지 들어주지만, "예, 아니요."를 소신 있게 하고, 싫으면 싫다, 좋으면 좋다고 자신의 의사를 분명하게 한다.

넷째, 상대방이 말할 때는 눈과 귀와 가슴을 열고 경청한다. 끝까지 듣지 않고 예측하는 것은 금물이다. 진지하게 끝까지 듣고 나서 공감 수긍 또는 반론이나 대안을 제시해야 좋다.

다섯째, 윗사람에게 보고할 때는 겸손과 당당함을 함께 갖춘다. 결론 → 이유 → 경과 순으로 간결하게 하되 사안이 복잡할 때는 메모 또는 서류로 정리하여 제시한다.

여섯째, 부하에겐 칭찬과 격려를 많이 한다. 서로에게 영감을 주는 칭찬의 말, 돈으로도 살 수 없는 지지의 말, 성과와 즐거움을 향상시키는 응원의 말, 영원한 보물이 되는 글로 전하는 축복의 말 등은 삶에 기쁨을 더해준다. 그리고 대안도 적절하게 마련한다.

일곱째, 미소 띤 얼굴로 말한다. 입으로만 말하려 하지 말고 눈과 표정, 손과 몸으로 말해야 한다. 표현에는 언어적 요소와 비언어적 요소가 있다.

여덟째, 말이 씨가 된다는 말을 명심하여 긍정 암시를 계속한다. 좋은 점을 PR하는 것이다. 상대는 처음에는 의심하겠지만, 피그말리

온 효과(플라세보 효과)로 자꾸 들을수록 믿게 된다.

아홉째, 쉽게 말한다. (재미있게 말한다.)

① 가벼운 화제에서 심각한 화제로

② 쉬운 화제에서 어려운 화제로

③ 과거에서 현재로, 현재에서 미래의 화제로

④ 구체적인 화제에서 추상적인 화제로

⑤ 전달하는 화술에서 설득하는 화술로

열째, 우선 웃음 전략을 익혀야 한다. 웃음은 감정을 표현하는 수단뿐만 아니라 긴장감을 덜고 유리한 상황을 만드는 기술이다.

① 웃음 인사로 시작한다. 웃음의 70%가 인사를 할 때 이루어진다. 특히 첫 만남일 경우, 원하는 만남을 상상하며 웃음을 연습하면 실제로 멋있는 웃음을 만들 수 있다.

② 나를 먼저 사랑한다. '나는 내가 참 좋다.'라는 말을 아침마다 반복해보자. 자부심을 높여주고 하루를 힘차게 살아가도록 자신감을 줄 것이다.

③ 긍정적인 단어만을 사용한다. '사랑한다. 잘한다. 멋지다.' 이런 몇 개의 단어로도 행복해질 수 있다. 그것이 말의 힘이다.

④ 칭찬으로 마음을 웃게 한다. 출근 전 가족에게 다섯 번 칭찬한다. 만날 사람에 대해 칭찬할 것을 5가지 생각한다. 그리고 만나면 기회를 봐서 칭찬한다.

⑤ 감사로 함께 웃는다. 감사하는 것이 쑥스럽다면 매일 1분씩 주변의 모든 것에 감사하는 시간을 가져보자. 글로 써도 좋다.

⑥ 먼저 용서한다. 화병은 용서할 수 없는 마음에서 비롯된다. 매일 아침 미운 사람을 생각하며 '5분 용서시간'을 가져보자.

열 한째, 배려하는 우회적인 표현을 한다. 우회적인 표현은 상대방의 기분을 상하지 않는다. 상대방을 충분히 배려한 표현이기 때문이다. 직설적인 표현은 자기의 주장만 하므로 우회적인 표현보다 훨씬 쉽게 할 수 있다. 그래서 우리는 대부분 직설적인 표현을 사용하는 습관에 빠지게 된다. 이런 습관을 고쳐야 한다.

예컨대 '잔디를 밟지 마세요.' 보다 "나를 밟으면 아파요."라는 표현이 훨씬 거부감이 적다. 이것이 상대방 처지를 생각하는 우회적인 표현이다. '문을 닫았음'보다 '영업 준비 중'이라는 말이 우회적이다. 우회적인 말은 상대방을 자극하지 않고 운신의 폭을 넓혀 주면서 자기의 주장을 한다는 점에서 세심한 배려와 멋을 풍긴다. 그래서 우회적인 표현은 삶을 좀 더 윤택하게 만든다. 흔히 '아 다르고 어 다르다.'라고 한다. 같은 말이라도 좀 더 부드럽게 우회적으로 표현한다면 의사소통이 되고 삭막한 세상이 좀 더 부드러워질 것이다.

특히 감정을 표현할 때 You 메시지 보다 I 메시지로 말해야 좋다. '가장 인간적인 말이 가장 아름답고 가장 설득력 있다.'라는 의미를 새기면서 대화법을 체질화해 나가야 한다. 대화 요령의 중요함은 아무리 강조해도 지나치지 않다. 따라서 8절에서 리더의 대화 요령도 추가로 언급할 예정이다.

대문호 톨스토이는 소통하는 대화의 중요성을 다음과 같이 언급한다. "소통이야말로 행복에 이르는 전제 조건이다. 대부분 불행은 소통의 부재에 기인한다. 진정한 소통 은 말보다는 눈빛으로 상내방을 완전히 이해할 때 이루어진다."

navigation
7

인생목표는 가슴 뛰도록 만든다

사람은 희망찬 인생목표를 수립해야 성공한다. 뿐만 아니라 행복과 보람은 꿈과 목표를 하나씩 달성해 가는 과정에서 생긴다. 사람은 꿈과 목표를 향해 갈 때에만 정상적인 삶이 작동되는 것이다. 동물들은 자신의 목표를 세우거나 선택할 수 없다. 그들은 오직 본능에 따라 행동할 뿐이다. 만약 사람이 목표를 관리 안 한다면 동물과 같은 삶을 살게 되는 것이다.

수많은 사람들이 많은 능력, 좋은 기회를 가졌건만 시행착오와 방황만 하다가 만다. 자신의 인생 목표가 없기 때문이다. 그런데 문제는 누구나 목표가 없으면, 목표가 뚜렷한 다른 사람들을 위해 항상 일할 수밖에 없는 운명을 지니게 된다는 것이다. 사람은 자신의 목표를 달성하기 위해 일하거나 아니면 다른 사람의 목표를 위해 일해야 하기 때문이다.

목표는 등대 역할을 한다. 목표를 간절한 눈으로 바라볼 때 모든 것이 변화하기 시작하기 때문이다. 삶의 권태, 공허감, 무의미성에서 탈피하여 의미, 방향, 희망, 정의, 그리고 행복이 모두 목표에 따라 좌우되는 것이다. 인생 목표의 중요성이 대두하는 이유가 여기에 있다. 예컨대 등산 가서 길을 잃으면 조난을 당한다. 전쟁터에서 방향을 잃으면 포로가 된다. 인생길에서 참된 목표를 잃으면 인생의 미아가 되는 것이다.

그래서 창의적 인재가 되려면 인생목표를 잘 만들라는 말은 아무리 강조해도 지나치지 않는다. 특히, 자기 자신, 가족, 사회, 나아가 인류사회에 이익이 되고, 자신이 간절히 원하고, 언젠가 꼭 이루고 싶은 가슴 뛰는 꿈이면 좋다. 왜냐하면 간절한 목표는 희망의 등대처럼 밝은 빛을 비추어 준다. 그것은 사명적인 일이요 미치도록 가슴 뛰는 삶을 살게 해 준다.

"난 두근두근 거리는 가슴으로 세상을 살아갈 것입니다.
그것이 고난과 역경의 연속일지라도…
단 한 번뿐인 인생을 사회의 잣대대로 살아갈 수는 없습니다.
남들이 손가락질하여도, 무모한 도전이라고 말하여도
난 타인의 잣대가 아닌 나만의 뜻있는 인생을 살아갈 것입니다.
난 나만의 인생 목표에 온 힘을 다할 것이라고 다짐합니다.
이것은 내가 살아가는 이유, 나의 삶, 나의 이야기입니다.
세상에 유일한 이야기. 그것은 오직 나만이 만들 수 있습니다.
난 나만의 보람차고 뜻있는 삶을 위해 멈추지 않으렵니다."

가슴 뛰는 간절한 목표는 '불가능도 실현 가능하도록' 만들어 준다. 경우에 따라 미래의 운명도 바꿀 수 있다. 그래서 그것은 다음 5가지

행위를 습관적으로 매일 반복하도록 만든다.

첫째, 나에게는 인류에 공헌하는 삶을 구축할 능력이 있다. 그래서 나는 '절대로 단념하지 않는다.'라고 다짐한다.

둘째, 무엇이든지 내가 마음속에서 강렬하게 소망하는 것은 반드시 언젠가는 실현될 것이라고 확신한다. 그래서 매일 30분간 내가 이루고 싶다고 생각하는 모습을 마음속에 생생하게 그려낸다.

셋째, 자기암시의 위대한 힘을 믿는다. 그래서 매일 10분간 정신을 통일하여 자신감을 기르기 위한 '자기암시'를 건다.

넷째, 정한 목표와 달성계획을 명확하게 종이에 쓴다.

다섯째, 자신이 정한 목표와 계획은 꼭 달성한다. 자신이 세운 목표가 분명하고 간절하기 때문이다.

그런데도 대부분 사람은 먹고사는 문제를 해결하기 위한 일에 너무나 많은 시간을 보내고 있다. 사람들은 인생에서 자신이 원하는 것을 얻기 위해서는 스펙 쌓고 단지 죽도록 일하여 돈을 버는 방법밖에 없다고 믿는 것 같다. 하지만 건강과 행복, 자아실현, 마음의 평화는 돈을 번다고 얻어지는 것이 아니다. 인생목표는 일, 가족, 재정적인 분야, 부부관계, 건강, 직업 등 모든 면에서 균형 있는 삶의 추구가 중요하다. 돈으로 살 수 없고 너무 중요해서 제3장에서 추가로 상세하게 다루게 될 것이다.

목표를 향한 마음가짐이 관건이다

이 세상에 그냥 관심만 두고 꿈이나 목표에 도달한 사람은 단 한

명도 없다. 무슨 일이 있어도 기필코 달성하겠다는 다짐이 있어야 한다. 마음가짐이 간절해야 행동으로 실천하는 생활습관을 만들기 때문이다. (인생목표 → 마음가짐 → 말과 행동 → 생활 습관)

성공의 필수 조건은 꿈이나 목표를 향한 마음가짐이다. 나이가 많든 젊든, 남성이든 여성이든 아무 관계가 없다. 부유한 집에서 태어났든, 뒷골목의 허름한 집에서 태어났든 관계가 없다. 그것을 향한 간절함이 성공한 삶을 창조하는 것이다. 마음가짐으로부터 실천하는 말과 행동, 나아가 생활 습관까지 형성되기 때문이다.

마음가짐을 통제하는 5가지 방법

누구나 성공하려면 목표를 향한 마음가짐이 관건이다. 따라서 주기적으로 목표에 대한 마음가짐을 강화시키는 노력을 해야 한다. 마음을 강화시키고 통제하는 방법들은 정신주입, 신념, 자기암시, 긍정적인 생각, 슈퍼의식 등5가지가 있다. 성공한 인재는 이 5가지를 적절히 융합해서 목표달성에 효과적으로 활용한 것이다.

❶ 정신 주입 : 정신 주입이란? 목표를 반복적으로 되새기는 것이다. 일정한 간격을 두고 목표를 주기적으로 주입하면 다른 잡생각은 점차 사라지고 목표 의식만 남게 된다. 이는 마치 물이 가득 찬 양동이에 자갈을 계속 집어넣으면 나중에 물은 없어지고 자갈만 남게 되는 이치와 같다. 여기서 자갈은 목표인 것이다. 정신 주입의 한 가지 방법은 혼자 말을 하는 것이다. 특히, 위인들의 위대한 업적은 모두가 그들이 했던 혼잣말의 결과이다. 글씨나 그림도 좋은 효과를 준다. 이스라엘 속담에 "혼잣말을 만 번 하면 현실로 이루어진다."라는

말이 있다. 또 중국 고사에 나오는 와신상담도 혼잣말의 효과를 나타낸 말이다.

비전, 나의 꿈, 목표를 나타내는 글, 사진이나 그림 등도 정신 주입이 되어 그것을 실현하는 수단과 방법을 강구하게 된다. 각종 현판을 붙이거나 기업 비전, CI, 이미지 광고에 엄청난 돈을 쓰는 것도 이런 효과를 염두에 두고 하는 것이다. 가정에서 가훈이나 생활 규칙을 붙여 놓는 것도 마찬가지다.

예컨대 정신주입은 마음가짐을 강화시키고, 목표를 달성하는 생활 습관을 만들어 준다. 따라서 마음먹고 결심한 것은 필요한 만큼의 목표달성에 대한 정신 주입을 한다는 증거이다. (인생목표 → 정신주입 → 마음가짐 → 말과 행동 → 생활 습관)

❷ 신념 : 신념이란? 실현될 것이라 믿는 것이다. 신념은 잠재의식 속에 실현될 수 있는 가르침을 만든다. 무엇인가 되고 싶다면 확고한 신념을 가지는 일이 그 첫걸음이 된다.

확고한 신념을 가지면 두뇌 잠재력에 동기와 자극을 준다. 확고한 신념은 과학으로도 풀 수 없는 기적을 부른다. 신념은 나를 절망에서 끌어내 주는 마법의 약이다. 신념이 사고와 결합할 때 두뇌 잠재의식이 자극되어 엄청난 의욕과 무한의 지성이 용솟음친다. 또 신념이 영상과 연결되면 잠재의식은 믿지 못할 만큼의 힘을 발휘하게 된다.

❸ 자기암시 : 자기암시란? 오감 즉 시각, 청각, 후각, 미각, 촉각을 통해 스스로 자기 마음에 주는 동기부여 자극을 말한다. 일종의 자기최면이라고 할 수 있는데 자기암시는 자신의 생각이나 소원을 의

식적으로 잠재의식에 주입함으로써, 자신을 변화시키는 힘을 가지고 있다.

잠재의식은 비옥한 밭과 같다. 하지만 그 땅이 아무리 기름져도 씨앗을 뿌리지 않고 내버려두면 머지않아 잡초가 무성해 못쓰게 된다. 이것은 잠재의식에도 마찬가지로 적용된다. 만약 내버려두면 가능성에 가득 찬 잠재의식도 잡념에 점령되어 파멸해 버린다. 따라서 긍정적인 자기암시의 씨앗을 심고 열심히 가꾸어야 한다.

❹ 긍정적인 생각 : 두뇌는 '생각의 공장'을 운영한다. 생각은 두 명의 감독을 받는데, 그 중 한 명은 '승리'이고, 다른 한 명은 '패배'다. 여기서 '승리'가 긍정적인 생각이고 '패배'가 부정적인 생각이다.

예컨대 자신에게 혼잣말로 "오늘은 아주 좋은 날이다."라고 말해보라. 그러면 '승리'가 전면에 나서서 이렇게 말할 것이다. "맞아요. 오늘은 아주 멋진 날이군요. 날씨도 정말 좋아요. 살아 있다는 건 정말 좋은 거예요. 오늘 당신에게는 몇 가지 좋은 일이 생길 것이고 모든 일이 순조롭게 진행되는 거예요." 그러면 실제로 그날은 좋은 날이 되어 버린다.

이번에는 반대로 "오늘은 정말 형편없는 날이야."라고 말해보라. 그러면 그것을 신호로 '패배'는 즉시 행동으로 들어가 당신의 생각이 옳다는 것을 증명해 줄 몇 가지 사실을 만들어 낸다. 그는 당신에게 날씨가 너무 덥거나 추우며 사람들의 신경이 곤두서 있고 몸이 아프며 그들의 신경이 예민하다는 것을 알려올지도 모른다. 패배는 아주 능률적이기 때문에 순식간에 당신을 속여넘긴다. 그리하여 결국 그

날은 일이 안 풀리고 일진이 안 좋은 날이 되어 버린다.

당연히 둘 중에서 일거리를 많이 받는 쪽이 점점 더 강해진다. 만일 패배가 좀 더 많은 일거리를 받으면 부정적인 쪽으로 쏠린다. 그러므로 유일한 대응책은 '패배'를 해고하는 것이다. 자꾸만 '할 수 없다.', '감당할 수 없다.', '실패할 것이다.'와 같은 부정적인 말로 그에게 일거리를 제공하지 말아야 한다. 패배는 여러분의 목표 달성에 아무런 도움이 되지 못하므로 쫓아내는 게 상책이다. 그 대신 '승리'를 현명하게 100% 활용해야 한다. 어떤 생각이든 그 처리를 승리에 맡겨 버려라. 그러면 성공할 수 있는 방식을 알려줄 것이다. 무엇보다 중요한 것은 긍정적 마음으로 '나는 할 수 있다.'라고 말하고 믿는 것이다.

긍정과 부정의 비교표(마케팅 전략회의 사례)

	작고 부정적인 문장들	크고 긍정적인 문장들
1	아무 소용없어요. 우린 망했다고요.	우린 아직 망하지 않았습니다. 계속 노력해 봅시다. 문제를 새로운 시각에서 바라볼 수도 있지요.
2	한때 그 일을 해봤지만 실패했습니다. 두 번 다시 하지 않을 겁니다.	그 일로 실패한 적이 있지만 내 잘못 때문이었습니다. 다시 노력해 보겠어요.
3	노력했지만 제품이 팔리지 않는군요. 사람들은 그걸 원치 않습니다.	지금까지는 잘 팔리지 않았어요. 하지만 나는 그 제품이 팔릴 거라 믿기 때문에 판매량을 올릴 방법을 찾아낼 겁니다.
4	시장이 포화상태 입니다. 잠재고객 중의 75%가 이미 물건을 구입했다고요. 이제 그만 할 때가 된 것 같아요.	아직도 25%의 시장이 남아 있습니다. 나도 이 일에 끼워줘요. 정말 굉장한 기회입니다.
5	그들은 주문량이 적으니 고객 리스트에서 삭제해 버려요.	그들의 주문량이 적군요. 그들의 수요를 더 충족시킬만한 계획을 세워봅시다.

6	회사에서 최고의 위치에 올라서기까지 5년 걸린다니! 그건 너무 긴 시간입니다.	5년은 긴 시간이 아니지요. 내가 왕성하게 활동할 수 있는 시간이 앞으로 30년이나 남아 있다는 사실을 생각해 보세요.
7	경쟁사에 비해 형편없는 수준이군요. 당신은 내가 어떻게 그들을 능가하길 바라는 거죠?	경쟁사가 아주 강하군요. 그걸 부인할 생각은 없지만 그 누구도 완전히 유리한 입장을 차지할 수는 없죠. 우리 함께 머리를 모아 이길 전략을 구상해 봅시다.
8	아무도 그 제품을 원치 않을 겁니다.	현재로선 팔릴 만한 물건이 아니지만 고쳐서 팔 수 있는 길을 모색해 봅시다.
9	그 일을 하기엔 너무 젊어(늙어)요.	젊다(늙었다)는 것은 확실한 이점입니다.
10	그건 불가능해요. 내가 그걸 입증해 보이죠. (이미지: 어둠. 우울함. 실망. 슬픔. 실패)	그건 얼마든지 가능해요. 내가 그걸 입증해 보이죠. (이미지 : 밝음. 희망. 성공. 재미. 승리)

(학생이라면 긍정적인 공부자세를 정리하기 바란다.)

❺ 슈퍼 의식 : 명상이나 사색을 통해 깨달음을 얻을 수 있다. 이것을 실행에 옮기는 쉬운 방법은, 어디엔가 조용한 곳에 가서 앉아서 한 시간 동안 움직이지 않고 말도 전혀 하지 않는 것이다. 커피도 마시지 말고, 메모도 하지 말고, 담배도 피우지 말고, 음악도 듣지 말고 그 밖의 어떤 행동도 해서는 안 된다.

"한 시간 동안 가만히 앉아 있어야만 한다." 한 시간 혼자 아무 일도 하지 않고 가만히 앉아 있을 수 있는 사람은 거의 없다. 처음으로 혼자 있기를 의식적으로 시도해보면 한 시간 동안 말없이 가만히 앉아 있는 것이 엄청나게 힘든 일이라는 것을 깨닫게 될 것이다. 20분에서 30분이 지나면 일어나서 움직이고 싶다는 욕구가 참기 어려울 정도로 솟아오른다. 가만히 앉아 있는 것이 거의 불가능하다고 생각될 정도다.

그러나 자기제어 능력을 발휘해서 30분을 견뎌내는 데 성공하면 안정감, 편안함, 평화가 찾아오는 것을 느끼게 된다. 그리고 세상과 하나가 되는 듯한 충만감에 젖어든다. 어느 시점이 되면 창조적인 에너지가 마치 강물과 같이 속에서 흘러 다니는 것 같은 느낌에 사로잡히게 된다. 즉시 적용할 수 있는, 좀 더 행복해지고 좀 더 유능해질 수 있는 아이디어들도 떠오르기 시작한다. 까다로운 문제에 대한 답이 적당한 때에 떠오른다. 우리는 그것이 바로 우리가 찾던 해답이라는 것을 느낄 수 있다. 마치 저 멀리 어딘가에서 이상적인 해결 방법을 보낸 것 같다. 습관에 끌려가지도 않고, 또 무의식에 지배 받지도 않는 강렬한 의식, 이걸 '슈퍼 의식'이라고 부른다. 핵심목표에 몰입을 하는데 가장 결정적인 역할을 하는 중요한 의식이다.

목표는 주기적으로 관리해야 한다

인생 목표는 '장기적으로 무엇을 할 것인가?'를 생각하고 정한다. 60대에는, 50대에는 40대에는, 30대에는, 20대에는… 이러한 생각을 해 나가는 것이다. 하지만 중요한 것은 오늘 하루를 쓸데없이 보내지 않기 위해, 인생에서 오늘이나 금주가 어떤 의미가 있는지 파악하는 것이다.

예를 들어 20대에 무엇을 해야 하는가를 알아야만, 스물한 살이 되어 일 년간 해야 할 계획도 정해지고, 열두달 중에서 이번 달과 금주에 할 일도 정해지는 것이다. 인생 목표를 중장기 년, 월간으로 나누고, 주 단위로 나누어서 오늘 할 일들이 정해지는 것이다. 그것을 실천하기만 하면 인생 목표는 달성되는 것이다.

그리고 계획과 실적을 점검하는 기본 단위는 주간 단위로 하는 것이 유용하다. 일일 단위로 하면 당장 급하게 해야 할 요구 사항에 치우치기가 쉽고, 연간 월간 단위로만 관리하면 시급히 해야 할 것들이 모호해지기 때문이다.

주간 단위는 일상 생활 구조에서 하나의 완결된 단위다. 주간 단위의 관리는 이번 주 7일 동안 삶에서 무엇이 소중한 것이며, 어떤 게 긴급한 것인지 정리하는 데 '적합한 사고방식'을 표현하는 강력한 틀이다. 다음과 같은 질문들을 하면서 주간 활동 목표 항목을 정하면 좋다.

목표 중에 이런 일들을 하면 어떻게 될까?
내 삶의 질에 어떤 영향을 미치게 될까?
그 가운데 몇 가지만 하면 어떻게 될까?
그것이 내 삶에 긍정적인 변화를 가져올까?
이것을 지속적으로 매주 하면 어떻게 될까?
내가 지금보다 더 효율적이고 효과적인 사람이 될까?

아울러 '주간 점검 질문'을 통해 매주 자기반성과 만회대책을 강구해야 한다. 인재가 되기 위한 필수항목들이기 때문이다.

주간 점검 질문들

1	눈가에 미소 지으며 예의 바르게 인사는 잘하는가?	
2	친지, 스승, 선배, 어르신께 안부 인사를 주기적으로 하는가?	
3	상대를 존중하며 호의에 감사하게 인사하는가?	
4	자기 계발을 하는가? 주 1권 책은 읽는가? 운동은 하는가?	
5	목표를 잘 실천하는가? 목표는 대부분 달성하는가? (년 월 주 단위 계획과 실적을 점검한다.)	
6	휴대폰, 인터넷, 채팅, TV, 게임을 절제하는가?	
7	금주에 무엇을 창조·혁신·개선할 수 있었는가? 효과는?	
8	가난·비판·질병·실연·고령·죽음, 이 여섯 가지 공포 중 어느 것에도 구애 받지 않 았는가?	
9	생활 원칙을 정해 실천하는가? 주간생활시간표는 활용하는가?	
10	누구와도 분쟁을 일으키지 않았는가? (특히 가족이나 동료와)	
11	집중력이 부족해서 에너지를 낭비하지 않았는가?	
12	약점을 보완하기보다는 강점을 살리는 데 더 치중하는가?	
13	역지사지 입장에서 상대방의 말을 경청하는가?	
14	독단이나 무절제한 일은 없었는가?	
15	고정관념을 탈피하여 참신한 아이디어를 내는가?	
16	남으로부터 존경 받을 만한 행동이나 태도를 보였는가?	
17	항상 입체적 사고를 하고 정확한 분석에 따라 판단했는가?	

18	시간. 지출. 수입 등이 모두 예정대로 관리되었는가?	
19	시간을 낭비한 적은 없었는가?	
20	앞으로 좀 더 발전하기 위해 시간을 어떻게 활용하면 좋겠는가? 또 습관을 어떻게 바꾸면 좋겠다고 생각하는가?	
21	정의와 양심에 가책되는 행동을 한 적이 있는가?	
22	인생을 망치는 다음 8가지 질병에서 자유로운가?	
	1) 본질 이탈 : 본질을 벗어나면 기회와 자원을 낭비하고 문제 해결이나 목표 달성 이 곤란해진다.	
	2) 자아 상실 : 자기 개성이나 자부심을 느끼지 못하고 매사에 몰입하지 못한다.	
	3) 의식 부족 : 완벽한 일 처리와 창의력을 통한 개선 활동이 부족하다.	
	4) 무임승차 : 남이 해주기를 기다리거나 방관적인 행동으로 공동 목표를 함께 추 진하지 못한다.	
	5) 자기 입장 : 전체 입장을 고려하지 않고 자신의 처지만 고집하고 소아적 판단. 이기적인 궤변만 일삼는다.	
	6) 유아관 : 의식 수준이 낮아 높게. 멀리. 깊게 보지 못하고 전체보다 일부의 이익 을. 장기 목표가 아닌 단기 업적만 추구한다.	
	7) 무기력증 : 성취동기와 도전의식이 약한 무의지 상태. 매사에 소극적이고 수동 적이며 활력을 상실한다.	
	8) 비전 증발 : 도전이나. 활력. 패기가 없으며 무의미하게 하루하루를 낭비한다.	
23	상대방 입장에서 양질의 서비스를 제공했는가	
24	누군가에게 불공평하게 하지는 않았는가	
25	현재 하는 일은 마음에 드는가? 무엇이 문제인가	
26	자신에게 돈을 지불하는 사람들이 완전히 만족하고 있다고 생각하는가? 만일 그렇지 않다면 무엇이 원인이라고 생각하는가?	

목표달성은 생활시스템이 기반이다

간절한 목표를 달성하려면, 아래 모형처럼 인생목표관리, 자기관리, 관계관리, 가치 창출 능력 배양, 시간관리를 유기적이고 시스템적으로 연계시켜 최적화된 생활습관을 완벽하게 만들어야 한다.

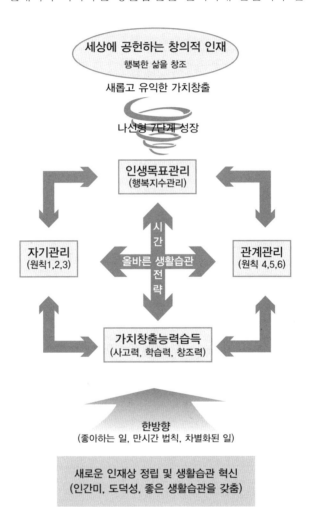

말하자면 목표 달성에 도움되는 사람을 찾아 관계 맺고, 시간대별로 해야 할 일들을 처리하고, 도움이 될 수 있는 아이디어와 자원들도 투입해야 하는 것이다. 그래야만 새롭고 유익한 가치를 창출하고 세상에 공헌한다는 목표를 궁극적으로 달성할 수 있기 때문이다.

　그림처럼 간절한 인생목표를 달성할 최적의 생활 시스템이 만들어질 때 성공의 기반이 되는 것이다. 무엇보다 일을 주도적으로 즐기면서 상호신뢰에 기반한 인간관계와 인생목표에 맞는 시간관리를 습관화한다면 누구나 행복한 삶을 창조할 수 있는 것이다.

　목표달성 성공동력은 가치창출능력이다. 가치창출능력을 높이려면 자신이 좋아하는 것을 만 시간 학습 노력하여 전문가나 달인 수준으로 만들어야 한다. 그래야 경쟁력이 커진다. '성공을 위해 개인적으로 변화하는 일, 혁신을 통해 기업의 이윤을 극대화하는 일, 그리고 한 국가가 세계 속에서 그 위상을 격상시키는 일……이러한 변화는 모두 같다.'

　그런데 목표 달성을 할 때, 우리는 지금보다 무언가를 더해야 한다고만 생각한다. 하지만 무언가를 더해야 한다는 사실은 마음도 시간도 몸도 부담스럽게 만든다. 더하는 부담 대신 줄이는 가벼움을 실천하면 어떨까? TV 보는 시간을 줄이고, 게임 시간을 조금 줄이고, 인터넷 서핑 시간을 조금 줄이다 보면 어느새 그 시간이 인생목표를 향해 새로운 변화들로 채워져 가고 있음을 느끼게 될 것이다. 이때 주의해야 할 점은, 그렇게 얻어진 소중한 시간을 또 다시 줄여야 하는 시간으로 채워 가지 말아야 한다는 것이다.

창의적 리더가 되도록 한다

사람은 세상에 유익한 가치를 창출하거나 복잡한 문제를 해결하려면 다양한 사람과 협업을 잘해야 한다. 누구든 혼자서 모든 걸 잘하기엔 제한적이기 때문이다. 그런데 협업을 잘하려면 기본적인 인간관계뿐만 아니라 멋진 리더십도 함께 겸비해야 좋은 결과를 얻을 수 있게 된다. 리더십이 있으면 협업을 보다 더 창의적이고 효율적으로 할 수 있기 때문이다. 인재는 결국 리더십을 갖고 새로운 가치를 창출하는 창의적 리더가 되어야 하는 것이다.

리더는 덕목을 갖춘 인재이다

리더란? 창의적으로 자신의 역할을 하고 따르는 사람이 많아야 된다. 과거에는 무리를 이끌고 가는 사람, 지배하는 사람을 리더라고 했다. 하지만 요즘은 '함께 가는 리더십'을 요구 받는다. 군림하지 않고 나도 너도 아닌 우리를 위해 세상을 편하게 만드는 사람이다. 더욱이 21세기는 위와 아래, 앞과 뒤를 구분하지 않는다. 위기 때는 앞장서서 문제를 해결하는 사람이 바로 리더다. 물론 리더는 비전, 통찰력, 추진력 등을 갖추고 좋은 결과를 얻어내야 한다.

리더(Leader)의 사전적 의미는 '조직이나 단체 따위에서 전체를 이끌어 가는 위치에 있는 사람'이다. 그런데 리더라는 단어에는 이 문장만으로는 도저히 설명할 수 없는 그 무언가가 있다. 즉 리더는 비전과 통찰력, 전체를 조감할 수 있는 통합적 시각을 가져야 한다. 그리고 감각, 그 중에서도 상황맥락 지능이 발달해야 한다. 내가 이 상황에서 어떤 역할을 해야 하느냐에 대한 판단을 명확히 할 수 있어야 한다는 얘기다.

리더는 목표를 전반적으로 알고(知), 행동으로 솔선하며(行), 사람들을 쓸 줄 알고(用), 가르치고(訓), 평가할 줄 아는(評) 즉 지·행·용·훈·평의 다섯 덕목을 최소한 갖추고 있어야 한다. 삼성에선 리더의 덕목으로 "지행33훈을 만들어 그것들을 제대로 알고 실천할 줄 알아야 한다"고 언급하고 있다. (제4장 참조)

그런데 요즘 상당수 리더는 미안하지만 리더가 아니다. 줄 잘 서서 지위가 높아지거나 대물림으로 윗자리에 앉아 세상 어려운 줄 모르고 중책을 맡는 경우가 많다. 자신이 어떤 인물인지, 얼마 짜리인지 모르고 책임을 지고 있다. 올바른 경험도 없고 제대로 리더십 교육도 받지 못했다. 결국, 그들은 최고의 선을 지향하다 최악의 나락으로 떨어지는 우를 범하게 된다.

리더는 비전 제시는 물론 통찰력, 추진력, 혁신적 창조력 등을 어느 정도 갖춰야 한다. 그래서 리더는 늘 새로운 지식을 추구하는 학문적 삶을 살아야 한다. 세상 변화를 통찰하며, 새로운 환경의 문제, 인류의 욕구, 지식의 결핍을 찾아서 창조적으로 대응하는 방법을 찾고, 역사적, 사회적, 경제적으로 갖는 의미도 만들어야 한다. 무엇보다 리더는 동료나 부하직원으로부터 인정받아야 한다. 결국 '리더의 대화요령'을 알고 소통을 잘하는 사람, 열정과 마음이 따뜻한 사람이 되어 존경 받는 멋진 리더가 되는 것이다.

리더의 대화 요령

1. 상대방에게 칭찬과 감사의 말로 시작한다.
2. 칭찬은 아낌없이 한다. 아주 작은 진전에도 칭찬을 아끼지 않는다. 또한, 진전이 있을 때마다 칭찬해 준다.
3. 상대방을 비평하기 전에 자신의 잘못을 인정한다.
4. 직접적으로 명령하지 않고 요청한다.
5. 상대방의 체면을 세워준다.
6. 상대방에게 훌륭한 명성을 갖도록 해 준다.
7. 상대방의 잘못은 간접적으로 말한다.
8. 격려해 준다. 잘못은 쉽게 고칠 수 있다고 느끼게 한다.
9. 특히 우호적인 인간관계를 만드는 대화법을 쓴다.
   ① 상대방에게 비난이나 비평, 불평하지 않는다.
   ② 상대방을 솔직하고 진지하게 칭찬한다.
   ③ 열렬한 욕구를 불러일으키는 생각이나 욕구에 공감한다.
   ④ 미소를 짓는다. 남의 말을 잘 들어주는 사람이 된다.
   ⑤ 상대의 이름을 기억하고 불러 준다.
   ⑥ 자신에 대해 말하도록 질문하고 사람을 고무시킨다.
   ⑦ 상대방의 관심사에 대해 이야기하고 중요하다는 느낌이 들도록 한다.
   동의는 진심으로 상대방의 견해를 존중하는 것이다.

그런데 덕목의 형태는 다양하다

리더들은 다음처럼 덕목의 형태에 따라 다양하게 불리어진다.

첫째, 분명한 꿈을 제시하는 비전 리더다.

비전 리더는 미래의 청사진을 보여주고 모든 구성원이 공감할 수 있도록 한다. 강력한 비전을 설정해 변화와 혁신을 향한 과정에 동참할 수 있도록 이끄는 사람인 것이다. 비전 리더들은 현실을 정확히 인식해 세운 자신의 비전에 대한 확신을 갖고 있다. 강인한 의지에서 비롯된 희망의 메시지로 사람들에게 믿음을 주는 타입이다. 그래서 비전 리더는 커뮤니케이션을 할 때 상대와의 공통 분모를 발견해 공감을 이끌어내는 데 익숙하다.

둘째, 재치 있는 아이디어로 승부하는 리더다.

그들이 가진 무기는 유머와 역설에 있다. 여기서 말하는 유머는 실없는 농담과는 다르다. 자신을 낮추는 유머러스한 표현, 위트 있는 말은 상대의 긴장을 풀어주고 거리를 좁힐 수 있다. 다소 딱딱한 분위기를 재치 있는 유머로 부드럽게 만들며, 복잡하고 긴 설명보다 간단명료한 표현으로 정의를 내리는 데 익숙하다. 이들은 독창적이고 신선한 아이디어와 남과 다른 경쟁력을 갖고 있다. 이들은 언제나 튀는 아이디어와 브랜드의 가치를 중요하게 생각한다.

셋째, 위기 관리를 하는 동반자적 리더다.

구성원과 동반자적 관계에서 위기를 적극적으로 힘께 헤쳐나가고자 하는 리더다. 새로운 위기에 대비하고, 끝없는 고민을 통해 돌파구를 찾고자 365일 분주하다. 이들은 구성원들의 미래를 책임지려는 경향이 강해서 위기 관리 해법도 구성원들과 소통하면서 찾는다.

따라서 지시와 명령보다는 같은 눈높이와 위치에서 자유롭게 의견을 개진하고, 포용하는 의견 교환을 선호한다.

넷째, 도전과 열정의 카리스마적 리더다.

정확한 목표 제시와 통솔력, 그리고 과감한 추진력을 지닌 리더를 말한다. 말이나 생각보다 행동을 중시하는 타입으로 어떤 원칙이나 계획을 세우면 자신이 먼저 솔선하는 성실한 자세를 지니고 있다. 모범적 태도로 사람의 마음을 움직여 구성원의 실행력을 높이는 설득의 달인이기도 하다. 칭찬의 힘은 고래를 춤추게 할 만큼 크다는 것을 누구보다 잘 알고 있다. 이들은 격려와 칭찬을 통해 상대가 가진 능력 이상의 성과를 만들어 낸다.

다섯째, 마음으로 교감하는 리더다.

구성원을 배려하고 섬기는 리더의 태도를 가지고 있다. 겸손하고 따뜻한 자세를 지닌, 이 리더의 특징은 진심 어린 소통을 추구한다는 점이다. 내 입장보다는 구성원의 마음을 이해하고자 노력하며 모든 이해 관계자들에게 신뢰와 사랑을 받는 리더다.

여섯째, 운명을 개척하는 혁신적 리더다.

혁신적 리더는 비전을 제시하되 이를 위한 실질적 방법론을 창출하는 사람이다. 비전 달성에 필요한 시스템이나 문화라면 적극적으로 받아들여 자신감과 긍정의 마인드를 고취시키는 일에 앞장선다.

혁신적 변화에 수동적이기보다 스스로 새롭게 진화해가는 타입으로 약점을 강점으로 바꾸어가는 능력도 탁월하다. 독특한 가치를 추구하기 때문에 긍정의 에너지를 상대에게 전파하고 설득한다.

이처럼 따뜻한 심장을 지닌 리더, 냉철한 머리로 논리적 판단을 하는 리더, 미래를 향한 비전과 방향을 늘 새롭게 제시하는 리더 등 저마다의 스타일과 특징을 가지고 있다. 그래도 리더들은 다음과 같은 일곱 가지 노력을 공통적으로 하고 있다. 그들은 언제 어디서 누구를 만나든 항상 배우려 한다. 남이 이야기할 때는 방해하지 않으며 대답하기 전에 먼저 생각한다. 화제와 관계 있는 질문을 하고 도리에 맞게 대답한다. 처음에 해야 할 일과 나중에 해야 할 일을 정확히 알고 행동한다. 모르는 것은 모른다고 정직하게 말한다. 진실을 항상 존중한다. 이것이 리더의 일곱가지 기본 덕목이다. (참고로 공자가 지적한 나쁜 리더는 학(虐), 포(暴), 적(賊), 인(吝)이다. '학'은 평소 가르쳐주지 않은 채 실수한 것만 가지고 엄하게 처벌하는 것, '포'는 차근차근 과정을 챙기지 않고서는 갑작스럽게 채근하는 것, '적'은 지시는 대충 내려놓고 제때 마감하라고 재촉하는 것, '인'은 어차피 내줄 일을 손에 쥐고 '내줄까 말까' 인색하게 구는 것이다.)

최고의 덕목은 진정성이다

리더로써 최고의 덕목은 반드시 진정성이 있어야 한다. 진정성은 구성원들에 대한 좋은 말과 대우 같은 것으로 얻어진 것이 아니다. 비전 공유와 목표 공감대를 바탕으로 한 차별화된 유형의 리더십이다. 진정성은 단순히 몇 가지 행동이나 이벤트로 보여줄 수 있는 것이 아니기 때문이다.

예컨대 소프트뱅크의 '손정의 제곱병법'이 좋은 사례이다. 이념, 비진, 전략, 마음가짐, 전술을 손회장이 26세부터 5년 동안 책 4,000권을 읽고 통찰력 있게 만든 진정성 있고 실천 가능한 경영철학이다.[08]

---

08 중앙일보 2011년 9월 27일 기사에서 발췌. 자세한 설명은 제3장에서 기술하고 있다.

손정의 '제곱병법'

이념	道天地將法	• 도천지장법 승리하려면 올바른 뜻, 적절한 타이밍, 지리적 이점, 충성스러운 장수, 효율적 시스템을 갖춰야 한다.
비전	頂情略七鬪	• 정정략칠투 올라갈 산을 정한 뒤 관련 정보를 수집해 핵심을 취한다. 승률 70%가 넘으면 말만 하지 말고 전투에 돌입한다.
전략	一流攻守群	• 일류공수군 주류에서 압도적 1위가 가능한 사업을 택한다. 다각도로 치고나가며 위험은 피하고 멀 브랜드 전략을 쓴다.
마음가짐	智信仁勇嚴	• 지신인용엄 장수는 지혜·신의·인애·용기·엄격함을 지녀야 한다. 퇴각하는 것도 용기요, 때론 악마 같은 상사가 돼야 한다.
전술	風林火山海	• 풍림화산해 재빠르게 조용히, 철처하게 흔들림 없이, 바다처럼 모든 것을 삼켜버려야 전투는 비로소 끝이 난다.

* 중앙일보, 2011년 9월 27일

　손 회장의 경영철학에는 비전 제시는 물론 미래를 예측하고 철저한 전략전술을 분명하게 정리해 놨다. 이것을 공감시킨다면 구성원들이 최선을 다하도록 변화를 이끌 수 있는 것이다. 이것은 MS, 삼성, 구글, 애플 등 성공한 초일류기업들도 대부분 경영방침 등으로 정리하여 놓았다.

　위대한 리더들은 어떤 개인적인 특성들을 언제, 누구에게 보여주어야 하는지 잘 알고 있다. 그들은 언제나 자신들의 정체성을 잃지 않으면서도 그들이 요구하는 것에 적절하게 대응할 수 있도록 체계적이고 유연하게 행동하는 것이다.

　특히, 리더들은 창조와 혁신을 조화롭게 하기 위해 격의 없는 질문을 하고 아이디어를 내며 진정한 소통과 융합을 하도록 한다. 말하자면 구성원들이 현 상황을 직시하고, 모든 경우를 실험하고, 아이디어를 교류할 수 있도록 질문, 관찰, 교류(networking), 실험, 연상하기를 장려하는 것이다. 리더들은 "무엇을 해야 하는가, 무엇이 모두를 위한 것인가"라고 묻는다. 그들은 계획표에 따라 행동한다. 그들은 기꺼이 책임을 떠맡고 결정을 내린다. 그들은 효과적인 커뮤니케이션 구조를 마련한다. 그들은 기회를 놓치지 않는다. 그들은 생산적인 미팅 시스템을 구축한다. 그들은 항상 '우리'라고 말하고 생각한다.

하지만 무엇보다 리더로서의 진정성은 '말하는 것과 행동이 어긋나지 않는 것'에서 시작한다. 언행일치를 못하면 따르는 사람들이 절대로 리더의 진정성을 믿어주지 않기 때문이다. 리더는 다른 어떤 것보다도 신념을 갖고 말과 행동을 일치하려고 부단히 노력해야 한다.

그리고 리더는 솔선수범하면서 사람들의 마음을 잡는 것이 중요하다. 사람들의 마음을 사로잡으려면 상대방의 눈과 귀로 확인시켜 줌으로써 그들의 경계심을 허물고 마음을 잡아야 한다. 그렇다면 사람의 마음을 끌어당기는 것은 무엇인가? 구체적으로 꼬집어 설명하기는 어렵다. 하지만 한 가지 분명한 것은 말로는 표현할 수 없는 그 무엇, 곧 아주 작은 동작이나 사소한 말 한마디가 진실성이 있으면 점점 상대방의 경계심을 허물게 하고 결국 마음마저 사로잡는다는 것이다.

마치 모자이크 한 조각으로는 아름다움을 느낄 수 없지만 수많은 조각이 모여 커다란 무늬를 이루면서 아름다움이 완성되는 것과 비슷한 이치다. 단정한 옷차림, 부드러운 언행, 절도 있는 태도, 듣기 좋은 목소리, 구김살 없이 밝은 얼굴, 상대방의 말에 고개를 끄덕이면서 자기 의견도 정확하게 전하는 말솜씨… 때론 칭찬과 격려의 모습으로, 겸손과 경청의 태도로, 마주한 대상의 심장을 뛰게 하는 카리스마… 이런 것들 하나하나가 사람의 마음을 사로잡고 놓아주지 않는 리더의 덕목임에 틀림없다.

제2장에서는 신생활체계도를 단계별로 살펴보았다. 나를 깨고 최고의 삶을 창조하는 리더가 되기까지 전체 과정의 시스템이다. 독자들도 이 시스템을 즉시 실천해서 미래를 여는 창의적 리더가 되길 희망해 본다.

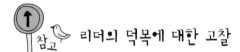

리더의 덕목에 대한 고찰

최고의 리더십 교본은 손자병법이다. 특히 승리하는 5가지 비법, 즉 지승유오(知勝有五)는 손자병법을 최고의 전략전술 교본으로 만들었다. 전투뿐만 아니라 정치, 경제, 사회, 기업에서도 손정의의 '제곱병법'처럼 경영전략으로 응용이 가능하기 때문이다.

첫째, 싸울 수 있는 상대인지 싸우면 안 되는 상대인지를 알아야 승리한다(知可以與戰不可以與戰者勝). 자신의 능력과 상대의 역량, 나아가 시대의 흐름까지 정확히 꿰뚫어보는 상황 판단은 리더에게 있어서 생명과도 같은 것이다.

둘째, 많은 병력과 적은 병력을 제대로 사용할 수 있으면 승리한다(識衆寡之用者勝). 이 말은 병력의 수에 따라 적절하게 작전을 구사할 수 있는 능력이 있다면 승리할 수 있다는 말이다. 칭기즈칸은 천재적으로 병력 운용의 묘를 발휘했다. 그는 1206년 황제로 즉위한 후 몽골

군을 십진법(十進法)에 따라 새롭게 편성했다. 십호(十戶)를 담당할 능력이 있는 사람은 십호장으로, 백호를 담당할 능력이 있는 사람은 백호장으로, 천호를 담당할 능력이 있는 사람은 천호장으로 세웠다. 병력 운용 능력에 맞도록 각자의 직책을 맡긴 것이다. 오늘날에도 한낱 동네 이장감이 어쩌다가 대통령이 되면 나라를 망쳐 먹는 일이 생길 것이다.

셋째, 위와 아래가 하고자 하는 마음이 같으면 승리한다(上下同欲者勝). 어떤 전쟁에서도 서로가 하고자 하는 마음이 같지 않으면 승리할 수 없다는 얘기다. 칭기즈칸을 도와 몽골제국을 세운 8명의 장수가 있었다. 칭기즈칸이 천 년의 인물로 남을 수 있었던 까닭은 이같이 자신과 생사를 함께할 수 있는 충직한 측근이 있었기 때문이었다.

넷째, 잘 준비하여 적을 기다리면 승리한다(以虞待不虞者勝). 준비하는 자를 이길 방도는 없다. 칭기즈칸은 한곳에 정착하여 안일한 삶을 누리지 않았다. 그의 인생은 수시로 이동하면서 새로운 영역을 개척한, 정복과 전쟁을 위한 삶이었다. 아울러 그는 고도의 전쟁 기술로 다져진 사람이었다.

다섯째, 장수가 유능해서 군주가 간섭하지 않아도 승리한다(將能而君不御者勝). 칭기즈칸 리더십의 특징은 믿는 사람에게 모든 것을 맡기는 스타일이다. 믿기까지의 과정이 어렵지 신뢰가 검증되면 곧바로 전권을 위임한다. 그래서 예하 장수(將帥)들은 마음껏 자신의 역량을 발휘할 수 있었다.

때문에 손자병법은 리더의 5가지 덕목을 중요하게 언급한다.

첫 번째 자질은 지(智)를 언급한다. 나아갈 방향을 정해주는 것이다. 만약에 리더에게서 이것이 부족하다면 엉뚱한 방향으로 나아갈 것이며, 자칫 암초에 걸리거나 낭떠러지에 떨어질지 모른다. 따라서 리더는 항상 공부하고 입체적인 사고를 해야 한다.

두 번째 자질은 신(信)이다. 신은 신뢰와 믿음이다. 무엇을 어떻게 해야 신뢰와 믿음을 줄 수 있는가?

① 리더의 솔선수범이다. 가장 결정적인 순간에 어디에 있어야 하는지를 아는 것이다.

② 리더의 언행일치다. 신(信)은 사람(人)과 말(言)의 결합으로 이루어진다. 사람이 한 말은 반드시 지켜져야 한다는 의미다.

③ 신상필벌(信賞必罰)이다. 리더는 상벌의 원칙을 잘 지켜야 한다.

세 번째 자질은 인(仁)이다. 동지를 사랑하고 아끼는 마음이다. 그들의 배고픔과 목마름을 알고 그들과 노고를 같이하는 것이다.

네 번째 자질은 용(勇)이다. 진정한 용기는 책임을 다하기 위해 물러서지 않는 것이다.

다섯 번째 자질은 엄(嚴)이다. 엄은 엄격함을 말한다. "유능한 리더는 사랑 받고 존경 받는 사람이 아니다. 그를 따르는 사람들이 올바른 일을 하도록 하는 사람이다. 인기는 리더십이 아니다. 리더십은 구성원 개개인이 가치를 창출한 성과의 합이다."

최근에 새롭게 회자되는 새마을 지도자의 덕목도 고찰해본다. '우리도 한번 잘 살아보자'라는 꿈과 희망을 33,000 마을별로 가꾸어, 우리나라가 가난을 벗고 경제대국으로 성공한 사례이기 때문이다.

덕목1 : 지역별 모범 성공사례를 만들어 보인다. 이치에 맞게 무엇을 어떻게 해야 하는지 솔선수범을 보여야 하기 때문이다.

덕목2 : 근면.자조.협동에 구성원들과 고락을 같이한다. 그들과 같은 행동함으로써, 스스로 일깨워 주는 교화방법이다. 사람마다 처해 있는 상황이 비록 다르다 할지라도 공동의 목표성취를 위해서는 적극적인 협력자가 되도록 해야 하기 때문이다.

덕목3 : 자제력을 기른다. 지도자가 자제력을 지니지 못한다면 분위기 통합이 어려우며 공동체의 공론을 일관성 있게 유지해가기도 어려워진다.

덕목4 : 경쟁은 힘으로 하는 것이 아니라 지혜로 한다. 새 시대의 경쟁요령은 힘의 싸움보다는 지혜의 싸움을 할 줄 알아야 한다.

덕목5 : 분수에 알맞은 일부터 시작한다. 가장 먼저 해야 할 일이 무엇이며, 우리 처지에 걸맞는 일이 무엇이며, 어떤 일이 시의성(時宜性)이 있으며, 어떤 규모의 일이라야 성공할 수 있는가를 면밀하게 살필 줄 알아야 한다. 적인적업 (適人適業)

새마을수칙을 보면 "우리는 이웃을 아끼고 어려운 일을 서로 돕는다. 우리는 어른을 공경하고 어린이를 사랑한다. 우리는 서로 고운 말씨를 쓰고 친절히 한다. 우리는 남을 미워하거나 질시하지 않는다. 우리는 마을을 가꾸고 소득증대에 힘을 기울인다. 우리는 법과 규범을 지키고 지혜롭게 생활한다."라는 긱 지역별 꿈과 희망을 실현시킨 생명운동이다.

제 3 장

·
·
·

뜻이 있는 곳에 길이 있다

꿈·비전·목표를 한데 아울러서 이것만은 꼭 이루겠다는 결심을 심장에 새긴 것이 뜻이다. 뜻은 자존감에서 태어나고 소망에 의해 양육되며 상상력에 의해 꽃이 피고 열정에 의해 열매 맺는다. 그것은 목표보다 원대하며, 꿈(dream)보다 심오하며, 상상보다 명확하고 비전(Vision)보다 강렬한 것이다.

뜻이 있으면 그 곳에 몰입할 수 있다. 때문에 뜻있는 목표를 만들어야 성공한다. 하지만 뜻있는 목표는 각 항목마다 행복지수와 공헌도를 평가하고, 나아가 12단계 작업과정을 통해 10항 목록체계로 정리해야 제대로 된다.

navigation

1

성공한 사람들의 공통점

인류사회에 공헌하고 역사에 커다란 발자취를 남긴 사람들, 부와 명예, 성공과 행복을 거머쥔 사람들, 이들에게서 어떤 공통점을 찾을 수 있을까? 그들이 인생을 그처럼 훌륭하고 열정적으로 살 수 있었던 근본 원동력은 과연 무엇이었을까?

놀라지 마라. 그것은 바로 아주 보잘것없는 종이쪽지 한 장이었다. 그들은 어릴 적부터 자신이 원하는 꿈과 목표를 적은 종이를 늘 갖고 다니거나 잘 보이는 곳에 붙여 두고 매일매일 자신이 가야 할 길을 자신의 심장에 새겼던 것이다. 바로 이것이 다른 이들과 그들을 구별 짓게 하는 유일한 차이점이다. 성공한 대부분 사람은 꿈·비전·목표를 모두 아울러서 이것만은 이루겠다는 뜻을 심장에 새겨 가지고 있었던 것이다.

흔히 꿈만 가진 사람보다는 그 꿈을 구체적으로 적어 놓은 사람이 성공할 확률이 높다는 것은 이미 통계적으로 알려진 사실이다. 그러나 지금까지 우리는 그 의미를 '목표를 좀 더 분명히 해 놓으라'라는 의미 정도로 치부해 왔다. 하지만 글로 쓴다는 것은 우주에 신호를 보내는 것과도 같다. 나비의 날갯짓이 지구 반대편에서 폭풍을 불러오듯이 마음을 담아 써 내려간 글자 하나하나는 운명을 바꿀 변화를 가져오는 것이다.

"인류사회에 공헌하는 인재가 된다"는 뜻을 갖자

한 조사 보고서에 의하면 인구의 3%가 엄청난 성공을 거두어 상류층을 형성하고 있고 10%는 비교적 여유 있게 살고, 그리고 60%는 겨우 생계를 꾸려가고 있고 나머지 27%는 다른 사람들의 도움을 받으며 어렵게 산다고 한다. 이 예일대 졸업생의 조사 보고서에서 흥미로운 사실 한 가지는 엄청난 부를 누리며 사회를 실질적으로 이끌어 가고 있는 3%의 상류층에 속한 사람들은 '글로 쓴 구체적인 비전이나 목표'를 가지고 있었다. 반면 중산층 10% 그룹은 구체적인 목표가 있긴 했으나 이를 글로 쓰지는 않고 마음속에만 품고 있었고 나머지는 거의 비전이나 목표가 없었다는 것이다.

또 조사 결과에서 상류층 3%와 중산층 10%는 학력·재능·지능 면에 아무런 차이도 없었다고 한다. 그런데도 상류층 3%는 중산층 10% 그룹 보다 10배 이상의 탁월한 능력을 발휘하고 있었다. 두 그룹 사이의 차이는 단 한 가지, 자신들의 비전·목표 등을 문서화 했다는 것뿐이다. 목표가 있는 10%의 중산층과 목표가 거의 없는 60%의 서민층 사이의 재산, 소득, 사회적인 영향력 등의 격차는 2배, 3배, 5배정도에 불과하지만, 리스트를 작성한 상류층의 3% 와는 10배, 20배, 30배에 달한다는 사실이다. 뜻있는 명확한 목표를 정리해 가진다는 것은 행복과 성공을 90% 좌우한다.

뜻을 세워야만 성공하는 이유

인간은 무한한 잠재력을 소유하고 있다. 누구나 1,000억 개의 뇌 신경 세포를 가지고 있으며, 우리의 눈은 빛의 에너지인 광양자까지도 볼 수 있다. 그리고 206개의 뼈와 656개의 근육은 지금까지 알려진 어떤 동물보다도 기능적으로 다양한 능력을 발휘한다. 한 보고서를 보면 인간의 손가락 피부는 훈련만 받으면 1만분의 1센티밖에 안 되는 요철을 감지할 수 있으며, 엄마들은 아기 이마에 입술을 대보고 섭씨 1천분의 4도밖에 안 되는 체온 변화를 분간해 낼 수 있다고 한다.

인간은 이렇게 엄청난 잠재력이 있다. 하지만 잠재력의 폭발은 뇌관에 불이 붙어야 한다. 잠재력 뇌관에 불을 붙여 주는 것이 심장에 새긴 뜻이다. 심장에 뜻을 새기지 못한 대부분의 사람은 불을 붙이지 못하고 그냥 그렇게 살아간다. 뜻을 세워야 성공하는 이유가 바로 여기에 있는 것이다.

뜻이란 무엇인가?

공자가 말한 "나는 열 다섯 살에 학문에 뜻을 세웠다."와, "하나님 뜻이 이 땅에서도 이루어지도록 하옵소서"라는 기도문에 뜻이 나온다. 뜻은 결심을 심장에 새긴 것이다. 꿈·비전·목표를 아울러서 꼭 이루겠다는 결심을 심장에 새긴 것이 뜻이다. 그것은 목표보다 원대하며, 꿈(dream)보다 심오하며, 상상보다 명확하고 비전(Vision)보다 강렬한 것이다.

뜻은 무한한 잠재력의 기반인 자존감에서 태어나고 뜨거운 소망에 의해 양육되며 상상력에 의해 꽃이 피고 열징에 의해 얼매 맺는다. 뜻은 돋보기 같이 빛을 모아 빛의 초점을 만들어 낸다. 지금 우리를 미래의 세계로 건너갈 수 있도록 하는 교량이며, 우리에게 손짓을 보내는 과녁이다.

요컨대 뜻은 억지로 마지못해 하는 것이 아니라 자발적으로 하면 할수록 좋아지고 즐거워지는 것이다. 그래서 자꾸만 더 하고 싶은 것으로써 성공적인 삶을 살게 해 주는 축복의 에너지다. 뜻을 가지면 자신의 잠재력을 폭발시켜 전문가나 달인이 되어 믿을 수 없을 정도의 능력을 발휘하게 되지만, 반면 뜻을 상실하거나 구체적인 목표가 없으면 우리의 잠재 능력은 그냥 소멸하여 버리는 것이다.

결과적으로 단 몇 줄의 꿈, 비전, 목표, 소망을 통합시켜 인생 목표를 적는 동안에 이것만은 꼭 이루겠다는 실천 의지가 생겨나 뜻이 되는 것이다. 그리고 뜻을 새기면 수많은 영상이 머릿속을 스쳐 지나가고, 그 영상 속에 그런 것들을 달성했을 때의 자신의 자랑스러운 모습, 달성된 행동의 결과로 얻게 될 혜택과 장애를 만났을 때 극복하는 자신의 모습, 그리고 장애를 극복하고 성공에 도달하는 모습이 선명해지는 것이다.

뜻과 꿈·비전·목표 간의 상관관계를 좀 더 설명하면, 뜻은 잠재력이 발휘되도록 입체적 사고와 올바른 활동을 조합한 시스템을 만드는 것이다. 그리고 꿈이나 상상은 최종 결과를 지칭하기 때문에 중간 단계로서의 성격을 가지고 있는 목표나 목적보다는 상위의 개념이다. 비전은 우리 말로 꿈, 환상, 상상, 전망 등으로 번역하기도 하지만 여기서는 선견력의 체계화라고 해야 한다. 꿈은 개인적인 측면이 강하고 비전은 2인 이상이 공유할 수 있는 집단적인 측면이 강하다. 꿈과 목표의 관계는 날짜 유무에 있다. 꿈에 날짜를 넣으면 목표가 된다. 단 목표는 구체성, 객관성, 측정성, 시효성이 전제되어야 한다. 목표를 세분하면 계획이 되기 때문에 계획을 실천하면 목표달성과 꿈을 이루는 것이다.

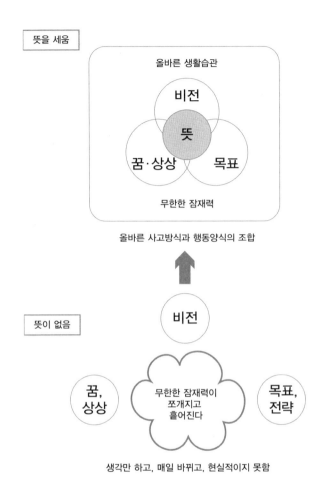

올바른 생활습관

비전

뜻

꿈·상상   목표

무한한 잠재력

올바른 사고방식과 행동양식의 조합

비전

뜻이 없음

꿈,
상상

무한한 잠재력이
쪼개지고
흩어진다

목표,
전략

생각만 하고, 매일 바뀌고, 현실적이지 못함

목표나 목적은 분석적인 탐구의 산물인 데 비해, 꿈이나 비전은 소
망과 믿음의 산물이다. 그리고 목표나 목적 수립에는 논리적인 사고
력이 사용되는 반면 꿈과 비전의 형성에는 창의적인 상상력과 감성
이나 영감이 주로 사용된다. 목표나 목적은 만드는 것이지만 꿈이나
비전은 오히려 걸러드는 것이라고 볼 수도 있다. 또한, 목적이나 목표

는 상황에 따라 재검토, 수정이 필요한 것이지만 꿈이나 비전은 한 번 설정하면 쉽사리 수정하지 않는 것이다.

즉, 뜻은 흐트러진 꿈, 비전, 목표의 모든 기능을 조화롭게 체계화 하여 전체를 효과적으로 운용하는 통합 시스템이다. 여기서 가장 중요한 것은 미래를 창조해 내는 역량이다. 한마디로 뜻을 세운다는 것은 살아가야 할 의미를 정하는 것이다. 예컨대 농부라면 '새로운 농법과 더 좋은 품종을 만들어 인류의 기아 문제를 해결하겠다'고 뜻을 세울 수 있다. 또 의사일 경우 하나의 불치병을 반드시 고치겠다고 뜻을 세운 것과 그저 돈 벌며 편하게 살겠다는 것은 삶의 가치나 인류사회 공헌도에서 차이가 많다.

뜻은 5가지 기능을 가진 시스템이다

뜻은 성공하는데 지대한 영향을 준다. 뜻을 세운 것과 세우지 않은 것은 결과에서 차이가 엄청나다. 다음과 같은 5가지 기능이 작동하기 때문이다.

첫째, 뜻은 우리 인생 항로의 나침반이다. 인류의 90% 이상이 인생 항로에서 벗어나 비행한다고 한다. 각자 어딘가를 향해 출발은 했지만 바람, 비, 기류, 조종 실수 그 밖의 여러 요인에 의해 조금씩 다른 방향으로 항로를 이탈해 날아간다.

하지만 뜻은 목적지(목표) 정하기 → GPS 현위치 확인하기 → 경로 계산과 항로 선택 → 목적지 도달하기가 되는 내비게이션 원리를 갖추고 있다. 그것은 궁극적인 목표 지점을 향해 방향감각을 잃지 않도록 주의력을 집중시켜 준다. 목표 지점을 확연히 보고 있을 때 우리는 우리의 현재 위치를 알 수 있다.

따라서 우리가 지향할 방향을 가늠할 수 있게 된다. 또한, 현재 위치와 목표 지점까지의 거리를 잴 수 있게 되고 많은 부차적인 것들을 무시하고 본질과 핵심으로 곧장 다가갈 수 있게 된다. 자신으로 하여금 머뭇거리지 않고 곧장 다가갈 수 있게 하는 것이다.

둘째, 뜻은 잠재력 폭발의 뇌관이나 도화선이다. 사람은 엄청난 뇌세포를 가지고 있다. 사람의 능력은 이루 다 셀 수가 없을 정도다. 뜻은 인간의 이러한 엄청난 잠재력을 폭발시킴에 있어 뇌관이나 도화선의 역할을 한다. 지극히 평범한 사람을 상상을 초월하는 초능력의 보유자로 만드는 것이 뜻이다.

셋째, 뜻은 모든 정신적·육체적 에너지의 원천이 된다. 모든 업적과 위대한 성취는 열정·집요함·결단·도전·예지의 산물이다. 뜻은 이러한 모든 힘을 샘솟게 하는 작용을 한다. 그리고 결국 기적을 만들어 낸다.

넷째, 뜻은 우리의 삶에서 지속적이고도 강력한 동기유발 작용을 일으킨다. 뜻이 없는 사람은 외부 자극 없이는 움직이지 않는다. 외부로부터 제공되는 당근이나 채찍의 효과는 그것이 일상화, 만성화되면 효과는 반감되어 버린다.

그러나 뜻을 가진 사람은 외부로부터의 자극에 의해서 움직이는 것이 아니라 내면적인 필요에 따라 움직이기 때문에 말려도 그만두지 않는다. 그들은 솔선해서 먼저 움직이고, 주변 분위기나 여건 변화에도 전혀 동요되지 않는다. 또 필요성이 있다고 판단되면 주저 없이 행동으로 옮긴다. 이처럼 뜻이 있다는 것은 독려하는 행군나팔과 같은 작용을 하는 것이다.

다섯째, 뜻은 인생항로의 자동 통제 장치 역할을 한다. 우리의 인생이 비행기라면 뜻은 자동 조종 장치다. 고도·속도·방향 중 어느 것이 잘못되면 자동 장치는 즉각 그것을 경고하여 수정을 유도한다. 이처럼 뜻은 삶의 전 영역에 걸쳐 계속 밀고 나아가야 하는 것이 무엇이고 궤도 수정을 단행할 것이 무엇인가를 알려주는 피드백 작용을 한다.

참고 ☞ 좋은 가치와 나쁜 가치를 구분하는 기준

좋은 가치는 ① 현실에 바탕을 두고, ② 사회에 이로우며, ③ 직접 통제할 수 있다. 예컨대 정직, 책임감, 혁신, 유연함, 자립, 후원, 자존감, 호기심, 너그러움, 겸손, 창조 등등이다.

나쁜 가치는 ① 비현실적이거나 미신적이고, ② 사회에 해로우며, ③ 직접 통제할 수 없다. 예컨대 속임수나 폭력에 의한 지배, 무분별한 섹스, 늘 쾌락만 즐기기, 항상 주목 받기, 혼자 있지 않기, 모두에게 사랑 받기, 부자가 되기 위해 돈 벌기, 미신을 위해 제물 바치기 등등이다.

navigation
2

뜻을 세우기 위한 전제조건

뜻을 세우기 전에 자신을 하나라도 변화시켜봐야 한다. 각자가 '이 대로 가면 안 된다. 이것만은 당장 바꿔보자.'각오를 하고 단기간에 작은 것 하나라도 새롭게 바꿔지는지 확인할 필요가 있는 것이다. 왜 냐하면 대부분 변하지 못하고 작심삼일로 끝나기 때문이다. 아무리 좋은 뜻을 세워도 실천하지 못한다면 모든 게 아무런 의미가 없는 것이다.

사람이라면 축생의 길로 가지 말라

사람에게는 사람의 길이 있고, 축생에게는 축생의 길이 있다. 사람 의 길은, 비록 몸이 진흙탕 속에 빠졌더라도 생각은 늘 바르고 높게 가지려고 한다. 욕심대로 자기의 몸만을 챙기려 하지 않고, 다른 사 람의 입장을 살펴 양보하고 배려할 줄 안다. 화나는 일이 있어도 지굿하게 눌러 참고 어려운 일을 당해도 반드시 좋아질 날이 있을 것이라고 기다리며 희망을 잃지 않는다.

그러나 축생은 사람과 다르다. 그들은 생각할 능력이 없고 지혜가 부족하므로 모든 것을 본능에 내맡긴다. 먹이가 있으면 우선 자기 배부터 채우려 하고 남을 이기기 위해서는 언제나 이빨을 내놓고 으르렁거린다. 힘센 동물을 만나면 꼬리를 내리고 약한 상대를 만나면 두 눈을 부라리며 으르렁댄다. 먼저 화부터 내고 아귀처럼 욕심을 부린다 해도, 축생의 세계에서는 전혀 허물이 되지 않는다.

사람이 사는 법과 축생이 사는 법이 이렇게 판이한데 요즘 세상을 보면 사람이 사람으로 살기보다는 축생으로 살기로 작정한 사람이 더 많은 것 같다. 겉모습은 분명히 사람의 모습이지만 사는 꼴은 축생의 그것을 닮아가고 있다. 그들은 축생처럼 사는 것이 사람처럼 사는 방법인 줄 잘못 알고 있다.

인간다운 삶은 과연 무엇인가?

일반적으로 마음의 평화, 경제적 안정, 상호 만족스러운 대인관계, 좋은 건강, 나아가 인류 사회에 공헌하는 뜻이 있어야 인간다운 삶이라 할 수 있다. 특히, 인간관계를 떠나 존재할 수 없기 때문에 인의예지신을 지켜야 한다. 더불어 살아야 하기 때문에 서로 사랑하고 배려하며, 의롭고, 예의 있고, 지혜로우며, 믿음이 있어야 한다는 것이다.

인간답게 살기 위해서는 3단계 자기혁신도 해야 한다.

- 1단계 : 삶의 기준을 높인다. 자신이 진정으로 변화하고자 할 때

가장 먼저 해야 할 일은 자신의 삶의 기준을 올리는 것이다. '자신의 삶에서 더는 바랄 수 없는 것, 그리고 정말 되고 싶어하는 모든 것을 적어 보고 자신의 기준을 높여 달성하는 것이다.' 자신의 기준을 높이면 좌절과 시련을 딛고 강렬한 삶을 산 사람들처럼 변화할 것이다.

● 2단계 : 제한된 믿음을 변화시킨다. 무한한 잠재능력을 갖추고 태어났다는 것을 확신할 수 있어야 한다. 자신이 삶의 기준을 올리기는 했는데 그것을 해낼 수 있다는 믿음을 진정으로 갖지 못하고 있다면, 스스로 자신을 망치는 것이다. 믿음은 가능한 것과 불가능한 것, 자신이 할 수 있는 것과 없는 것이 무엇인지 구별해 주는 것이라 할 수 있다. 그 믿음은 모든 행동, 모든 사고, 우리가 경험하는 모든 느낌을 만들어낸다.

● 3단계 : 삶의 전략을 변화시킨다. 자신의 결심을 행하고 원하는 결과를 이루기 위해서는 최고의 전략이 필요하다. 내가 지닌 가장 핵심적인 믿음은, 만일 자신이 높은 기준을 세우고 스스로 그것에 대한 믿음을 갖는다면 분명히 그 전략을 알아낼 수 있다는 것이다. 궁극적으로 필자가 이야기하려는 것도 바로 그 점이다.

결과적으로 인간으로서 인류에 공헌한다는 큰 믿음 체계를 갖는 것이 변화를 만들어내는 핵심이 된다. 신생활체계도를 행동으로 옮기기 전에 그것을 해낼 수 있고, 또한 해내게 될 것이라는 확신을 해야 하는 것이다.

또 다른 전략은 논어에서 "젊어서 인생의 스승을 찾는 것이 가장 중요하다."라고 한 것처럼, 본받을 사람 즉 자신이 원하는 결과를 이미 얻은 사람을 찾아서 그들의 방법을 알아내는 것이다. 그들이 무엇을 하는지, 그들의 핵심믿음은 무엇인지, 그리고 그들이 어떻게 생각하는지 알아내는 것이다. 이 방법은 자신을 더욱 효과적으로 만들 뿐 아니라, 그들의 시행착오를 다시 반복할 필요가 없으므로 시간을 많이 절약할 수 있다. 좀 더 정밀하게 가다듬어 그 사람보다도 더 나은 결과를 만들어낼 수도 있을 것이다. 롤모델이나 다양한 경험과 지혜가 필요한 이유가 여기에 있다.

젊을 때 다양한 체험을 하자

훌륭한 사람은 대부분 다양한 책을 많이 읽는 사람들이다. 그들은 책을 통해 노자, 공자, 손자, 장자, 맹자, 주자, 퇴계, 율곡, 예수, 석가, 에디슨, 프랭클린 등을 스승으로 삼고, 책을 통해 만나고 싶은 수많은 인물을 만난다. 그리고 자신이 마음에 품고 있는 모든 질문에 대한 답이 책 속에 어느 정도 있다는 사실도 안다. 이처럼 책에서 폭넓은 직간접 경험과 삶의 지혜를 얻을 수 있다. 너희처럼 매일 듣는 '간추린 소식'이나 SNS의 메시지, 또 인터넷 검색을 통한 패스트푸드 지식에만 안주해 버린다면, 대부분 똑같은 결과만 기대할 수밖에 없는 것이다.

또한 너희처럼 젊을 때 소중한 삶의 지혜를 얻기 위해 여러 종교를 직접 경험해 보는 것도 좋다. 학생 시절에 나는 가톨릭, 기독교, 천도교, 불교, 유교. 등 서로 완전히 다른 종교의식에 참석하곤 했었다.

종교인에 있어 최고 삶의 지혜를 얻는 것이 종교를 갖는 이유다. 하지만 필자가 충격 받은 것은 교인보다 교단을 중시하고 종교 간에 이단시하며 적대시하는 종교인의 태도다. 각자가 자신의 종교가 가장 훌륭하고 유일하다고 하지만, 근본 교리를 비교하면 모두가 비슷하고 단지 문화와 사고의 차이가 차별화된다고 할 수 있다. 각 경전의 가르침은 깨달음을 위해 참선하고, 신과 인간을 사랑하며, 천지의 도를 실현하는 것이다. 핵심 가치는 자비·사랑·도의 실천이다. 삶의 지혜를 실천하며 생활화하는 것이다.

이러한 교리는 노자, 석가, 예수, 공자 등 인류의 스승들께서 우리에게 주신 지혜다. 위대한 스승들이 있기에 우리는 행복한 삶을 살아갈 수 있는 것이다. 그들은 모두 소중한 가르침을 주셨다. 온 세상 평화, 이웃과 가정의 안녕, 행복한 삶을 창조하는 지혜 등은 온 인류가 소망하는 것이기 때문에 종교의 차이가 갈등 분열의 원인이 되어서는 안 된다. 이해 관계가 사회에 무리를 일으키는 종교적 폐단은 타파되어야 한다. 특히 종교 지도자가 재탄생 해야 한다. 종교는 스스로 혁신해 서로 존중되고 평화롭게 공존해야 한다. (참고. 종교 간의 주장은 서로 다르다. 하지만 종교 간 분쟁이 사회 분열을 야기하고 행복한 삶에 도움을 주지 못한다는 것을 알아야 한다.)

나아가 가치관이나 자신의 삶을 변화시키고 싶다면 전에는 해 본 적이 없는 경험을 추구해 봐도 좋다. 해외여행이나 스구버다이빙 같은 진혀 다른 것을 경험하는 것이다. 평소에 잘 하지 않던 일이지만 시간을 내서 교향악 연주나 록 콘서트장에 가 보라. 경험 선택의 수준을 넓혀 봐라. 그리고 하루 정도 시간을 내서 병동을 방문하거나 지체장애인 보호소에서 봉사도 해 보자. 또 다른 문화에 푹 빠져서 또 다른 눈으로 세계를 바라보는 법을 배워도 좋다. 또 명상을 통해 자유의지와 같이 자신의 마음속 세계를 보는 것이다.

자신을 성찰하고 '나의 각오'를 적어보자

필자는 설악산에서 닷새 동안 '나는 누구인지 왜 사는지 그리고 지금까지 어떻게 살아왔는지' 돌아보는 시간을 가진 적이 있다. 그때 온몸이 떨리고 감전된 것처럼 전율을 느꼈다. 꿈도 목표도 없이 돈 벌기 위해 일만 하는 모습이 떠올라, 멍하니 넋 놓고 있었다.

어린 시절, 우리 모두 원대한 꿈을 갖고 있었다. 하지만 그 후에 무슨 일이 일어났던가? 우리는 사방으로부터 "몽상가가 되는 어리석은 짓이다.", "그 일을 이루기 위해선 집안이 좋고 돈이 있어야 한다.", "출세하려면 운이 좋거나, 뒤를 밀어주는 사람이 있거나, 재벌이나 권력을 가진 친척이 있어야 한다.", "넌 너무 어려! 명문 대학을 나와 좋은 직장에 가야 해! 쓸데없는 생각은 하지 마라.", "하라는 공부나 열심히 해"라는 식의 공세를 받은 이후, 대부분 자신의 꿈과 목표를 잃어버리게 된 것이다. 또 학교나 회사 생활은 어떤가? 단순한 반복 생활 속에서 되는대로 삶을 살지 않는가? 다시 말하면 운명을 새롭게 개척해 나가려는 의지를 잃은 채 자신의 능력에 대한 열등감으로 꿈조차 잃어버리며 재능을 발휘하지 못하고 살아가는 것이다.

문제는 대부분 능력이 없어서가 아니라 할 수 있다는 믿음이 없거나 해보겠다는 의지가 부족하거나 무엇을 언제까지 한다는 구체적인 목표가 없기 때문이다. 그것을 깨달은 필자는 즉시 나의 각오를 작성하였다. 무엇이든 한가지 정해서 마음먹고 실천해 보기로 작심한 것이다. 그때 작성한 '나의 각오[09]'를 잠시 소개한다. 간단하지만 지금까지 필자가 대부분 실천해 온 항목들이다. 각오대로 지금까지 수많은 책을 읽고 몇 권의 책도 쓰게 되었다.

나 의 각 오

비전	축생의 삶을 벗어나 인간답게 행복한 삶을 만드는 생활 모델을 만든다.
가치	오늘 어떤 생각을 하고 지금 무엇을 어떻게 하느냐가 미래의 나를 만들고 뜻을 이루는 기적을 만들 수 있는 것이다.
목표 및 달성 방법	1. 오늘부터 일주일에 1권의 책을 읽고 요약 정리하여, 지식과 지혜를 체계적으로 축적한다. 그리고 10년 후 책을 쓴다. 2. 매월 '무엇을 원하고, 무엇을 기대하며, 무엇을 신뢰하고, 무엇에 가치를 두어 어느 방향으로 가고자 하는가?'라는 질문을 하면서 '지금 내가 원하는 삶을 살고 있는가?' 을 점검한다. 3. 내가 좋아하고 잘하는 것을 만 시간 학습 노력하여 그 분야에서 전문가나 달인의 수준이 되도록 한다. 4. 행복의 기본 조건인 마음의 평화, 생활의 안정, 건강한 신체 유지에 힘쓰고, 좋은 인간관계를 위해 노력한다. 5. 서로에게 좋은 것을 생각하며 성실하게 행동한다.

1994년 11월 오색에서 김병헌

여러분도 '나의 각오'를 작성하기 바란다. '나는 누구인가? 내가 사는 목표는 무엇인가? 내 꿈은 무엇인가? 나는 어떻게 살아야 하는가?' 등의 의문에 대한 답을 쓰면 정해지는 것이다. 그리고 언제까지

---

09 처음으로 작성한 것이다. '나와 가족들의 운명을 개선하기 위하여 무엇을 해야 할까? 어떻게 그런 지식과 지혜를 찾아내어 배우고, 발전시키고, 나아가 다른 이들과 진지하고도 즐겁게 그 것을 나눌 수 있을까?' 하는 나의 각오를 정리하면서 가졌던 질문들이다.

하겠다는 목표를 정하고 몇 가지 태도와 방법을 정리하면 나의 각오
가 작성되는 것이다.

좀 어리면 '중학생의 각오'처럼 정해도 된다. 아래는 부모님의 도움
을 받아 중단기 목표를 한가지 정하고 목표를 달성하기 위한 실천 항
목을 몇 가지 정리한 것이다.

중학생의 각오

목표	나는 수의학을 전공해서 동물을 치료하는 수의사가 되겠다.
실천항목	남-1. 사람과 마주치면 웃으며 인사하고 말은 공손하게 한다. 남-2. 부모님이나 선생님 그리고 친구와 약속을 지킨다. 나-1. 공부·운동·휴식·게임까지 계획을 세워 관리한다. 나-2. 강아지와 고양이에게 먹이를 주고 매주 목욕시킨다. 나-3. 12시에 자고 6시에 일어나며 30분씩 운동한다. 일·공부-1. 나는 교과서 중심으로 학습하고 EBS 방송으로 보충한다. 일·공부-2. 공부가 뜻대로 되지 않을 때, 선생님이나 부모와 상의한다. 일·공부-3. 나는 관심 분야 책을 매월 1권씩 읽는다. 효도. 부모의 가사일도 돕고 시골 할머니께 주말에 전화를 건다.

위의 계획은 실제 작성 사례로써 필자가 작성한 것보다 쉽고 단순
하면서도 남·나·일·인간관계나 효도 측면에서 균형 있게 작성했다
고 생각된다.

① 남 : 상대방 처지에서 생각하고 배려하며 남들과 사이 좋게 조화를 이루면서 사
　　 는 법이다. (가족, 친구, 동료와 인간관계)
② 나 : 나의 재능, 건강, 시간, 돈 등을 관리하고 경영할 줄 아는 방법이다. 특히 자

기주도학습과 일상생활은 습관화해야 한다.

③ 일·공부 : 목표를 달성하기 위해 일상생활에서 부닥치는 온갖 일들을 합리적으로 판단하고 현명하게 처리하는 요령이다.

위의 사례처럼 초중고생이라도 부모가 조금만 도와주면 쉽게 작성할 수 있다. 주의할 것은 자녀 중심으로 정해야 한다는 것이다. 부모가 도와주는 요령은 "너는 뭘 하고 살고 싶으냐?" 또는 "너는 장차 어떤 사람이 되고 싶으냐?"라고 물어보는 것이다. 목표는, 자녀가 좋아하고 잘할 수 있는 것을 찾아야 한다. 답이 나오지 않으면 "네가 하고 싶은 일이 무엇이냐?" "너의 꿈이 무엇이냐?"하고 물어보라. 그래도 답이 나오지 않으면 엄마가 보기를 제시해도 좋다. 나중에 수정할 기회는 얼마든지 있다. 어렵다고 미루지 말고 생각나는 대로 한번 10년 후 20년 후의 모습을 정해 보는 것이 중요하다. 정한 것과 정하지 않은 것은 결과에서 엄청난차이가 생기기 때문이다.

지금 당장 '나만의 각오'를 정리하기 바란다. 그러고 나서 좀 더 실질적인 인생 목표 만드는 법을 배우기 바란다.

navigation
3

뜻을 세우기 위한 선행작업
(꿈, 욕망 → 인생목표)

정원에 소망의 씨앗을 뿌리지 않는다면 잡초만 무성할 것이다. 진정으로 소중한 씨앗을 심어야 잡초를 제거하고 자양분을 주는 노력을 할 것이기 때문이다. 사람은 가치 있는 씨앗을 마음에 뿌려 가꿔야 아름다운 자기만의 멋진 정원을 만들 수 있다. 뜻을 세우기 위해 자신만의 꿈이나 소망을 담은 인생목표를 우선 작성해야 하는 것이다.

나의 꿈과 욕망을 나열한다

제일 먼저 정원에 심을 소망의 멋진 씨를 찾아본다. 자신이 진정으로 하고 싶은 것이 무엇인지, 원하는 것이 무엇인지 알아내어 적어보는 것이다. 그 항목이 늘 하고 싶은 소망이나 갈망하는 꿈이어서 자신을 들뜨게 하는 것이라면 더욱 좋다.

우선 연습 삼아 자신의 신체, 어학능력, 인간관계, 생활 환경, 수입, 건강, 경력 수준, 재정 등의 항목에 대해 동기가 될만한 5년 전, 현재, 5년 후 모습을 표처럼 간단하게 적어 보라.

구분 (우선순위)	5년 전 모습 및 목표	현재 모습 및 목표	5년 후 모습 및 목표
신체(키, 몸무게)	155cm, 48kg	170cm, 58kg	175cm, 65kg
독서수준	월 1권	월 2권	월 4권
어학능력	영어 무등급	영어 4등급	영어 1등급
인간관계	친구 2명	친구 10명	친구 50명
생활환경	20평 전셋집	30평 아파트	40평 아파트
재정수입	용돈 월 5만원	월 35만원	월 300만원
건강	축구, 수영	수영, 스키, 등산	스키, 등산, 골프
학력수준	중학교 2년	대학교 1년	석·박사 과정
직업	부모 의존	아르바이트	연구직

대부분 무엇을 적어야 할지 몰라 빈칸이 쉽게 채워지지 않을 것이다. 그 이유는 자신의 마음을 구체적으로 드러내지 못하기 때문이다. 필자를 비롯한 인간은 대부분 애매한 존재로서 자신에 대해 실망할까 두려워 무의식적으로 욕망을 표현하지 않는 경향이 있다. 다른 사람을 너무 의식하고 자기주도적이지 못하기 때문이다.

하지만 자동차, 스마트폰, 비행기 등 수많은 발명품을 보아라. 누군가가 꿈꾸고 상상해서 창조해 낸 것들이다. 말하자면 자신이 적어놓는 내용에 대해 어떻게 달성하느냐 보다는 자신이 바라는 욕망을 적는다는 자체가 더 중요하다.

그리고 재미있는 것은 일단 정한 목표는 자신도 모르는 사이에 이루어진다는 것이다. '나의 각오'를 작성한 후 매주 책 1권씩 읽었는데 어느덧 읽은 책의 수가 수천 권이 넘어섰다. 오랜만에 친구의 아이들을 만났을 때 "그동안 꽤 많이 컸다."라고 이야기하는 것과도 같은 느낌이다.

또 목표의 속성은 오직 내가 도달하려는 높이까지만 성장할 수 있고, 오직 내가 가고자 하는 거리까지만 갈 수 있으며, 오직 내가 살펴볼 수 있는 깊이까지만 볼 수 있다고 한다. 말하자면 자신의 목표 크기 정도가 자신의 미래 모습이 되는 것이다.

중장기 목표를 만드는 3단계 과정

1단계: 내가 진짜 하고 싶은 것을 열거하기

- 내가 진정으로 원하는 것이 무엇인가?
- 나에게 소중하고 가치 있는 것은 무엇인가?
- 나에게 학교와 직장, 나아가 사회생활에 아주 좋은 결과를 줄 수 있는 한두 가지는 무엇인가?
- 언제까지 이루어져야 좋은가?

같은 질문을 반복하면서 내가 진짜 하고 싶은 것들을 구체적으로 열거하는 것이다.

꿈이나 소망하는 욕구를 구체화하여 목표로 만들어간다. 중요한 열쇠는 마음속으로 내가 좋아하고 상상할 수 있는 모든 것을 아무

거리낌 없이 열거하는 것이다. 그것은 이번 주 혹은 올해 달성하기를 원하는 단기적일 수도 있고 지금부터 10년 20년 후를 바라보는 장기적일 수도 있다.

표에 자신의 욕구나 생각을 적어보고, 가족과 주위에 의견을 묻기도 하여 적어 보아라. 생각나는 대로 30분 내에 적어 보아라. 물론 다른 항목을 추가하거나 바꾸어 또 다른 표를 만들어도 괜찮다.

욕구항목	자신	가족	주위	기타
되고 싶은 사람	연구원	의사	과학자	탐험가
하고 싶은 것들	여행. 금마	공부	여행	
갖고 싶은 것들	자동차	병원		
가고 싶은 곳	세계일주	미국	중국	
기타				
자산 수입	월 1,000만원	월 2,000만원		
인간관계	친구 5명	50명		
지위	소장	과장		
건강	70kg	75kg		
능력	석사	박사		
기타				

욕구 항목이나 내용은 막연한 표현보다는 사진이나 그림처럼 실체가 분명해질 수 있으면 좋다. 그리고 꿈이나 욕밍이 너무 커서 달성할 수 없어 보여도 망설이지 말고 적어보기 바란다. 기적 같은 일이나 수많은 발명품은 모두 불가능해 보였던 것들이 실현된 것이기 때문이다.

2단계: 구체화하여 목표로 만들기

표처럼 현재와 5년 후 모습으로 작성하거나 1단계에서 나열한 항목들에 대해서 원하는 달성 수준과 날짜를 정하는 것이다. 우선순위는 좋아하고 잘할 수 있는 것부터 정하는 것이 좋다.

구분항목 (우선순위)	현재	5(10)년 후 모습 및 목표	예상되는 장애 난관극복방책
수입	월 300만원	월 1,000만원	
자산	1,000만원	10억원	
은행잔고	1,000만원	1억원	
인간관계	10명	100명	
능력	대졸	MBA	MBA 공부와 어학 공부를 하고, 자산을 늘리기 위해 재태크 한다.
건강	85kg	70kg	
지위	사원	관리자	
여행	국내여행	중국. 동남아	
나의 씀씀이	옷. 외식비	자녀교육	
노후자금	국민연금	재태크	

3단계: 가장 중요한 목표 정하기

목표로 선정한 이유와 당위성을 적어내는 단계이다. 양식은 백지라도 좋고, 그림으로 그려도 좋고, 사진을 붙여 만들어도 좋다. 시각적이고 분명할수록 더욱 좋다. 그것을 반드시 이루어야 할 중요한 이유가 뭔지를 문장으로 적는다. 목표를 달성해야만 하는 당위성이나 이유를 적는 것이다. '내가 왜 해야만 하는지, 안 하면 안 되는 이유가 뭔지' 등을 적는다. 그리고 그 중에서 가슴 뛰는 당위성을 가진 목표들을 선정하는 것이다. 항목 순위는 각자 중요하다고 생각하는 순서로 정하면 된다.

나의 행복을 위한 인생목표를 만든다

인생 목표는 집을 짓는 설계도를 만드는 것에 비유할 수 있다. 지혜로운 건축가는 자연, 조경, 골조, 공조, 인테리어 등 모든 것들을 고려하고 먼 미래를 바라보고 설계를 한다. 집이 크고 아름다울수록 설계도는 더욱 정확하고 자세하게 만든다.

최고의 인생목표는 설계도처럼 세분화해서 균형있게 용의 주도하게 만들지 않으면 안 된다. 핵심은 남이 아닌 나에게 중요하다고 생각되는 것에 유의해야 한다. 따라서 자신과 가까운 것들에 대해서도 가볍게 여기지 말고 충분히 고려해야 한다. 그것들이 없는 삶은 자신에게 무의미하기 때문이다.

우선 자신의 행복을 창조할 인생 목표를 위해 1) 자기 재능개발 및 학습 목표 수립, 2) 경력·사업·경제적 목표 3) 여가·탐험 목표, 4) 효도·봉사 목표 등으로 좀 더 세분화하는 것이다. 제한은 없다. 각자 원하는 분야를 추가해서 만들어도 된다.

1) 재능 개발 및 학습 목표 수립

내일을 위해 자신의 재능을 찾아내고 만 시간 이상 노력하여 전문가나 달인 수준으로 높이는 학습 목표를 정하는 것이다.

● 1단계

백지에 자신이 좋아하고 잘할 수 있는 것을 모두 적어라. 부족하면 여러 종이에 적어도 좋다. 최소 30분 이상 생각나는 대로 적어라. 중간에 절대 멈추지 마라. 어리석게 보이거나 미친 사람처럼 생각되는 것이라도 괜찮다. 자신을 흥분시키는 내용들을 작성하는 것이 중요하다. 천진난만한 아이가 되어라. 때로는 아주 이상해 보이는 아이디어가 위대한 운명을 창조할 수 있다. 다음 질문들을 생각하면서 정리하면 좋다.

- 좋아하는 것은 무엇인가?
- 잘하는 것은 무엇인가?
- 일생에 걸쳐 통달하고 싶은 기술은 무엇인가?
- 캐릭터나 성격의 장단점은 무엇인가?
- 어떤 친구들을 얻고 싶은가?
- 무엇을 어떻게 하는 사람이 되고 싶은가?
- 배우고 싶은 것은 무엇인가?
- 건강을 위해 무엇을 할 수 있을까?
- 꿈에 그리는 몸매를 가꾸기 위해 무엇을 해야 할까?
- 대중 연설을 멋지게 하고 싶은가?
- 영어, 춤, 노래 등을 배울까?
- 해외에 나가 어학, 문화 등을 배울 것인가?

● 2단계

나열된 항목마다 달성 시점이나 소요 시간을 구체적으로 적는다. 만약 1년 안에 이루겠다고 결심하면 1이란 숫자를 적어라. 3년 안에 하겠다고 하면 3이라고 적어라. 10년, 20년에 이르기까지 필요한 숫자를 적는다. 현재 단계에서 이 목표들을 어떻게 달성할 것인가는 중요하지 않다. 얼마의 시간이 필요한지 적기만 하면 된다. 필요하면 앞에서 연습할 때처럼 양식을 만들어 정형화해도 좋다. 목표에는 마감 시간이 있다는 것을 명심하라. 그 목표를 언제까지 이루겠다고 하는 의지가 그것을 현실로 만들기 위한 일을 시작하게 한다.

● 3단계

가장 중요한 목표를 선택한다. 만약 올해 안에 그 목표를 달성한다면 엄청난 희열을 느끼는 목표를 선택하는 것이다. 그리고 꼭 그 목표를 달성하겠다고 결심한 이유가 무엇인지 한 문단으로 적어 본다.

• 그 목표가 왜 그토록 나를 들뜨게 하는 것일까?
• 그것을 달성해서 얻는 것은 무엇인가?
• 그것을 달성하지 못해서 잃어버리는 것이 있다면 무엇인가?
• 그런 이유가 내가 포기하지 않고 끝까지 실천하기에 충분한 동기인가?

만일 그렇지 않다면 다른 목표를 찾거나 너 나은 이유를 찾아본다. 내가 어떤 것을 하겠다고 결정했을 때 충분히 도전할 만한 확실한 이유가 있다면 그것을 달성할 방법은 항상 얻게 된다.

1) 경력·사업·경제적 목표

자신의 경력 목표, 사업 목표, 재정적인 목표를 원하는 대로 정하는 것이다.

● 1단계

어느 위치까지 올라가기를 원하는가? 어느 정도의 경제적인 부를 이루고 싶은가? 미래에 수십억원의 가치가 있는 아이디어들을 적어 보라.

- 경력개발 목표는 무엇인가?
- 무엇을 공헌할 것인가?
- 자신을 위해 얼마의 시간과 교육비를 쓸 것인가?
- 지금 어떤 성공을 하고 싶은가? 최고 경영자가 되고 싶은가?
- 현재의 직업 분야에서 어떻게 알려지기를 원하는가?
- 어느 정도 영향력을 발휘하고 싶은가?
- 구체적인 직위나 경력 목표는 무엇인가?
- 얼마를 벌고 싶은가? 1년에 5천만원? 1억원? 5억원? 10억원? 100억원? 계산하기 어려울 정도로 큰 금액인가?
- 순 자산은 얼마를 만들고 싶은가?
- 언제 은퇴하기를 원하는가?
- 더 일을 하지 않기 위해서는 어느 정도의 투자 수입이 있어야 하는가?
- 부동산과 주식에 얼마를 투자할 것인가?
- 재정적으로 완전히 독립하는 시기를 언제로 잡을 것인가?
- 수입과 지출의 균형을 맞출 것인가?

- 현금 흐름을 개선할 재정 관리 조언을 받길 원하는가?
- 어떤 산업 어떤 업종에 투자하고 싶은가?
- 나를 흥분시키는 사업은 무엇인가?
- 오래된 물품들을 수집하기를 원하는가?
- 어떤 서비스를 시작할 것인가? 신탁, 뮤추얼 펀드에 투자할 것인가?

● 2단계

각 항목에 대해 달성하고 싶은 시간을 적어라. 중요한 것은 그것을 어떻게 달성할 것인가가 아니라, 주어진 시간이 적당한가와 그것을 이루기 위해 무엇이든 할 각오가 되어 있는가 하는 것이다.

예 "나는 직장생활과 부업으로 월 100만원씩 저축을 해서 2010년 12월 31일까지 서울에 2억짜리 아파트를 산다." 누가(내가) 어떻게(저축하고, 부업을 해서) 언제 (2010년 12월 31일까지) 어디에(서울에) 무엇을(2억짜리 아파트를 산다)처럼 육하원칙으로 표현하면 더욱 좋다.

● 3단계

가장 중요한 목표를 정한다. 그리고 꼭 그 목표를 달성하겠다고 결심한 이유가 무엇인지 한 문단으로 적어 본다. 가능하면 많은 이유를 계속 적어 나간다. 그리고 스스로 큰 욕구를 불러일으키며, 자신을 열정적으로 만들고, 그 과정에서 자신을 흥분시길 수 있는 이유를 선택하라. 만일 그 이유가 목표를 완전히 이루어 낼 만큼 의욕을 주지 못한다면 다른 목표를 선택하거나 다른 이유를 반드시 생각해 보라.

3) 여가 목표·탐험 목표

만약 현재 내가 쓸 수 있는 돈의 액수에 제한이 없다면, 내가 진정으로 하고 싶고, 갖고 싶은 것은 무엇인가? 어디에서 무엇을 어떻게 경험하고 싶은지? 등을 적는 것이다.

● 1단계

30분 동안 자신이 언젠가 한 번이라도 원했던 것, 가장 하고 싶은 것, 갖고 싶은 것, 가고 싶은 곳을 모두 써 내려가라.

뉴욕 브로드웨이 연극, 라스베이거스쇼, 파리 물랭루즈나 리도쇼, 섬들을 요트 타고 여행하기, 브라질 밀림 탐험, 티베트 고원 탐험, 불교 사원에서 명상하기, 세계 일주하기, PGA 골프 투어 등 … 어떤 행사를 경험하고 싶은가? 여행과 탐험을 위해 얼마나 쓸 것인가? 새로운 여가, 오락을 위해 어느 정도 쓰기를 바라는가? 다음의 것들도 사들이고 싶은가? 별장, 성, 해변의 집, 호숫가의 집, 개인 요트, 섬, 고급 스포츠카, 고급 의상, 고가의 장식품, 제트 비행기, 미술품 수집, 개인 동물원, 골프장, 가상현실 기계.

● 2·3단계

각 항목마다 목표 시기를 정한 후 가장 원하는 목표를 선택한다. 그리고 그 이유가 무엇인지 한 문단으로 적어 본다.

4) 효도 목표·봉사 목표

효도와 봉사 목표는 삶에 의미 있는 가치를 남길 수 있기 때문에 아주 매력적이다. 효도는 부모에게서 받아온 것들에 대해 진실로 감사하고 보답하는 것을 표현하는 것이다. 그리고 봉사는 환경보호를 위해 쓰레기 수거나 폐품 재활용을 하는 것처럼 간단한 것일 수도 있고 불행에 처한 사람들을 돕기 위한 재단을 만드는 것처럼 규모가 큰 것일 수도 있다.

● 1단계

30분 이상 떠오르는 대로 적는다. 부모에 효도하기 위해, 불후한 이웃을 위해, 지구 오존층을 보호하기 위해, 오염된 산·강·바다를 청결하게 하려고, 인종 차별을 없애기 위해, 자연환경 파괴를 막기 위해 무엇을 할 수 있나? 무엇을 새롭게 발명할 수 있을까? 예컨대 자연에너지로 영구히 움직이는 기계를 발명한다. 친환경 전기자동차를 만들어 환경을 보호한다. 굶주린 사람들을 위해 식품을 공급하는 시스템을 개발한다. 삶에 도움이 되는 시스템이나 매뉴얼을 만든다.

● 2·3단계

앞에서 했던 것처럼 일정을 정하고 가장 중요한 목표를 선택하여 그것이 왜 그렇게 중요한지 이유를 적는다.

여기서 추가로 해야 할 것은 한 번 더 간추리는 것이다. 요령은 분야별로 우선 달성하고 싶은 5~10가지 목표를 작성한다. 다음은 그 목표 중 어느 것이, 자신의 삶에 가장 긍정적인 영향을 끼칠 것인지 자신에게 묻는다. 그것이 무엇이든지 그 목표에 동그라미를 표시하고 별도의 종이 위에 옮겨 적는다. 그리고 종합적으로 시한을 정하고 정리하면 된다. 무엇보다 전체가 균형 있게 실현 가능한 목표를 수립하는 것이 중요하다.

5) 인생 목표 수립 시 고려 사항

예컨대, 몸무게가 많이 나가는 사람이 다이어트를 한다고 하자. 만일 1년 동안에 20 Kg을 줄이기로 목표를 세웠다면, 몸무게는 하루 아침에 조절되는 것이 아니니까 아마도 첫 달에 1kg씩 체중을 줄이겠다고 계획을 세우는 것이 실현 가능한 단기 목표가 될 것이다. 이런 식의 단기 목표 설정은 상당히 중요하다.

하지만, 애석하게도 많은 사람이 이 단기나 중간목표 설정 단계를 무시하는 경우가 대부분이다. 또 단기 목표를 세웠다고 하더라도 지나치게 높게 설정한 나머지 현실적으로 실현할 수 없는 것이 되고 마는 예도 있다.

인생목표를 제대로 수립하고 성공적으로 실현하기 위해서는 세 가지 목표가 반드시 설정되어야 한다. 장기목표, 단기목표, 당면과제가 그것이다. 제일 먼저 각자가 장기적인 안목으로 볼 때 장차 자신은 무엇이 되겠다는 결심을 해야 한다. 그리고 중 단기적인 목표를 합리적으로 정해야 한다. 이것은 궁극적인 목표를 달성하기 위한 과정이다. 또 시급히 처리해야 할 당면과제도 반드시 고려해야 한다.

결국, 내가 세웠던 중장기 목표에 비추어 보아 나는 지금 무엇을 해야 하는가를 아는 것이 중요하다. 당장 눈앞에 닥쳐 해결해야 할 목표나 당면과제를 설정하는 것은 중장기 목표 설정만큼 중요한 의미가 있다. 인생 목표 실현은 매일매일의 수고를 통해서 꾸준히 쌓아 나가는 것이다. 매일매일 당면한 과제를 완수하는 것이 인생목표를 실현하는 과정이기 때문이다.

예컨대 만일 돈을 벌려면 다음과 같이 하면 된다. 첫째, 자신이 원하는 돈의 '금액'을 명확하게 한다. 단순히 '많은 돈을 벌기 원한다.'

는 생각만으로는 안 된다. 둘째, 원하는 만큼의 돈을 얻기 위해 자신은 '무엇을 할 것인가?'를 결정해야 한다. 셋째, '달성 날짜'를 정한다. 넷째, 돈을 얻기 위해 면밀한 계획을 세우고 즉시 행동에 들어가야 한다. 다섯째, 지금까지 정한(얻고 싶은 금액, 그러기 위해 할 일, 그 날짜, 면밀한 계획)것을 종이에 상세하게 기술한다. 여섯째, 그것을 매일 큰소리로 외치고 차질 없이 오늘의 목표를 달성해야만 궁극적인 목표를 달성하는 것이다.

그리고 단기 목표를 세울 때 두 가지 점에 유의해야 한다. 첫 번째로 자신의 능력과 한계를 알아야 한다. 즉, 자기 자신의 주제를 파악해야 한다는 말이다. 그리스의 철학자 소크라테스가 '너 자신을 알라.'로 말했던 것이 바로 그 좋은 예다. 다시 말해서, 자신이 할 수 있는 것과 할 수 없는 것을 똑바로 구별하라는 의미이다. 자신이 관심이 있는 바를 정확히 파악하고, 그에 대한 자신의 능력을 정확히 평가해 내는 것은 상당히 중요한 일이다. 즉 현실적인 목표를 세우는 것이 열쇠가 되는 것이다.

예컨대 자신이 반에서 꼴찌를 하고 있다면, 중간목표는 일등을 하겠다가 아니라, 첫 달은 '꼴찌에서 세 번째' 하겠다고 정해야 달성 가능성이 높아진다. 첫 달 목표를 달성하면 다음 달 10등 하기 목표도 달성할 가능성이 커진다. 그렇게 반복 노력해서 몇 번 달성하다 보면 1등도 할 수 있는 것이다.

두 번째로 내 인생 목표를 달성하기 위해서는 휴식 시간이나 즐겁게 노는 것을 포기해야만 할 때가 생길 것이다. 그때 그만한 가치가 있는지 따져보라는 것이다.

navigation
4

뜻을 세우는 작업과정과 정리요령
(인생목표 → '뜻')

지금부터 뜻을 세우는 작업과정을 진행할 것이다. 앞장에서 정리한 인생목표에 3가지 작업을 추가해서 만든다. 먼저 인생목표의 각 항목마다 가치를 분석 평가하고, 두 번째로 12단계 작업과정을 거치면서 실현가능성을 높이고, 세 번째로 전체목차를 10항체계 순서에 맞추어 간단 명료하게 정리하는 것이다.

각 항목의 행복지수나 가치를 분석 평가

우선 목표의 각 항목마다 가치분석을 하는 것이다. 그래서 '내가 앞으로 1년 안에 목표 항목을 이루어 낸다면 어떤 기분이 들까? 꿈을 이룬 만족감을 느끼게 될까? 나는 행복할까? 인류에 공헌도는 무엇인가?' 등을 따지면서 한 번 더 가치평가를 하는 것이다. 그리고 나에게 가장 소중한 보물은 무엇일까? 아니면 내가 일생을 투자할만한 가치는 무엇인가?

알아내는 것이다. 모든 항목을 인류공헌도, 행복지수, 창출할 가치의 기여도, 객관성, 시효성 등을 분석 평가하여 미흡한 것은 재수정하고 평가하므로 항목의 중요도가 더욱 분명해지고 선명하도록 한다.

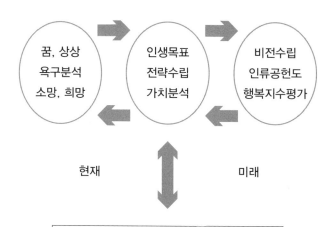

무엇보다 중요한 것은 항목별로 반드시 달성해야 할 절실한 이유를 찾아내는 것이다. 인류공헌도가 크다면 그 일의 중요성도 아주 높은 것이다. 세상에 명분 있고 절박해야 최선을 다하기 때문이다. 그림처럼 반복적으로 항목별 가치평가 분석을 하고 수정해서 가치 있는 항목이 목표가 되도록 정해가는 것이다.

예컨대 빌 게이츠는 인류공헌도가 큰 자선사업을 한다. 전 재산을 투자해서 첫째 낙후된 교육시스템을 혁신하고, 둘째는 연 1,000만 명의 영유아를 말라리아로부터 구하며, 셋째는 굶주리는 20억명 생명을 구할 식량생산에 필요한 에너지를 탄소배출 없는 핵발전 테라파워 프로젝트로 성공시키는 것이다. 이런 자선사업이 인류 공헌도가 크기 때문에 그 일의 중요성은 아무리 강조해도 지나치지 않는다. 때문에 워런 버핏도 같이 동참하기로 한 것이다.

인생 목표가 행복과 성공을 추구하는 것이라는 데 이견이 없다. 하지만 행복과 성공의 우선순위나 가치 기준은 사람마다 차이가 있다. '대통령이 되면 행복할까? 온몸을 으깨며 승리를 얻은 복서는 행복할까? 값비싼 명품을 사면 행복할까? 행복을 손에 넣은 사람은 몇이나 될까? 왜 모두 행복을 향해 달려가지만 대부분 불행하다고 느낄까? 자신이 행복하려면 어떻게 해야 할까? 행복지수는 얼마일까?'라고 따지면서 항목별 가치와 행복지수를 평가 분석하고 몇 번 정리해야 한다. 무엇보다 자신의 행복가치를 스스로 발견하는 것이 핵심이고 우선순위를 스스로 정해 정리하는 것이 매우 중요한 것이다.

참고로 영국에선 행복을 관리하는 행복지수 계산식을 만들어 발표했다. 변수가 몇 개 있고 항목마다 가중치가 다르다. 여기에는 삶의 의미와 인생 목적을 완수하려는 의지가 담겨 있다.

행복 지수 = P + (5 × E) + (3 × H)

- P : 인생관, 적응력, 탄력성 등 개인적인 특성 (1~20 점)
- E : 건강, 돈, 인간관계 등 생존의 조건 (1~10점)

- H : 자존심, 기대, 유머감각 등 더 높은 수준의 조건 (1~10점)
- 신체 : 육체적인 면 – 운동, 식사, 수면, 휴식
- 머리 : 지적인 면 – 독서, 공부, 글 쓰기, 기술 익히기
- 마음 : 감정적인 면 – 봉사, 웃음, 인간관계를 구축하는 것
- 정신 : 정신적인 면 – 사색, 일기 쓰기, 교양 문화 생활

아리스토텔레스(BC 384~ 322)는 "행복은 자신에게 달렸다. 행복을 막는 큰 장애물 중 하나는 과도한 행복을 기대하는 것이다."라고 말한다. 그럼 과연 무엇으로 행복지수를 높일 수 있을까? 연구 결과에 따르면 행복을 좌우하는 것은 대략 50%가 유전, 10%가 환경, 40%가 노력이다. 행복도 노력하면 개선된다는 것이다.

예컨대 돈 돈 하지만 돈보다는 좋아하고 잘하는 일을 하거나 여행, 운동, 춤, 외국어, 새로운 일에 도전하는 것들이 행복 증진에 도움이 된다는 것이다. 그리고 행복학에서 밝혀낸 행복의 조건 중에는 상식적인 내용도 많다. 예컨대 행복은 사랑, 존경, 배려, 친절, 신뢰, 명상, 자선, 용서, 감사, 운동, 섹스 등 인간관계와 상관관계가 높다는 것이다. 또 매사에 감사하고 남에게 베풀기 좋아하는 기혼자가 그렇지 않은 사람보다 더 행복하다는 게 자가평가 분석을 통해 확인된다.

그런데 "왜 쾌락은 인생 전반에 걸쳐 추구할 만한 가치가 아닐까?" 알코올중독자에게 쾌락을 추구한 결과가 무엇인지 물어보라. 바람을 피워 가정을 파탄 내고 아이를 잃은 사람에게 쾌락으로 인해 행복을 얻었는지 물어보라. 흡연으로 병을 얻은 사람에게 쾌락이 문제 해결에 도움을 줬는지 물어보라. 그래서 우리는 쾌락에만 꽂혀 살아가면 안 되는 것이다.

자가평가 : 내 삶의 가치 지수 측정하기(한 문항당 1점)

1	삶의 롤모델이 있는가? 누구를 본받고 싶은가?	
2	가족의 도움 없이 독립적으로 살 자신이 있는가?	
3	누구든 조건 없이 사랑하는 사람이 있는가?	
4	인생에서 가장 보람 있었던(혹은 있을) 일을 바로 떠올릴 수 있는가?	
5	목표했던 일에서 실패했을 때 좌절을 쉽게 극복하는 편인가?	
6	비난이나 질책을 당했을 때 담담하게 받아들일 수 있는가?	
7	나보다 못한 사람을 무시하기보다 아낌없이 도움을 주는 편인가?	
8	독서하고 공부하며 지혜를 쌓아 가는 것이 즐거운가?	
9	아침에 일어나 하루가 시작됨에 늘 감사하는가?	
10	미워하는 사람에게도 친절히 대할 수 있는가?	
11	아무런 대가 없이 누군가에게 도움을 줄 수 있는가?	
12	평소 즐겨 하는 봉사 활동이 있는가?	
13	가족들에게 칭찬과 사랑을 받는다고 느끼는가?	
14	인복은 스스로 만드는 것이라는 말에 동의하는가?	
15	배우자나 상대방을 무시하지 않고 항상 존중하는가?	
16	나는 내가 좋아하고 잘하는 것을 직업으로 하고 있는가?	
17	내가 하는 일에 대해 자부심을 느끼는가?	
18	나는 돈에 대한 스트레스를 받지 않는가?	

15점	가치 있는 삶에 대해 고민해 오고, 또 실천해 온 사람이다.
10점 이상	때때로 삶에 대한 회의감에 빠지지만 늘 해오던 대로 꾸준히 실천하면 곧 보람을 찾을 수 있다.
5점 이상	지치고 힘들더라도 용기를 잃지 말기를. 주변에는 삶의 의미와 영감을 제공하는 것들이 가득하다.
5점 이하	조급해하지 마라. 세상이 불공평하고 힘들게 느껴져도 그저 당신의 일을 묵묵히 하다 보면 반드시 인정받게 될 것이다.

뜻을 세워가는 12단계 작업과정

12단계 작업은 각 목표항목을 실현 가능한 계획으로 만든다. 각 단계별로 달성전략을 만들고, 예상되는 문제를 도출해 대안도 수립한다. 입체적인 사고분석을 통해 각 목표를 필히 달성하도록 절실한 이유까지 만든다. 작업의 핵심은 '첫째, 정말 의미있는 일인가? 둘째, 열정을 갖고 지속적으로 할 수 있는 일인가? 셋째, 실제로 잘해서 나의 행복은 물론 다른 사람들에게 혜택을 줄 수 있는 일인가?'라는 평가를 해서 그 목표는 어떤 일이 있더라도 절대 포기하지 않겠다는 각오를 마음에 새기는 것이다. 목표가 간절하고 분명해야 실천하겠다는 동기를 부여하고 '두뇌 잠재력을 깨워서(2부)' 달성할 수 있게 되기 때문이다.

1단계: 불타는 열망(desire)을 만든다

미치도록 하고 싶은 것이 두뇌 잠재력을 깨우는 실마리다. 항목마다 불타는 열망, 소망, 갈망을 가지려면 달성해야 하는 간절한 이유가 중요하다. 그렇기 때문에 목표를 포기하면 안 되는 절실한 이유를 찾고 만들어야 한다.

2단계: 확고한 믿음을 가진다.

항목이 구체적이고 분명하도록 만들어야 한다. 목표 달성의 모습이 트렌드에 맞는 멋지고 가슴 뛰는 것이면 더욱 좋다.

3단계: 현재 나의 위치(출발점)를 분석한다.

몸무게를 줄이기로 한다면 가장 먼저 해야 할 일은 현재 몸무게를 재는 것이다. 재산을 모으려면 현재의 재산 상태를 명세표로 만들어야 한다. 출발지와 목적지가 분명할수록 목적지에 도착할 가능성이 더 커진다.

4단계: 목표 달성 후 얻게 되는 공헌도나 유익한 점을 모두 기록한다.

'왜 해야 하나? 잘해서 다른 사람들에게 실제로 혜택을 줄 수 있는 일인가?'라는 질문은 달성 욕구를 강하게 하고 도전하도록 해 준다. 항목마다 행복지수 평가와 가치분석을 병행해서 작업하면 더욱 효과적이다.

5단계: 종이에 기록한다.

우리가 생각하는 목표를 종이에 적어보면 구체화하고 형체를 갖추게 된다. 이것은 잡을 수 있고 만지며 느낄 수 있는 것이 된다. 표기하는 행위가 목표 추구를 향한 갈망을 더욱 강하게 만들고, 달성 가능성에 대한 믿음을 깊게 해 준다.

6단계: 기한을 정한다.

계측이 가능한 항목만 기한을 정한다. 무형의 목표 예를 들어 역지사지,배려, 인내력 개발, 친절, 이해심 등에 대해서는 기한을 정하지 않는다. 기한을 넘기면 다시 기한을 정하면 된다. "달성하지 못하면 어떻게 하나?" 하는 두려움은 버려야 한다.

7단계: 극복해야 할 장애물의 목록을 만든다.

성공에는 항상 장애물들이 따른다. 성공과 장애물은 동전의 앞뒤 면과 같다. 우리가 생각해낼 수 있는 모든 장애물을 나열하고 심각성 정도에 따라서 순서를 정한다. 가장 커다란 장애물을 주 장애물로 정하고 극복에 집중하는 것이 좋다.

8단계: 추가로 필요한 정보를 파악한다.

항목별 목표 달성에 필요한 정보, 지식, 재능, 기술, 능력, 경험의 목록을 만들어서 그것들을 배우고 사거나 빌릴 계획을 세운다. 어떤 분야든 20퍼센트 정보가 80퍼센트의 가치를 창출한다는 것을 염두에 두고 가장 중요한 정보가 무엇인지 곰곰이 생각하는 것이 좋다.

9단계: 앞으로 도움과 협력을 얻어야 할 사람들의 명단을 작성한다.

명단에는 가족, 직장상사, 고객, 거래 은행, 사업 파트너, 재력가, 심지어 친구까지도 포함해야 한다. 모두에게 가치 있는 일은 성취하려면 많은 사람의 도움이 필요하다. 그래서 우리는 기회가 있을 때마다 여러 사람들을 도우면서 호감을 얻고 그들이 나중에 보답하고 싶다는 마음이 생기도록 해야 한다.

10단계: 계획을 세운다.

계획이란 시간과 우선순위에 따라 조직된 일련의 활동들이다. 시간에 따라 세워진 계획은 목표가 달성될 때까지 모든 활동을 순서대로 기록하는 것이다. 자신이 원하는 것이 무엇인지, 언제 원하는지, 왜 원하는지 그리고 현재 위치는 어디인지를 상세히 적는다. 자신이 극복해야 할 장애물들, 필요한 정보들, 도움을 받아야 할 사람들의 목록을 적는다. 1단계에서 9단계에 걸친 답을 모두 찾았다면 우리는 목표 성취에 필요한 완벽한 요소를 모두 갖추고 있는 것이다.

11단계: 시각화를 활용한다.

항목별 목표가 이미 이루어진 모습을 머릿속으로 명확히 그린다. 목표 달성 모습을 시각화하면 할수록 열망이나 갈망은 증가되고 목표는 명확해진다. 즉 목표 달성을 비전으로 만드는 것이다. 사명서 작성이나 가치 설정도 어느 정도 가능한 단계다.

12단계: 최종적으로 뜻(총체적인 목표)을 정리하는 단계다.

자신의 가치와 존재 이유를 분명히 하는 것이다. 자신의 가치관이나 신념을 분명하게 정하고 심장에 새기는 것이다. 최종 마무리는 10항 목차 순서에 맞춰 정리하면 된다.

전체목차를 10항 체계로 정리하기

앞 12단계 작업과정을 통해 평가하고 정한 항목들을 체계적으로 정리하는 작업을 해야 한다. 한눈에 알아볼 수 있도록 최종 결과물을 마무리 정리하는 것이다. 1~10항은 작업 순서가 아니라 정리하는 목차 순서이다. 1~5번은 총괄적이고 6~10번은 세부 실천사항이다. 정리할 때 업무순서는 임의대로 바뀌어도 되지만, 최종 결과물은 목차 순서대로 일목요연하게 정리하는 것이다.

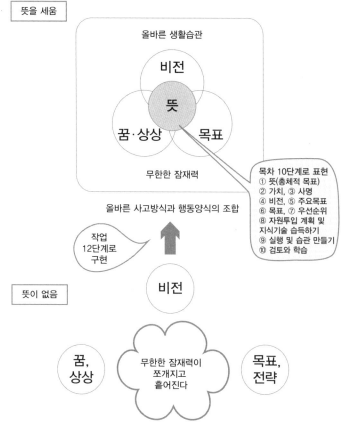

올바른 생활습관

비전

뜻

꿈·상상　　**목표**

무한한 잠재력

목차 10단계로 표현
① 뜻(총체적 목표)
② 가치, ③ 사명
④ 비전, ⑤ 주요목표
⑥ 목표, ⑦ 우선순위
⑧ 자원투입 계획 및
지식기술 습득하기
⑨ 실행 및 습관 만들기
⑩ 검토와 학습

올바른 사고방식과 행동양식의 조합

작업
12단계로
구현

비전

**꿈,
상상**

무한한 잠재력이
쪼개지고
흩어진다

**목표,
전략**

생각만 하고, 매일 바뀌고, 현실적이지 못함

1. 뜻의 수립(총체적인 목표: 경영철학)

이것은 '내가 왜 존재하느냐' 하는 궁극적인 질문의 답이다. 자신(조직)의 가치관, 경영철학, 신념들을 명확히 하는 것이다. "○○을 ○○하므로 인류사회에 공헌하는 창조적 인재가 된다."

예컨대 농부가 되려 한다면 '새로운 농법과 더 좋은 품종을 만들어 인류의 기아 문제를 해결한다'고 뜻을 세울 수 있다.

2. 가치 설정

자신(혹은 조직)의 역할 가운데 가장 중요한 가치가 무엇이냐? 자신(혹은 조직)이 창출하는 가치를 명확히 하는 것이다. 문장으로 요약 정리하여 공표해야 한다.(삼성의 경영철학은 '인재와 기술을 바탕으로 최고의 제품과 서비스를 창출하여 인류사회에 공헌한다'이고, 설정한 가치는 '인재제일, 최고지향, 변화선도, 정도경영, 상생추구'이다)

3. 사명서 작성

자신(혹은 조직) 목적을 어떻게 달성하느냐? 는 질문에 답하는 것이다. 핵심 목표로써 중도 포기하지 않고 기필코 달성한다는 각오와 열의를 의미하기도 한다.

4. 비전 정립

이것은 자신(혹은 조직)의 장래 모습을 표현하는 것이다. 비전은 '무엇을', '언제까지'라는 생각과 행동의 균형을 잡아준다.

가) Be(존재, 모습, 되고 싶은 사람은?) ➡ 삶의 목적과 방향

나) Do(일, 하고 싶은 것은?) ➡ 업무, 여가, 공헌, 봉사 등

다) Have(물질, 소유, 갖고 싶은 것은?) ➡ 중장기 별

5. 인생(경영)목표 수립

비전을 대 분류로 나누어 중장기로 5~ 10년 단위로 목표, 목적, 그리고 달성 전략을 정리한다.

6. 연간 목표 설정

연간 목표 목적 달성전략은 중소 분류로 객관적인 결과를 측정할 수 있고 마감 시간이 구체적으로 표시되어 있다.

7. 우선순위 결정

우선순위는 중요도, 긴급도 등을 고려하여 정한다.

8. 필요 지식과 기술 습득 계획 및 자원 투입 계획 수립

목표 달성에 필요한 지식과 기술을 확보할 계획을 만든다. 자원(돈, 사람, 방법론 및 기타)과 시간을 할당한다.

9. 실행 계획 만들기

변화된 상황 내용을 가감하여 실행계획을 월간 및 주간단위로 재정리하는 것이다. 아울러 계획을 행동으로 옮기기 위해 작업 방법과 작업확인 계획도 만든다. 이때 유의할 점은 우리에겐 일상의 반복적인 일들이 있다는 것이다. 이것이 반영 안된 계획이면 나중에 생각지 못한 일상의 일 때문에 실세로 실행하는 데에 차질이 발생할 수 있다. 즉 실행계획에는 일상의 일들을 감안해야 하며, 자신의 수행능력자질뿐만 아니라 필요한 자원이 무엇인지 세세히 검토되어야 한다. 그래야 실행계획이 된다.

10. 실천하기 및 정기적 결과정리 후 학습

실행 계획은 즉각 행동에 돌입한다. 그리고 진척 정도를 주간 월간 단위로 검토하는 것이 필요하다. 월간 단위로 계획 검토를 통해서 잘못된 것은 개선하고 고쳐나간다. 성공이나 실패는 모두 귀중한 교훈을 주기 때문에 기록을 남기면 학습에도 도움이 된다.

목차 순서대로 10항을 정리하면 성공에 어느 정도 확신을 갖게 될 것이다. 또 목표 달성 이유가 분명하기 때문에 실패를 두려워하지 않고 매일 계획을 실천하게 된다. 결국 목표달성을 갈망하기 때문에 매일 빠짐 없이 실천함으로써 성공을 만들어 가는 것이다.

대표적인 사례는 재일교포 3세 손정의 회장이다. 일본서 민족차별을 받고 청소년시절 방황했지만 뜻있는 인생목표를 만들어 성공한 것이다. 책을 읽고 사카모토 료마 주인공처럼 사업가로 살기를 결심하고 16세 때 유학을 떠난다. 그리고 19세 때 웅대한 비전을 버클리 대학에서 만든다. 뜻 있는 인생목표로써 이름하여 '손정의 인생 50년 계획'이다. 20대부터 60대까지의 인생 목표인 것이다. 괄호 안은 현재까지 실행결과다.

- 20대 : 이름을 알린다. (스프트뱅크 창업)
- 30대 : 사업 자금을 모은다. (상장, 야후 투자, 야후 재팬 설립)
- 40대 : 큰 승부를 건다. (알리바바에 투자, 보다폰 인수 등)
- 50대 : 사업을 완성한다. (ARM 35조 투자, ICT 그룹완성)
- 60대 : 다음 세대에 경영권을 넘긴다. (아카데미 설립)

그리고 사업에 대한 뜻, 사명서, 가치, 비전, 전략들을 다음처럼 만들어 차질 없이 실천한다.

1. 확고한 뜻 : 디지털 정보혁명으로 인간을 행복하게 만든다.

2. 명확한 비전 : 미래는 소프트웨어 세상이 된다. (시대의 흐름 파악)

3. 치밀한 분석 : 40개 사업 아이템을 놓고 18개월 시장조사를 한다.

4. 과감한 승부수 : 알리바바, 보다폰, ARM에 투자하고 대대적인 홍보를 한다.

5. 믿을 만한 멘토 : 고비마다 구원투수로 돈이나 인맥을 조달한다.

특히, 그가 손수 작성한 경영원칙 '손정의 제곱병법' 25자는 그의 사업이 승승장구하는 성공 비결이 되고 있다.(그가 26세부터 5년 동안 책 4,000권을 읽고 손수 만들었다고 한다.)

이념	도천지장법(道天地將法)	승리하려면 올바른 뜻, 적절한 타이밍, 지리적 이점, 충성스러운 장수, 효율적 시스템을 갖추어야 한다.
비전	정정략칠투(頂情略七鬪)	올라갈 산을 정한 뒤 관련 정보를 수집해 핵심을 취한다. 승률 70%가 넘으면 일만 하지 말고 전투에 돌입한다.
전략	일류공수군(一流攻守群)	주류에서 압도적 1위가 가능한 사업을 택한다. 다각도로 치고 나가며 위험은 피하고 멀티브랜드 전략을 쓴다.
마음가짐	지신인용엄(智信仁勇嚴)	장수는 지혜 신의 인내·용기·엄격함을 지녀야 한다. 퇴각하는 것도 용기요 때론 악마 같은 상사가 돼야 한다.
전술	풍림화산해(風林火山海)	재빠르게 조용히 철저하게 흔들림 없이 바다처럼 모든 것을 삼켜버려야 전투는 비로소 끝이 난다.

즉 사업이나 인수합병은 도박이 아니라 과학이며 이론이라는 것이다. '긴 미래를 내다보고 큰 비전을 세워 과학적 분석을 하고 뜻에 따라 올바르게 하는지' 확인해야 한다. 승률 70%의 이길 싸움에서 반드시 이기는 것이다. 무엇보다 멘토를 적재적소에 활용해서 '질 싸

움은 하지 않는다'는 원리다.

역사상 위대한 지도자는 모두 어렸을 때부터 뜻(꿈이나 목표)이 분명했다. 그들은 어린 시절 가슴에 품었던 뜻을 간직하고 그것을 이루려 치열한 삶을 살았다. 그들이 독서하며 일하고 사람들을 만나는 모든 삶의 행위가 먹고 잠자는 생존을 넘어 미래 무대를 준비하기 위한 것들이었다. 독자 여러분은 과연 그런 삶을 살고 있는가? 현재 꿈이나 간절한 목표가 있는가? 없으면 자성해 당장 만들어야 한다. 무엇을 망설이는가? 늦지 않았다.

그런데 요즘 꿈을 잃고, 목표도 없이 방황하는 젊은이들이 늘고 있어 문제다. 그들이 꿈을 꾸고 목표를 만들도록 제도적 도움이 필요하다. 물론 교육하고 도와줘도 뜻있는 인생 목표를 만들기는 어렵다. 작성 경험이 없으면 말처럼 쉽지 않다. 따라서 필자처럼 우선 '나의 각오'를 작성하고 실천해볼 것을 권한다.

작은 것도 상관없다. 우선 하고 싶은 것을 하나 정해 도전하는 것이다. 그것이 어느 정도 성과를 보면 진정 좋아하고 하고 싶은 것을 찾아내 뜻있는 인생목표로 만드는 데 도움이 되기 때문이다. 또한 경험 있는 스승을 찾아가 도움을 받거나 몇몇이 함께 책을 보면서 토론하고 협력해서 함께 만들어 갈 것을 권유한다.

뜻을 성공적으로 실천하는 방법

예수로부터 실천 전략을 배우자

큰 뜻을 이루는 일, 많은 사람이 근본적인 변화와 혁명을 일으키는 일, 공감대를 형성하며 역사의 흐름을 바꾸는 일은 여럿 있다. 그중에서 33년을 살았지만 가장 큰 뜻(뜻있는 목표)을 위대하게 성공시킨 예수는 단연 돋보인다. 하지만 예수는 많은 사람을 만나거나 거대한 네트워크 조직을 만들어 운영하지도 않았다. 오히려 베드로, 야고보, 요한 등 핵심 3인과 그들을 포함한 열두 제자, 그리고 다시 열두 제자를 둘러싸고 있는 70문도 등 모두 합해야 100명도 되지 않는 사람들과 집중적으로 교류했을 뿐이다.

중요한 것은 예수는 스스로 뜻있는 삶을 몸소 실천해 보이면서 제자들로 하여금 그들 스스로 내부의 변혁을 이끌어내게 하여 모두 탁월한 능력을 발휘하는 지도자로 성장케 했다는 것이다. 그리고 그들을 통해 시대를 초월하는 변혁이 일어나게 한 것이다. 또 세계를 변화시키고자 한다고 해서 세계를 두루 다닌 것이 아니라, 한 지역에서 완전한 구세주로서의 모습을 보여 주었다는 것이다. 땅끝, 세계 구석 구석까지 도달하기 위해서는 먼저 한 곳에서 완벽한 성공을 거두어야 한다. 이것이 전략의 극치다.

예수의 교훈을 바탕으로 자신의 성공 전략을 만들어 실천해야 한다. 뜻있는 목표도 처음에는 남의 도움 없이 자신만의 노력으로 이룰 수 있도록 작게 계획하고 실천해야 한다. 주변에 충분한 도움이 없다고 해 보지도 않고 포기하지 말아야 한다. 우선 작게 시작하면 자신의 노력만으로도 달성할 수 있게 된다. 그래서 하나가 성공하면 좀 더 큰 목표도 달성할 수 있을 것이다. 그것이 성공모델로 확인되고 인정되면 외면해왔던 주변에서 도와주고 동참해서 큰 성공을 만들어내는 것이다.

성공은 하루아침에 되는 것이 아니다. 정해진 목표에 따라 하루, 이틀, 사흘, 한 달, 아니 수년을 실천해야 한다. 신생활체계도에 따라 올바른 생활습관도 만들고 사례처럼 전략화를 해야 성공할 확률을 높일 수 있다. 물론 모든 일에는 성공과 실패가 있다. 어쨌든 뜻있는 목표를 세우고 계획을 실천할 때, 인생은 제대로 흘러간다. 강조하는 것은 아무도 대신해서 자신의 꿈과 목표를 실천해줄 수는 없다는 것이다. 목표를 정하고 실천하는 것은 철저하게 개인의 문제이고 자율적이어야 하기 때문이다.

열정적인 실천 노력만이 성공을 부른다

뜻을 세운 사람은 막연하게 내일을 그리는 사람이 아니다. 아직 새롭게 펼쳐지지 않은 미래를 창조하는 사람이 진짜 뜻을 가진 사람이다. 뜻을 실천하기 위해 오늘 시작한 작은 행동이 내일에 변화를 가져오기 때문이다. 그러나 문제는 준비 없이 행동한다면 실패할 수밖에 없다. 성공하기 원한다면 만시간 이상 학습하며 철저하고 세심하게 준비해야 한다. 무엇이든 당연하듯이 받아들여서는 안 된다. 사소한 것까지도 거듭거듭 확인하는 것이 좋다. 그리고 제한 시간 내에 많은 일을 해야 한다면 협업을 하거나 가장 중요한 일부터 해야 한다. 이것은 모든 일을 할 시간이 충분하지 않지만 가장 중요한 일을 할 시간은 만들 수 있기 때문이다. 또한 몰입해서 시간을 가치 있게 사용할 때 자신의 잠재력을 최대한으로 발휘하게 된다.

"오늘의 성공이 없으면 내일의 성공도 없다."

더욱이 성공은 우연이 아니다. 신생활체계도에 따라 뜻을 세워 단계별로 끈기 있게 꾸준히 노력한 결과이다. 나는 삶의 가장 큰 보상은 목표를 이룰 때까지 끊임없이 습관처럼 실천하는 사람들을 위해 주어진다고 믿는다. 성공한 사람들이 더 영리하거나 뛰어난 것은 아니다. 그들의 성공은 간절한 목표를 달성하려는 무서운 집중력과 끈질긴 학습의 산물이다. 끈질긴 집념이 타고난 재능을 능가하기 때문이다. 만 시간 학습노력과 끈질긴 집념은 꿈을 이룬 사람과 후회하며 살아가는 사람들을 구분하는 요소이다.

나비의 성공 법칙도 도움이 된다

　뜻을 세우고 실천해서 성공하려면 열정적인 노력뿐만 아니라 비법이나 행운도 필요하다. 그것은 실패요인을 줄여주고 성공률을 높이는데 길잡이를 해주기 때문이다. 나비의 성공법칙은 뜻을 세워 성공시키는 비법이고 원리이다. 뿐만 아니라 신생활체계도와 연관해서 정리한 법칙이다. 다만 여기서 법칙이라고 한 것은 일단 긍정적으로 인식되면 실천전략에 믿음과 확신이 생겨나서 삶 속에 성공원리로 작동되어지기 때문이다. 법칙들은 지금까지 언급했던 것을 좀 더 이해하기 쉽게 재차 요약 정리한 것이다.

　목표의 법칙: 성공여부의 핵심은 목표수립이다. 실패자의 98%는 목표가 없었기 때문이라고 한다. 그리고 목표는 좋아하고 지속적으로 잘할 수 있는 것을 정하면 성공률은 높아진다. 목표는 3가지 측면으로 수립해야 한다.
　1) 의미 있고 가치 있는 목표설정이다. 자신이 이 일을 '왜, 어째서' 꼭 해야 하는지 그 이유를 말해야 한다. – 간절한 목표
　2) 간절한 목표 달성에 필요한 그 '무엇'이다. 자격증, 경력, 수입, 자산, 저축 등 생활 목표 대상일 것이다. – 직업과 재정
　3) 잠재능력 개발 목표이다. 이것들은 '어떻게'의 목표이다. 절실한 목표나 꿈을 이루기 위해 잠재력이 발휘되도록 만시간 학습하는 노력이 필요하다. –자기개발 목표

　방향의 법칙: 자신이 좋아하고 잘하는 것을 분명히 알면 그것이 바

로 행복과 성공의 시작이다. 방향이 명확해지기 때문이다. 목표 방향
이 분명할수록 전력투구를 잘할 수 있다.

  결정의 법칙: 결단은 전문지식과 상상력으로 요모조모 주의 깊게 생
각해 구체적인 행동을 취하는 것이다. 결단하면 신념이 생긴다. 확고한
신념은 잠재의식에 자기암시를 줌으로써 자신의 한계를 뛰어넘어 새로
운 자신으로 만든다. 즉, 자신을 도전하는 인간으로 변화시킨다.

  창조성의 법칙: 수시로 발생하는 문제를 해결하고 목표를 달성할
수 있도록 해주는 것은 무엇보다도 상상력과 아이디어다. 그것들은
미래에 대한 열쇠다. 결정적 시기에 떠오른 아이디어나 통찰은 삶의
전환점이 될 수 있다.

  관계의 법칙: 고독한 천재보다 인간관계가 좋은 사람이 성공할 확률
이 더 높다. 세상 모든 일이 협업을 해야 이루어지기 때문이다. 내가
인의예지신의 인간미를 갖추고 역지사지 입장에서 상대방을 배려해
야 서로 믿고 더 좋은 협력을 받을 수 있다.

  통제의 법칙: 자신의 생활을 통제하려면 먼저 자신의 마음을 통제해
야 한다. 바람직한 것만 생각하는 능력, 원하는 목표와 결과를 결정
하는 능력은 모든 행복과 높은 성취도의 출발점이다. 통제된 변화는
그렇지 못한 변화에 비해 필연적으로 더 큰 결실을 가져온다. 가장
중요한 목표를 달성하기 위해 매일 노력함으로써 마음가짐을 강화시
켜 또 더 많은 것을 성취할 수 있다.

사고방식 속에서 통제의 장소가 어디에 있느냐에 따라 개인의 건강과 행복 수준도 달라진다. 통제의 장소가 내부에 있어 즉 자신의 운명은 자신이 스스로 결정한다고 생각하는 사람은 스트레스를 잘 받지 않고 성취도가 높은 인성을 가진다. 하지만 자신의 생활을 통제하지 못하고 외부 상황에 의해 통제 받는다면 당연히 부정적인 느낌이 들게 된다.

책임의 법칙: 자신의 삶은 무엇을 어떻게 실천할지 의지에 따라 결정되어 진다. 따라서 자기 삶에 책임을 지는 것은 바로 자기 자신이다. 그런데 책임은 재미있는 특징을 가지고 있다. 더 많은 책임을 받아들이고 자신에게 더 많은 기대를 걸수록 다른 사람들은 당신을 계속 도와주려고 할 것이다.

만시간의 법칙: 자신이 좋아하고 잘하는 일을 만 시간 동안 학습하고 철저하게 연습하면 전문가나 달인 수준이 된다. 누구나 만시간 동안 전문서 100권 이상 읽고 철저하게 반복 숙달하면 최고가 된다. 학위와 관계없이 성공의 원동력을 갖는 것이다. 10,000시간은 대략 하루에 3시간, 일주일에 20시간씩 10년 동안 노력해야 하는 시간인 것이다. 철저한 학습노력이 필요하다.

준비의 법칙: 결과에 대해 생각하지 않고 준비 없이 행동한다면 실패할 수밖에 없다. 성공하기 원한다면 기획부터 철저하고 세심하게 준비해야 한다.
생각 없이 하는 행동은 모든 실패의 원인이다. (피터 드러커)

항상 공부하고 준비하면 기회는 언젠가 찾아올 것이다. (링컨)

최악의 시나리오는 최악의 시기에 최대의 손실을 끼친다.

용의 주도한 생각과 철저히 계획된 행동은 성공하게 되어있다.

가장 중요한 임무와 책임을 종이에 기록하고 철저히 생각하라.

중요한 결정이나 약속을 하기 전에 다른 의견과 정보를 찾아라. 진짜 사실 또는 논리적 사실을 확보하라.

무엇이든 당연하듯이 받아들여서는 안 된다. 사소한 것까지도 거듭거듭 확인하는 것이 좋다. '코끼리는 물지 않는다. 그러나 모기에게는 내내 물린다.' 언제나 낭패를 안겨 주는 것은 세세한 점들이다. 위대한 성공은 아주 세세한 점에 주목하여 결정되기도 한다. 한 가지 사실, 한 가지 부정확이 모든 것을 바꿀 수 있다. 그러니 어느 것도 소홀하게 대해서는 안 된다.

특히 "10 / 90의 이론"이 있다. 해당 분야의 성공에 필요한 업무 프로세스, 기본 원칙, 업무 규칙, 처리 방법, 테크닉을 발견하기 위해 10%의 준비시간을 투자하면 목표를 달성하는데 90% 시간과 노력을 절약해 준다는 것이다.

집중 효율성의 법칙: 제한된 시간 내에 많은 일을 해야 한다면 가장 중요한 일부터 할 수밖에 없다. 이것은 모든 일을 하기에는 시간이 충분하지 않지만 가장 중요한 일을 할 시간은 충분히 있다는 의미이다. 어떻게 하면 지금 내 시간을 가장 가치 있게 쓸 수 있을까? 자신이 좋아하는 일을 해야 하는 동시에 자신의 하는 일을 좋아해야 하고 온 마음을 자신의 일에 쏟아 부어야 한다. 집중해서 자신의 시간을 가치 있게 사용할 때 자신의 잠재력을 최대한으로 발휘할 수 있다.

끈기의 법칙: 성공하기 위해서는 굳은 의지가 필요하며 무슨 일이 일어나더라도 절대 포기하지 않겠다고 결심해야 한다. 살아가면서 겪게 되는 불가피한 좌절, 지체, 실망, 일시적인 패배에도 버티고 또 버틴다면 당신이 가진 자제와 극기의 자질을 지인과 주위에 증명한 셈이다. 이런 증명은 매우 중요한 의미가 있다. 새로운 성공 에너지를 얻게 되기 때문이다.

변화의 법칙: 나비처럼 변해야 행복한 성공을 한다는 지혜를 얻는다. 뜻을 세워 자기자신을 스스로 혁신해야 한다는 교훈이다.

- 변화를 시작하는 꿈(알)
- 변화를 실천하는 열정(애벌래)
- 변화를 추구하는 도전(고치틀기)
- 변화를 포기하지 않는 인내(번데기)
- 변화로 행복을 창조하는 희망(나비)

기도의 법칙: 심리적으로 긍정적인 효과가 있다. 종교가 있든 없든 기도는 역경을 받아들이고 헤쳐나가는 긍정의 힘을 갖게 해준다. (다만 종교에 맹신하거나 지나치게 의존하면 역효과가 난다)

- 내게 지혜를 달라고 기도했더니, (나에게 풀어야 될 문제를 주셨으며.)
- 내게 힘을 달라고 기도했더니, (나에게 힘든 일을 주어서 나로 하여금 강해지도록 하셨고.)
- 내게 용기를 달라고 기도했더니, (나에게 극복해야 할 장애물을 주셨고.)
- 내게 사랑을 달라고 기도했더니, (내가 도와 주어야 할 도탄에 빠진 사람들을 내게 보내 주셨다.)

비교의 법칙: 수많은 사람이 정체성이 없이 남과 비교하고 남을 따라 하기 때문에 실패한다. 자신이 남과 다름을 이해하고 차별화해야 한다. 그래야 어제보다 지혜롭고, 어제보다 삶을 잘 알고, 어제보다 발전할 것이라 확신한다. 사람은 타고난 자신만의 재능과 무한한 잠재력이 있기 때문이다.

사람마다 성공하는 시점은 다르다

누구나 자신만의 사명적인 일로 행복한 삶을 창조해야 한다. 무엇보다 중요한 것은 저마다 다른 재능을 가지고 태어났다는 것을 아는 것이다. 사람마다 좋아하고 잘하는 것이 다르다. 행복과 성공하는 양태나 시점도 다를 수밖에 없다. 그래서 타고난 재능이 서로 다른 100명이 있다면 100가지 위대한 성공이 있어야 한다.

예컨대 매화, 벚꽃, 해바라기, 장미, 국화, 동백… 수많은 꽃 중에서 어느 꽃이 가장 아름답다고 생각하는가? 일찍 피는 꽃인가, 아니면 늦게 피는 꽃인가, 제때에 피는 꽃인가? 사람들은 대부분 인생이 국·영·수 성적 순위에 따라 결정된다고 속단한다. 잘못된 신념 때문에 의사나 판검사가 되어야만 한다고 생각한다. 그래서 늦가을 아름답고 고운 빛을 선사하는 국화는 되려 하지 않고, 초봄에 향기를 뿜내는 매화만 되려고 한다.

하지만 다만 '일찍' 꽃을 피웠다는 이유만으로 매화가 세상 꽃 중에 가장 아름다운가? 다른 꽃들은 움도 틔우지 못해서 매화가 가장 훌륭한가? 꽃은 저마다 피는 계절이 다르다. 개나리는 개나리대로, 동백은 동백대로, 자기가 피어야 하는 계절이 따로 있다. 꽃들도 저렇게 만개의 시기를 잘 알고 있는데, 왜 우리는 매화처럼 하나같이 초봄에 피어나지 못해 안달인가?

그대는 왜 좌절했는가? 친구들은 승승장구하고 있는데, 그대만 의미 없는 나날을 보내고 있는가? 잊지 마라. 아직 때가 되지 않았을 뿐이다. 그대, 언젠가는 꽃을 피울 것이다. 다소 늦더라도, 그대의 계절이 오면 여느 꽃 못지않은 화려한 기개를 뽐내게 될 것이다. 그러므로 그대의 뜻있는 창조의 계절을 준비하면 된다.

뜻있는 목표를 추구하는 데는 허울 좋은 스펙 보다는 자신이 좋아하고 잘하는 것을 최고로 만드는 것이 중요하다. 무엇보다 자신의 재능을 제대로 알고 목표에 반영하는 것이 중요한 것이다.

"이 세상에는 당신보다 더 나은 사람도 없고 당신보다 더 똑똑한 사람도 없다."

문제는 머릿속에 자신이 진정으로 원하는 것이 아니라 막연히 좋아 보이는 것, 기발하고 멋져 보이는 것들만 가득한 데 있다. 너무 늦었다고 포기하지 마라. 절대로 늦지 않았다. 잘못된 것을 고치거나 새 출발을 하기에 늦었다고 생각하는 그때가 가장 이른 시점이다. 지금부터 자발적으로 올바르게 제대로 시작하면 된다. 무엇을 하든 나비처럼 도전하고 문제요인은 고쳐 나가면 되는 것이다. 물론 그 길에는 강도 있고, 산도 있고, 가시덤불도 있겠지만, 그 고난을 넘어 목적지에 도달해야 한다.

뿐만 아니라 꿈에 도전한다고 모두 성공하는 것은 아니다. 누구나 몇 번의 실패는 아주 정상적인 경험이다. 여기서 중요한 것은 실패를 경험했다고 해서 내가, 내 인생 전체가 '실패자'는 아니라는 점이다. 내게 결함이 있어서도, 내가 남들보다 못나서도 아니다.

단지 실패는 '내가 성취하고자 하는 일에 대한 나의 접근 방식이 잘못 되었구나'를 가르쳐주는 귀중한 계기일 뿐이다. 그래서 냉정하게 스스로에게 물어봐야 한다. '지금의 실패가 나에게 준 가르침이 무엇이지?'라고 말이다. 실패의 원인에 대한 답이 정확하게 나와야 성장할 수 있다. 이 과정이 빠지면 똑같은 실패를 또 한 번 반복할 위험이 있기 때문이다. 그래서 이런 말이 있다.

"실패를 두려워하면 세상 일을 경험할 수 없다. 실패를 하는 것이 문제가 아니라 같은 실수를 반복하는 것이 문제다. 실패는 사람을 지혜롭게 하는 단서가 되기 때문이다.

따라서 슬기로운 사람은 자신의 실수에서 배우고, 지혜로운 사람은 다른 사람의 실패에서 배우며, 어리석은 자는 자신의 실패조차 깨닫지 못한다."

이렇게 3부를 마무리하면서 모두가 뜻있는 인생목표를 만들어 실천하기 바란다. 아울러 '꿈을 이루는 길'이라는 축사를 소개한다.

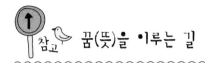

참고 꿈(뜻)을 이루는 길

"꿈을 이루는 길"에 대해 성공한 대기업 회장의 대학졸업 축사를 소개한다. "다음 ㄲ으로 시작하는 7글자를 활용해서 인생을 설계하라. 그리고 "공짜 치즈는 없다!"며 피나는 노력하라" 강조한 내용이다.

꿈	"자신이 진정 "무엇을 하고 싶은지" 자신이 하고자 하는 것을 분명히 정하는 것. 바로 뜻이다. 꿈을 찾아내고 비전이나 목표를 정리하라는 의미다.
끼	타고난 능력이 바로 끼다. '재능'혹은 '주무기'등 반드시 남과 다른 자신만의 특별한 혹은 차별화 된 끼를 발견해 내야만 한다. 자신의 재능을 파악하여 연마하라는 것이다.
꾀	기획력을 말한다. '무엇을 어떻게 진행할 것인가'를 구상하여 설계도를 그리는 작업이다. 나만의 끼를 어떤 전략으로 활용할 것인가를 세세하게 그려보는 단계.
끈	'빽'이나 '연줄'이 아니라 '인간관계', '폭넓은 사회성', '네트워크십' 등을 의미한다. 신 인맥의 '공생지수'를 높여야 한다.
깡	실행력 혹은 추진력이다. 구상에만 머물지 않고 배짱과 오기를 바탕으로 몸으로 부딪쳐 실제에 적용시켜보는 단계. 무언가 목표를 이루기 위해 반드시 '액션'이 필요하다는 것이다.
꼴	마지막엔 늘 이미지 전략이 필요하다. 친밀하고 편안하게 보여지는 얼굴, 개성 있는 특색, 멋지고 세련된 제품의 디자인, 시대를 이끄는 감각적인 콘셉트, 눈길을 사로잡는 브랜드, 손길이 가는 광고와 홍보 방식, 감동을 부르는 서비스 등을 찾는 것이다.
꾼	이 쌍기역(ㄲ) 키워드를 자유자재로 활용한다면 당신은 이미 꾼이다. 바로 전문가, 프로가 되는 것이다. 현실에 안주하지 말라. 꿈꾸고 기획하고 실천하며 끊임없이 자신을 혁신하고 재능을 개발하라.

아울러 그는 "자기 분야에서 진정한 전문가가 되고 능력자가 되고자 한다면 인터넷 지식만을 좇아서는 안 되고 현장에서 몸소 경험하

고 체험하는 '격물치지'의 자세로 부딪치라고 한다. 그래야 살아 있는 지식이 쌓이고 거기에 남다른 창의력과 상상력이 더해질 때에 세상을 바꿀 수 있는 힘이 생기는 것"이라고 말한다.

또 "성의정심은 진지하고 바르게 최선을 다하는 삶의 자세이자, 초심을 잃지 않고 날마다 새롭게 자신을 돌아보며 스스로 힘쓰고 노력하는 마음가짐"이라고 덧붙인다.

'사물의 이치를 통찰해 지식을 확고히 한다(격물치지)'와 '뜻을 성실히 하고 마음을 바르게 가진다(성의정심)'를 가지라고 당부하는 것이다. 또 "한번 품은 뜻은 기필코 이루겠다는 굳은 의지를 가지고 진력하되 편법을 멀리하고 우직하게 정도를 가야 한다"고 권고한다. 그리고 '공짜 치즈는 쥐덫 위에만 있다'는 러시아 속담을 말하면서 세상에 노력 없이 이룰 수 있는 일은 아무것도 없다고 말한다. 피나게 실천하는 노력을 강조한 것이다.

제 4 장
.
.
.

올바른 교육이
기적을 만든다

"기적은 축적된 경험과 지혜가 발현되어야 나타난다."

엘빈 토플러는 '우리 한국학생들이 하루 15시간 동안 학교와 학원에서 미래에 필요하지도 않는 지식과 존재하지도 않을 직업을 위해 시간을 낭비하고 있다.'라고 말한다.

우리는 올바른 교육을 위해 과연 무엇을 할 수 있을까? 새 시대에 맞게 최고의 메뉴얼을 만들면 좋겠다. 인터넷을 통해서 지혜를 모아 행복한 삶을 창조하는 생활의 표본도 집단지성으로 만들고, 인재를 양육하는 성공적인 가상교육 보텔도 만들 수 있기를 기대한다.

navigation
1

교육은 인생을 변화시킨다

우리의 습관이나 버릇 중에서 주변에서 배우지 않은 것이 없다. 아마도 걷는 방식, 말하는 방식, 잔을 집어 드는 방식처럼 비교적 사소한 것에서부터 음악, 문학, 연예 오락, 의복 등에 대한 취향까지 영향을 받는다. 더욱이 생각의 크기, 삶의 목적, 마음가짐, 성격까지도 영향을 받는다. 올바른 교육의 중요성이 그림처럼 강조되는 이유가 여기에 있다. 특히 올바른 교육의 힘은 보이지 않지만 꿈을 자라게 하고 습관을 변화시켜 인생과 운명을 통째로 바꾸기도 한다.

그리고 운명을 바꿀 생활습관 교육은 부모가 솔선수범하는 것이 가장 효과적이다. 가정에서 부모가 좋은 습관을 지니고 있으면 자녀는 자연스럽게 습관을 모방하기 때문이다. 한 집안의 가보는 좋은 부모 생활습관이라고 해도 지나친 말이 아니다.

예컨대 톨스토이, 빌게이츠 등 세계적으로 성공한 수많은 사람들에게서 공통적으로 발견되는 것들 중에 하나가 바로 가정에서 배운

'좋은 생활습관'이다. 사소한 것이라도 좋은 생활습관 하나가 위대한 작가를 만들고 최고 부자도 만들었기 때문이다.

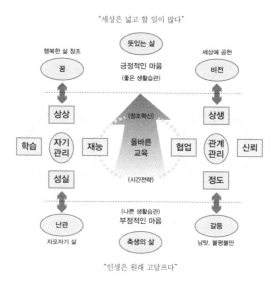

가정교육이 무엇보다 중요하다

요즘 사람들은 엄청난 사교육비를 들여 명문학교에 보내지만, 다음 아인슈타인의 사례를 보면 가정교육이 얼마나 중요한지 알게 된다. 뿐만 아니라 무엇을 어떻게 교육시킬 것인가도 느끼고 이해하게 된다.

20세기 가장 뛰어난 천재라고 찬양 받는 그의 학교 성적은 겨우 중간을 유지할 정도였다. 그리고 대학 입학 시험에도 떨어졌다. 천하의 아인슈타인이 공부를 못해서 대학시험에도 떨어진 것이다. 고등학교까지 수학에 재능은 있었지만, 외국어 공부 시간에 문법을 외우는 일이나 역사 시간에 연대 같은 것을 외우는 일은 엄두조차 내지 못했다. 그런 그의 재능을 키울 수 있었던 것은 가정과 주변의 도움이있었기 때문이었다. 그의 부모는 좀 이상스러운 아들을 신뢰하고 지극히 사랑하였다. 또 삼촌 야코프는 그에게 수학에 대한 지속적인 호기심을 갖게 하고, 나아가 흥미와 자신감을 일깨워 주었으며, 하숙생인 탈미는 아인슈타인에게 철학적 사고의 길을 열어 주었다. 그는 아인슈타인이 제기하는 의문에 대해 함께 논의했으며, 자연과학과 철학에 대한 여러 책을 읽도록 권했다. 그리고 이런 일들이 아인슈타인이 사고하는 인간으로 성숙해가는 결정적인 시기에 일어났다.

아인슈타인은 주변에서 권하는 책을 즐겨 읽었다. 괴테, 실레르, 하이네와 같은 사람의 시와 소설을 좋아했다. 특히 베른시타인의 『통속 과학 대계』란 책은 과학에 관한 이야기를 다룬 책으로 그는 밥 먹는 것도 잊어가며 열심히 읽었다고 한다. "읽어감에 따라 황홀하기만 하였고, 한없는 상상의 나라로 빠져들어 가는 것 같았다"라고 한다. 그리고 마침내 상대성 이론 논문을 만들었다.

우리는 아인슈타인의 성장 과정을 통해 몇 가지 인재교육의 중요한 방법을 발견할 수 있다.

첫째, 개개인의 타고난 재능을 발견하고 발전시키는 데 있어서 제도적 교육의 틀에서 묶어 두어서는 안 된다는 점이다. 아인슈타인의 경우에서도 보았듯이 학교 교육 과정은 개개인의 재능을 발견하고 육성하는 데 한계가 있다.

둘째, 책을 즐겨 읽는 독서 습관을 만드는 것이 중요하다. 아울러 집중력과 인내력을 키우는 것도 중요하다. 위대한 업적은 집중력과 인내력을 통해 이루어지기 때문이다.

미국의 심리학자 로우는 뛰어난 과학자 64명을 대상으로 지능·성격 검사, 그리고 생활습관과 성장 과정, 가정환경 등 여러 가지 측면을 면밀히 조사해 보았다. 여러 해에 걸친 연구 끝에 다음과 같은 결론을 맺었다.

"64명이 가지고 있는 한 가지 공통점은 그들의 일에 대한 정력적인 몰두다. 그들은 다른 어떤 휴식이나 오락보다도 미치도록 자신의 일을 좋아하고 있었다."

셋째, 과학자를 위한 가정교육 내용에 있어 인간미와 도덕성을 위한 윤리·도덕 교육은 필수이고 수학·자연과학의 학습방법도 중요하다. 수학은 사고방식과 문제풀이의 과정을 중시하도록 격려한다. 자연과학에서는 실험과정을 익히도록 한다. 그 과정에서 자료 처리, 관찰력, 상상력을 포함한 사고력을 신장하고, 실험기구와 약품 다루기, 원인과 결과의 관계 찾기, 검증 및 보고서 작성 등을 익히도록 한다.

또 학자의 전기나 과학에 대한 책을 읽고 독후감을 쓰게 한다. 과학관이나 산업시설, 산야, 하천, 바다, 자연 학습원 등을 견학하고, 과학 작품전이나 발명품전, 기타 산업 전시회나 과학 경진대회에 참관하여 경험을 얻게 한다. 특히 실험이나 실기 능력을 키우고 요즘은 컴퓨터 능력도 키우도록 해야 한다.

그 밖에도 노벨상 수상자의 22%를 배출한 유대인들 가정교육에도 주목할 것이 있다. 부모들이 아이를 재울 때 침대 옆에 앉아 동화책을 읽어주고 전해 내려오는 탈무드 이야기를 하며 질문을 하는 것이다. 마치 우리가 어렸을 때 할머니가 우리를 무릎에 눕히고 옛날 이야기를 들려주던 것과 같은 방법을 사용하고 있다. 유대인 들은 부모의 질문이나 이야기가 상상력을 자극하여 아이를 머리 좋은 아이로 성장시킨다고 확신하고 있다.

또 루소는 인간의 최초의 학교는 어머니의 무릎이라고 했다. 무릎에서 들려주는 이야기는 자녀에게 꿈과 사랑을 심어주고 상상의 날개를 마음껏 펴게 하여 지식과 지혜의 폭을 넓혀주기 때문이다. 유명한 시인 괴테는 늙어서 이렇게 말했다.

"내가 글과 시를 쓸 수 있었던 것은 어머니의 도움이었습니다. 나의 어머니는 내가 철이 들 무렵부터 언제나 내 손을 꼭 잡고 맑은 시냇가 언덕을 거닐며 자연을 관찰하고 즐기도록 하고, 밤하늘의 별을 헤면서 내게 많은 이야기를 들려주셨습니다. 그 이야기는 내 마 음의 밭에서 자라나 글과 시의 씨앗을 심어 주었습니다."

모두가 창의적 인재에 대한 가정교육의 중요성을 이야기하고 있다. 그것은 호기심과 상상력, 재미와 흥미를 불러일으키는 것을 찾아 하도록 하는 것이다. 무엇보다도 스스로 학습하는 역량을 만들고 좋아하는 일을 찾아 몰입하도록 동기를 유발하는 것들이다.

가정교육 내용은 무엇을 해야 할까?

가정교육의 핵심은 우선 자녀들이 큰 꿈을 가지도록 해야 한다. 시간을 황금처럼 아끼고, 가족이 화목한 오륜관계를 익히며, 부모 도움 없이 스스로 일상생활을 할 수 있게 하고, 창의력을 키우는 사색과 독서로 자기 능력개발을 하도록 지도해야 한다. 그리고 인간다운 삶과 인재상을 제시하고 솔선수범하며, 인생 경험과 지혜가 생활교육을 통해 체계적으로 전달하면 좋다.

또한 선현들의 지혜도 시대에 맞게 재정리하여 계승 발전시켜야 한다. 탈무드로 인재를 만드는 유대인 부모처럼 말이다. 문제는 '어떻게 교육시킬 수 있을까?'이다.

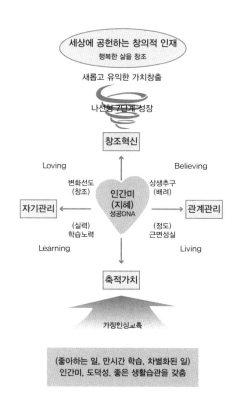

무엇보다 자녀의 타고난 재능을 발휘토록 명품 인재상처럼 인간미 넘치는 가정교육을 하는 것이 중요하다. 우선 자녀의 재능과 소질이 무엇인지 찾아내어 만 시간 이상 학습하여 전문가로 만들어야 한다. 그리고 생활원칙을 정해 솔선수범하는 것이 백마디 말보다 효과적이다. 일상에서 쉽게 따라 할 수 있는 자세, 방법, 절차 등을 솔선수범하면서 인성교육을 가르쳐야 한다. 자녀는 귀로 듣지 않고 눈으로 보며 부모의 일거수일투족을 따라 하기 때문이다.

물론 부모는 자녀의 잠재력을 이끌어내는 5가지 지도원칙을 철저히 실천하도록 지혜와 지도 역량을 갖추도록 노력해야 한다.

첫째, 나는 누구인가?

뿌리가 깊은 나무가 비바람에 쓰러지지 않듯, 정체성과 삶의 목적이 있는 자녀는 어떤 역경 속에서도 흔들리지 않는다. 자녀들의 자존감을 키우고 꿈꾸는 목표를 만들도록 지도해야 한다.

둘째, 미래 가치는 무엇인가?

목적이 분명하다고 해서 잘못된 방법, 과정이 무시된 결과를 바라서는 안된다. 목적이 분명한 사람은 빠른 길이 아니라 바른길을 가야 한다. 명품 인재의 인성도와 선현들의 지혜가 기본적으로 세상을 이끌어갈 리더의 가장 중요한 덕목이 될 것이다.

셋째, 어떻게 교육 할 것인가?

자녀를 훈육할 때 어른의 눈이 아니라 자녀의 눈으로 바라봐야 한다. 세상의 속도가 아니라 자녀의 속도에 맞춰야 한다. 빠른 자녀가 있으면 느린 자녀도 있다. 또한, 아무리 좋은 것을 건네고 싶어도 자녀가 원하지 않으면 무용지물일 뿐이다.

넷째, 어떤 성취를 원하는가?

자녀에게는 작은 성공이 큰 자산이 된다. 아주 작은 것일지라도 목표들을 정하고 하나하나 이뤄낼 때 자녀는 성취감을 맛본다. 성취감은 행복을 느끼게 한다. 큰 성취를 맛보게 해야 한다.

다섯째, 누구와 행복을 누릴 것인가?

존경 받는 리더로 키우고 싶다면 자녀의 타고난 재능을 자신이 아닌 남을 돕는 데 쓰도록 이끌어야 한다. 덕은 존경을 부르고 존경은 사람을 부르게 마련이다. 뜻있는 인생목표를 세우도록 한다.

결론적으로 그림들처럼 올바른 교육을 시켜야 한다. 뿐만 아니라 젊은 신혼부부에게 새로운 교육 매뉴얼이 만들어 질 때까지 '행복한 가정의 비전'과 본 책 등을 3개월 과정으로 교육해볼 필요가 있다고 제안해 본다. (유대인은 6개월에서 1년 동안 탈무드로 부부와 부모를 교육한다.)

돈의 가치를 일게 하는 교육도 중요하다

그 다음은 부의 창출 및 유지 요령도 교육해야 한다. 왜냐하면, 인생에서 행복하지 못한 가장 큰 요인이 돈 걱정에서 나오기 때문이다.

수천 년 동안 유대인을 교육해온 책 『탈무드』에 이런 말이 있다.

"배움은 꿀처럼 달다. 사람이 마음에 가장 큰 상처를 입는 경우는 지갑이 텅 비어 있을 때다."

예나 지금이나 공부해야 하고 돈 없으면 세상 살기가 참 어렵다는 것이다. 그런데 미국 마이크로소프트(MS)의 창업자 빌 게이츠가 최근 자녀 교육과 상속 문제에 대해 깜짝 놀랄 만한 '선언'을 했다.

그는 언론 인터뷰에서 "자녀에게 내가 가진 재산의 극히 일부분만 물려줄 계획"이라며 "이는 그들 스스로 자신의 길을 찾으라는 의미"라고 말했다. 이어 "그만큼의 돈(재산 전체)은 그들에게 좋지 않을 것으로 생각한다"고 강조했다.

세계 3위의 부자로 꼽히는 워런 버핏도 "자녀에게 뭔가를 할 수 있을 만큼만 물려 준다."고 말했다. 버핏이 전 재산을 사회에 환원하겠다고 한 것도 궁극적으로 자녀를 생각하는 마음에서 나왔을 것이다. 이처럼 돈만을 추구하게 되면 행복하지 않다. 그렇다고 인생의 의미만을 추구하는 것도 행복하지 않다. 우리가 살아가는 데는 두 가지가 모두 다 필요한 것이기 때문이다. 따라서 돈은 의미와 가치 있는 데 사용해야 한다.

큰 부자들은 재테크 중에서도 가장 중요한 것은 자녀교육이라고 말한다. 이것은 누구라도 마찬가지다. 물고기를 손에 쥐여주는 것이 아니라 물고기를 잡는 법을 가르치기 위해서다. 종잣돈을 모으는 법,

신중하게 투자 결정을 내리는 법, 결과에 대해 책임을 지는 법, 혹시 도전에 실패했더라도 실패에서 배우는 법 등을 하나하나 알게 한다. 진정한 '자(子)테크'는 자녀에게 돈을 물려주는 것이 아니라 돈의 가치를 알게 하는 것이기 때문이다. 그래서 부를 창출하고 유지하는 요령을 솔선수범하며 철저히 교육해야 하는 것이다. 밥상머리 교육의 필요성이 좀더 강조되는 또 다른 이유가 여기에 있다.

1. 부를 창출하는 능력

종전보다 더 많은 가치를 창출하는 능력이다. 같은 시간에 지금 벌수 있는 소득의 두 배, 열 배, 1천 배의 소득을 올리는 일이 가능한가? 질문에 대한 답이 곧 능력이다. 고객을 감동시키는 것이나 방법을 발견하면 가능하다.

요령은 나비효과, 복리 효과, 네트워크 효과나 지렛대의 효과를 만드는 것이다. 방법은 기술, 엔터테인먼트, 디자인, 프로세스, 서비스를 혁신해서 새로운 가치 창출로 품질을 높이고 고객에 유익한 가치를 만들면 된다. 각자 재능을 만 시간 학습 개발하여 전문가나 달인이 되거나 아이디어로 돈을 만드는 능력을 키워야 한다. (제2장 가치창출 발상법 참조)

2. 부를 유지하는 요령

버는 돈보다 적게 쓰고 차액을 두자한다. 매번 소득의 일정액을 떼서 최우선적으로 저축하고 안전하게 투자하는 것이다. 다음 도표처럼 무조건 10~50%를 떼서 저축하고 수익률 10%에 투자하면 좋다.

예를 들어 1,000 만원을 수익률 7% 복리투자를 할 경우에 10 년 후 원금 1 억 / 이자 4,783 만원, 30 년 후 원금 3 억 / 이자 10 억 1,073 만 원 만큼 자산이 불어나게 된다.

년차수	100% 소비, 0% 저축	50% 소비, 50%저축
1년차	24,000	12,000
6년차	30,000	23,000
14년차	45,000	45,000
30년차	98,000	98,000
보유자산	0	12억 5천
평생소비액	약 16억	약 52억

(14년차부터 소비액이 같다. 보유자산과 평생소비액은 차이가 크다.)

　무엇보다 초기 10년 동안 충동적인 소비행위를 통제하는 것이 중요하다. 순간적인 충동으로 계획 없이 물건을 사지 말아야 한다. 매달 소비할 액수가 얼마인지 분명하게 계획을 세워야 한다.

　재테크에서 가장 우선순위를 두는 것은 소비나 빚을 줄이고 저축을 늘리는 것이다. 동시에 수익률 10% 되는 투자의 기회도 엿봐야 한다. 초기 10년 동안 소비를 줄여 종잣돈을 만들어 몇 배로 키워야 하기 때문이다. 큰 자산을 만드는 투자는, 기술변화와 시대의 흐름을 읽는 공부를 하는 것이 중요하다.

3. 부를 증가시키는 요령

투자수익이 물가상승률보다는 높거나 복리이자만큼 수익성이 좋아야 한다. 예컨대 천으로 된 냅킨(1인치의 1/32 두께)를 반으로 접으면 두께는 1/8인치다. 두 번 접으면 1/4, 네 번째는 1/2, 다섯 번째는 1인치가 된다. 놀랍게도 39번만 접으면 달에 도착할 수 있는 두께가 된다. 50번을 접으면 달을 1,179번 왕복하고도 남는다. 이것이 복리의 위력이다.

그런데 투자는 리스크가 크기 때문에 간단한 것은 아니다. 예컨대 주식은 순자산비율(PBR), 수익률(PER), 부채비율, 차입금 비중, 매출과 순이익의 증가율, 미래성장 업종을 두루 분석한 후 최고 적기에 사고 팔아야 한다. 주식은 단기 차익보다는 미래 실현 가치가 큰 회사의 주식을 초기에 투자하여 장기간 보유해야 많은 돈을 벌 수 있는 확률이 높다. (다음 투자 교육 참조)

부동산을 살 때도 개발 여부를 확인하고 신중히 계약해야 한다. 특히, 용도변경 가능한 땅, 실 수요자가 많은 땅을 사고, 목적에 적합한 땅, 지방보다는 대도시 주위의 땅, 최대한 도로와 가까운 땅, 이면이 도로에 걸쳐 있는 집터, 대지의 생김새가 좋은 땅, 상업지역과 준 주거 지역의 경계선에 숨은 땅은 오를 확률이 높다.

특히, 투자에는 3원칙이 있다. 첫째 지식부터 갖춰라. "지금 뭘 해야 하느냐"고 묻지 마라. 부동산이든 주식이든 지식부터 쌓고 덤벼야 한다. 끊임없이 질문을 던지고 공부하라. 둘째, 종잣돈을 마련하라. 투자자가 되려면 현금 5,000만~1억원은 있어야 한다. 돈을 빌려 투자에 나서는 것은 바보 같은 짓이다. 셋째, 마음을 다스려라. 운동이든 독서든 마음을 다스리는 자신만의 방법을 찾아야 한다. 그래야 흔들림 없이 투자할 수 있다.

4. 부를 지키는 요령

투자에 실패하는 비극적 통계 유형을 피하라. 예컨대 목적을 정하지 않는다. 유행에 따라 투자한다, 금융 관련 언론 보고서에 의존한다, 브로커나 투자 전문가의 권고를 맹목적으로 따른다, 감정적 잘못을 범한다 등등. 따라서 유능한 투자 전문가를 찾아 배우고 리스크에 대해서도 자문 받는 것이 좋다. 모든 것을 알기 위해 자신의 능력을 키워야 한다. 결국 최종 결정과 리스크 책임은 자신이 담당해야 하기 때문이다.

5. 부를 가치 있게 쓰는 요령

부자는 생활비를 걱정하지 않을 만큼의 돈을 축적한 사람이다. 그런데 돈은 목적이 아니라 단지 수단일 뿐이다. 주변 사람들에게 긍정적 영향을 미칠 방법을 찾아야 한다는 사실을 명심하라. 봉사와 자선의 위력과 가치를 기억하라. 소득의 일정 비율을 남에게 줌으로써 자신이 많이 갖고 있다는 사실을 자신의 뇌에 가르치는 점이다. 자신은 이미 결핍 단계를 넘어섰다는 그 믿음만으로도 인생은 변한다.

6. 부자와 서민의 차이점 교육

부자가 되거나 가난한 사람이 되는 것은 운명이 아니라 선택이다. 돈이 생길 때마다 비용이나 부채를 늘리는 데에 쓰면 가난을 선택한 것이고, 반면 돈 버는 자산에 투자하고 부를 창출하는 법을 배우면 부자 되기를 선택한 것이다. 선택은 매일 돈이 생길 때마다 자신이 하는 것이고, 미래는 내일이 아닌 오늘 자신이 하는 선택으로 결정된다.

예컨대 서민들은 집에 오면 소파에 눕거나 방바닥에 배를 붙이고 아무 생각 없이 리모컨을 돌리며 TV 속으로 빠져든다. 그렇지 않으면 인터넷 서핑을 하거나 게임 삼매경에 빠진다. 그 뿐만 아니라 그들은 돈을 버는 족족 써버린다. 대개는 의상이나 기호식품, 게임이나 오락, 스낵이나 외식 같은 소소한 곳에 쓴다.

반면 부자들은 집에 오면 가족과 식사하며 대화하고 삶을 성공으로 이끌 수 있는 독서를 하거나 생각을 한다. 특히 어떤 약속이든 밤 10시 전에는 마무리하고 집에 들어와 잠자리에 들 때까지 꼬박 3시간은 책을 읽는다. 경제뿐만 아니라 철학과 심리학에 이르기까지 독서의 범위도 넓다. 부자가 되려면 아이디어를 돈으로 만드는 능력과 돈을 키우는 투자 능력, 그리고 돈을 낭비하지 않고 가치 있게 쓰는 능력이 중요하기 때문이다.

부자의 인간적 모습은 일반인과 그리 다르지 않다. 수천억원의 재산을 가진 부자라도, 동네 음식점에서 자기가 좋아하는 음식을 즐겨 먹는다. 특별히 '곰 발바닥' 요리를 먹지 않는다. 대부분 자신이 어릴 적에 좋아했던 음식을 먹으려 한다. 또 친구나 가족처럼 같이 있으면 편하고 즐거운 사람과 시간을 보낸다.

세계 곳곳에서 잘살고 있는 유대인들은 돈에 대해 우리와 다른 생각을 한다는 것을 이해하면 도움이 될 것이다. "작은 돈이라도 차근차근 모아야 큰 돈이 된다. 사업할 종잣돈이 없으면 큰돈을 벌 수 없다. 자립해서 종잣돈을 만드는 것이 부자가 되는 시작이다." 유대인은 1센트도 소홀하면 안 된다고 생각하며 이것을 저축해서 효용가치를 높이도록 적극적으로 권하고 있다.

그래서 유대인에겐 이런 격언이 있다. "1센트(10원)를 저축하지 않는 자는 영원히 1달러(1,000원)를 모으지 못한다." 한마디로 일확천금을 꿈꾸지 말라는 이야기다. 사람의 욕망은 크기 때문에 자칫 가까운 데 있는 작은 돈보다 일확천금을 노리며 낭비하기 쉽기때문이다. 그것은 인생의 커다란 잘못이고 가난의 지름길이라고 경고하는 것이다.

"물론 돈이 인생의 전부는 아니다. 하지만 돈은 행복한 가정을 지켜줄 수 있다. 모든 자유는 경제적인 독립을 전제로 하기 때문이다."

가정에 돈이 있으면 자유롭게 인생을 즐길 수 있다. 돈 때문에 싸우지 않아도 되므로 더욱 조화로운 인간관계를 만들 수도 있다. 돈은 실제로 생활을 보다 편안하고 안락하게 만들어 준다. 그리고 가족의 꿈과 재능을 계발하는 데 필요한 시간과 자원을 제공해주기도 한다. 그런데 돈이 부족하면 우선 삶을 살아가는 데 있어 선택의 폭과 자유가 제한될 수 있다. 내 뜻과는 상관없이 하기 싫은 일을 하기 싫은 시간에 해야 한다. 돈은 꿈도, 희망도, 목숨도 앗아갈 수 있다. 요즘 만연하고 있는 가정붕괴만 봐도 대부분 돈 때문인 경우가 많다.

그렇다고 부자는 항상 안락한 생활만하지 않는다. 특히, 그들 스스로 어려서 일부로 고생을 사서 한다고 말한다. 스펙쌓기 보다는 사회생활을 경험하면서 삶을 체험하는 것이다. 그것이 성공하는 기반이 되기 때문이란다.

예컨대 성공한 미국 CEO들 대부분이 어린시절 신문배달을 경험했던 것이다. 이 사실은 제프리 폭스가 유명한 기업 CEO 인터뷰 조사를 해서 알아냈다. 그리고 그는 다음과 같이 '신문배달 10계명'을 성공하고 부자되는 규칙으로 정리했다.

1) 절대로 빼먹어서는 안 된다.
2) 시간이 생명이다.
3) 아프지 않게 몸을 관리해라.
4) 휴가를 함부로 쓰지 않는다.
5) 캠프도 가지 않는다.
6) 비에 젖어 찢어진 신문은 있을 수 없다.
7) 자전거를 관리해야 신문을 잘 돌릴 수 있다.
8) 길을 절대로 잃어버려선 안 된다.
9) 피곤한 생활습관을 버려라.
10) 변명은 통하지 않는다.

세계적인 마케팅 컨설턴트인 그는 이 가르침이 모든 경영자의 기본이자 자기관리의 기본이 된다고 말한다. 신문배달은 돈을 벌기 위한 작은 일이지만 제대로 하려면 이처럼 많은 노력과 헌신이 필요한 것이다. 그래서 어려서 신문배달을 한 경험이 성공한 CEO가 되고 부자가 됐다는 것이다.

navigation
2

행복한 삶을 살도록 교육해야 한다

인간 욕구에는 돈보다 소중한 것들이 있다

행복이란 욕구가 충족되었을 때 얻는 만족감이다. 사실 욕구는 생리적 욕구, 안전 욕구, 소속 욕구, 돈이나 명예 욕구, 자아실현 욕구 등으로 나뉜다. 그리고 그 중에 자아실현 욕구를 충족하는 것이 가장 큰 행복이 된다. 참 행복은 미치도록 하고 싶은 일을 해서 성공했을 때 기쁨의 눈물을 흘리는 것이다. 성공도 미치게 좋아하는 것 중에서 가치 있거나 뜻있는 보람찬 목표를 이루는 것이다.

하지만 사람들은 돈 돈 돈 하며 신기루를 좇고 있다. 사람들은 죽기 살기로 돈을 모으려 이일 저 일을 해본다. 꿈꾸는 일의 보람과 기쁨을 잠시 저당 잡히고 돈이 되는 일에만 몰두한다. 미국의 심리학자 윌리엄 제임스는 "인간이 지닌 본성 가운데 가장 강한 것은 인정받기 위해 부와 명예를 향해 전력 질주하는 것이다."라고 말한다. 자신의 개성과 적성은 뒤로 한 채 돈을 버는 일에만 몰두하는 것이다.

실제로 돈보다 꿈꾸는 내일을 선택한 사람을 소개한다. 글로벌 기업 중역으로 엄청난 연봉에 특전 또한 빵빵했다. 세속적인 잣대로 재어 보면 그는 출세한 직장인이었다. 금전적 능력과 사회적 지위 모두가 그의 벅찬 성공을 가리키고 있었다. 그의 앞길은 평탄해 보였다.

그런데 그가 돌연 사표를 내고 '안정된 미래'를 반납했다. 그가 서 있는 곳은 '고생 끝, 행복 시작'의 교차점이었다. 더 좋은 조건을 제시한 다른 직장으로 옮겨가기 위해서가 아니었다. 행복을 찾기 위해서였다. 성공이 제공해 주는 물질적 풍요와 사회적 입신으로 행복을 보장받을 수 없다는 사실을 깨닫고 삶의 진로를 바꾼 것이다. 자신이 꿈꾸던 하고 싶은 일을 하기 위한 결정이었던 것이다.

이처럼 하기 싫은 일을 억지로 해서 행복한 사람은 없다. 그런데 무엇 때문에 우리는 하기 싫은 일을 해야만 하는가? 대부분은 돈 때문이다. 돈이 우리의 삶을 내 뜻대로 가지 못하게 한다. 하고 싶은 것을 하려 해도 당장 먹고 살아야 한다는 명제 앞에 무릎을 꿇는다. 돈이란 놈이 참으로 우리를 사람답게 살지 못하게 한다. 돈을 좇다 보면 잃게 되는 게 참으로 많다. 돈과 맞바꿔야 하는 소중한 가치가 참으로 크다. 돈은 내가 진짜로 하고 싶은 것도 포기하도록 만든다. 돈은 사명적인 일조차도 무력화시킨다. 돈은 행복한 삶조차 망각시킨다. 인생은 돈의 노예가 아니라 행복해야 한다. 인간은 누구나 행복을 추구하기 때문이다.

여러분도 스스로 행복한 삶을 사는지 자문하며 점검해야 한다. 지금 하고 있는 일에서 기쁨과 보람을 느끼는가? 하늘이 나에게 부여해 준 사명적인 일이라는 생각이 드는가? 내가 진짜로 하고 싶어서 하는 일인가? 아니면 그저 돈이 되니까 미래 전망이 좋다고 하니까 하는가? 정말로 하기 싫은 일인데 자신과 타협하면서 어쩔 수 없이 하지 않는가? 어쨌든 하루의 삶 속에서 기분 좋은 시간이 길면 길수록 행복한 사람이 되는 것이다. 자기답게 행복한 삶을 산다는 것이 무엇을 뜻하는지 찬찬히 점검해보기 바란다.

참고 : 행복한 인생을 사는 비결

2010년 5월 영국 국영방송 BBC는 4부작 다큐멘터리 제작을 위해 심리학자, 경영컨설턴트, 자기계발전문가, 사회사업가 등으로 구성된 이른바 '행복위원회'를 만들었는데, 아래의 방법들은 그 위원회가 발표한 것들이다.

행복을 얻기 위한 12가지 방법

1	좋아하는 일을 하라. 없으면 현재 하는 일이라도 좋아해라.
2	즐겁게 행동하라. 행복한 표정을 짓고 낙천주의자이며 외향적인 사람인 척하라.
3	가장 좋은 친구는 바로 자신이다. 자책하거나 자신에게 불가능한 요구를 하지 마라.
4	자신에게 작은 보상이나 선물을 함으로써 매일 현재를 살아라. 그럴 만해서 주는 것이 아니다. 그렇게 하는 것이 좋아서 주는 것이다.
5	친구와 가족을 위해 시간과 노력을 투자하라.
6	현재를 즐겨라. 낙천적으로 생각하라. 문제가 발생하더라도 좌절하지 않으면 행복의 바탕이 되는 중심을 찾을 수 있다.
7	인생의 즐거움을 만끽하라.

8	시간을 잘 관리하라. 상위 목표를 세우라. 그리고 그 목표를 매일매일 실천할 수 있는 작은 목표들로 나누어라. 작은 목표들을 하나씩 달성하다 보면 시간을 잘 관리하는 즐거움을 맛볼 수 있다.
9	스트레스와 역경을 헤쳐나갈 수 있는 나름의 방법을 준비하라.
10	음악을 들어라. 휴식과 자극을 동시에 느낄 수 있다.
11	활동적인 취미를 가지라.
12	자투리 시간을 생산적으로 활용하라. 자신의 생각을 정리할 시간을 가져라.

행복에 이르는 17가지 수단

1	Friend	친구가 있어야 행복하다.
2	Money	행복은 돈 걱정이 작아야 한다.
3	Works	당신은 일할 때 행복을 느끼는가?
4	Love	세상을 움직이는 놀라운 힘, 사랑
5	Sex	즐겁고도 행복한 성생활
6	Family	가정, 행복이 시작되는 곳
7	Children	우리 아이들을 행복하게 키우려면…
8	Food	음식, 이제는 행복하게 먹자.
9	Health	긍정적인 마음이 내 건강을 지켜준다.
10	Exercise	기분이 좋아지는 지름길, 운동
11	Pets	행복을 더해주는 나만의 친구, 반려동물
12	Holidays	일상에서 벗어나 행복한 휴가 즐기기
13	Community	공동체, 나와 세상을 이어주는 행복한 관계

14	Smile	미소만으로도 내 삶이 배로 행복해진다.
15	Laughter	행복을 부르는 기분 좋은 소리, 웃음
16	Spirits	긍정의 씨앗을 뿌려주는 행복의 길잡이, 영성
17	Age	행복하게 나이 들기

행복을 위한 행동(Action for Happiness) 10가지 방법

1	베풀기	다른 사람들을 위해 무언가를 행하라. 여유 시간에 자선 봉사 활동에 참여하라.
2	감사하기	자신의 삶과 주변 세상을 둘러보고 감사하는 시간을 가지라.
3	좋은 관계 맺기	사람들과 관계를 맺으라. 특히 가족과 친지들에게 주기적으로 자주 연락하라. 연락이 끊긴 친구들과 다시 만나라.
4	운동하기	당신의 몸을 돌보라. 걷기를 해 보라.
5	도전하기	새로운 것을 끊임없이 배우고 도전하라. 새로운 언어도 배우라.
6	목표 정하기	달성할 목표를 정하라. 그것을 향해 결단하고 줄기차게 밀고 나가라.
7	극복하기	회복하는 방법을 찾아라. 미래에는 더 잘할 수 있도록 실패에서 배우라.
8	감동하기	긍정적인 생각을 하여라. 슬픈 기억보다 인생의 행복한 순간들에 초점을 맞추라.
9	수용하기	있는 그대로 자신을 좋게 받아들여라. 단점을 깊이 생각하지 마라.
10	의미 추구하기	보다 가치 있는 것의 일부가 되라. 의미 있는 모임에 참여하라.

소개된 것들을 따라 해보는 것도 좋을 듯하다. 삶에 착실히 적용한다면 우리는 분명 행복해질 수 있을 것이다.

행복은 신나고 보람찬 일을 해야 한다

혹시 아직도 신나고 보람찬 일을 찾지 못했는가? 괜찮다. 지금도 늦지 않았다. 용기를 내자. 이 책을 끝까지 읽고 자신이 살아온 삶을 찬찬히 되돌아보자. 단 한 번뿐인 인생! 삶의 기쁨과 보람을 줄 수 있는 것이 무엇인지 찾아보자. 우선 어릴 적부터 내 꿈이 무엇이었는지 내가 무엇을 좋아했는지 곰곰이 생각해 보자. 그리고 '내가 무엇을 중요하게 생각했는지'에서 그 무엇에 해당하는 가치관을 따져 봐야 한다. 가장 나답게 살 수 있는 행동과 사고, 삶의 방향을 결정하는 데 중요한 변수가 되기 때문이다.

누구든 사명적인 일을 하면서 삶의 보람을 느끼는 것은 인생에서 가장 축복받는 것이다. 미치도록 하고 싶은, 신명 나는 그 일을 찾을 때 비로소 우리는 행복의 길목으로 다가설 수 있다. 하지만 보람차고 신명나는 일이라도 오르막과 내리막의 굴곡이 있다. 기쁨과 보람을 느끼다가도 어느 때는 실망과 좌절을 맛본다. 그럴 때는 그것이 인생이려니 하고 넘어가야 한다. 사명적인 일을 하는 데 무엇보다 중요한 것은 바로 타인들의 이목을 너무 의식하지 말고 돈 돈 돈 하지 말아야 한다는 것이다. 돈 문제에 걸리면 타락하게 되고, 타인들을 너무 의식하면 의지가 흔들리게 마련이기 때문이다.

행복과 성공을 연구하면서 필자가 깨달은 것은 '최고의 삶을 살려면 가장 먼저 자신의 기준을 올리라'는 것이다. 자신의 기준을 높이면 좌절과 시련을 딛고 열정적인 사람으로 변화하기 때문이다. 그리고 변화에서 중요한 것이 좋은 생활습관을 만드는 시스템 매뉴얼이다. 학습하는 습관, 입체적으로 사고하는 방식, 건강관리 습관, 대화

요령, 정리정돈습관, 시간관리요령, 운동습관 독서습관 등은 성공을 이끄는 원동력이 되기 때문이다.

따라서 뜻있는 목표와 올바른 생활습관을 만드는 것이 성공의 핵심이다. 자주적으로 계획하고 관리하여 하나씩 만들어 가는 것이다. 하지만 누구도 바다를 만들려고 해서는 안 된다. 먼저 작은 도랑부터 만들어야 한다. 바다를 단숨에 만들 수 있는 것은 신뿐이다. 만일 사람이 바다를 만들려 한다면 작은 개울부터 만들어야 한다. 왜냐하면 사람은 단숨에 바다를 만둘 수가 없기 때문이다. 강은 지류를 가지며, 많은 지류가 커다란 강을 만든다. 그로써 풍부한 물을 담은 바다가 생겨난다. 작은 개울이라고 해서 가볍게 여기고, 업신여기는 사람은 바다를 만들 수 없다. 그리고 성공하기 위해서는 반드시 근면하고 인내가 필요하다. 아울러 틈틈이 학습하고 작지만 검약하는 것도 꼭 필요하다.

그리고 성공요소를 연구하면서 알아낸 사실은 "끈질긴 집념이 타고난 재능을 능가한다."라는 것이다. 독학이라도 만시간 학습과 끈질긴 집념은 꿈을 이룬 사람과 살아가면서 후회하는 사람들을 구분하는 요소이다. 그것은 타고난 잠재력을 깨워 창조성이 잘 발휘하도록 관리하는 역량에 달려 있다. 물개한테 달리기를 과외 시킨다거나 독수리에게 수영이나 나무타기를 가르치는 것은 옳지 않다. 그리고 돈보다 시간이 중요하다. 평생 동안 사용할 수 있는 것은 돈이 아니다. 바로 시간이다. 인간은 돈이나 부를 무한하게 손에 넣을 수 있지만, 시간은 한정되어 있기 때문이다. 그런데도 사람은 돈을 쓸 때는 신중하면서도 시간을 낭비하는 것에 대해서는 그리 개의치 않는다. 이것은 전략이 부족한 것이다.

navigation
3

당장은 사례교육부터 시작해보자

당장 마땅한 교육교재나 매뉴얼이 없다면 사례교육부터 시작할 것을 권한다. 몇 가지로도 시작할 수 있고 확장하기 쉬우며 타산지석의 교훈을 간접적으로 많이 얻기 때문이다. 각종 사례들은 각자 50~60년 살아온 경험지혜를 정리해 인터넷으로 모으면 되고 이것들을 체계적으로 정리해 집단토론 교육을 하면 젊은이에게 어느 정도 도움을 주지 않을까 생각해본다.

사례 1. 세계적인 위인들을 통해 배운다

어렸을 때 가장 많이 읽었던 책이 무엇인가? 안데르센 동화, 이솝우화, 전래동화, 만화책 등등 여러 책이 떠오를 것이다. 그중에는 위인전도 포함되어 있을 것이다. 부모나 선생님은 위인전을 읽으라고 하셨는데, 성공적인 삶을 산 위인들을 본받으라는 의미에서였을 것이다.

왜냐하면, 위인전은 성공으로 가는 가이드가 되어주기 때문이다.

성공 모델이 있다는 것은 목적지에 일찍 도착할 수 있는 지름길을 발견한 것과 다름없다. 필자가 소개하는 위인들도 좋은 모델이 될 것이다. 관련 책이나 자료를 찾아 읽어보기 바란다.

세종대왕

한국 역사에서 가장 위대한 인물은 세종대왕일 것이다. 세종은 집현전에 최고의 인재들을 모아 의논하면서 백성을 위한 지혜를 모으고 제도를 만들었다. 이 시기에 언어, 군사, 과학, 음악, 의학 등의 모든 분야에서 찬란한 업적이 나온 것도 이 때문일 것이다.

무엇보다 국민을 위해 훈민정음을 만든 것은 세계사에 빛나는 유일무이한 업적이다. 더욱이 과학적으로 발음기관의 발성모양을 본뜨고, 천지인(하늘.땅.사람)을 형상화해서 자모음 기본 글자를 배우기 쉽게 창제했다는 것이다. 백성의 문맹을 없애주고 뜻을 펴도록 글자를 만든 세계적인 지도자였다. 아쉬운 것은 노비제도를 혁파하진 않았다.

박정희 대통령

대한민국을 잘살게 만든 지도자다. 세계 198위 빈국에서 10대 경제 대국으로 발전하는 기반을 만들었기 때문이다. 그것은 지도자의 성실한 리더십과 잘살아 보겠다는 국민 의지를 '하면 된다'라는 도전정신으로 승화시켰기 때문이다. 동시대를 살아온 필자는 '우리도 잘살아 보자'는 새마을운동을 높게 평가한다. 물론 장기집권 하려는 과오가 있지만, 근면·자조·협동의 생활로 근대 산업화를 이룩한 우리

나라의 영웅인 것만은 분명하다.

충무공 이순신 장군

치열한 임진왜란 7년 전투에서 연전연승을 이뤄낸 영웅이다. 특히 전쟁에 임하는 이순신 장군의 마음가짐은 "생즉사, 사즉생(生卽死, 死卽生 : 살려고 하면 죽고, 죽으려고 하면 산다.)" 즉, 매진하는 도전적인 사고방식을 가졌다. 거북선을 만들고 지형지물을 최대로 이용하여 죽기 살기로 싸워 23전 23승이라는 성과를 이루어, 세계 역사상 최고의 전략가로 평가를 받는다.

충무공이 승리한 비결은 무엇보다 "아직 배 12척이 남았다"란 말처럼 고난에 좌절하지 않고 포기하지 않는 긍정적인 생각과 자신감에 있다. 그리고 유비무환의 혜안, 소통, 애민, 도전, 사랑과 충효, 창의, 희생, 책임, 감성, 용기, 인품 등 12가지 원동력이 있었다.

칭기즈칸

"가난하다고 탓하지 마라. 나는 들쥐를 잡아먹으며 연명했다. 작은 나라에서 태어났다고 말하지 마라. 큰 나라에 비해 나의 병사들은 적들의 100분의 1, 200분의 1에 불과했지만, 세계를 정복했다. 배운 게 없다고 탓하지 마라. 나는 내 이름도 쓸 줄 몰랐지만 남의 말에 귀 기울이면서 현명해지는 법을 배웠다. 처한 상황이 너무 막막해 포기해야겠다고 말하지 마라. 나는 목에 칼을 쓰고도 탈출했고 뺨에 화살을 맞고도 살아났다. (『CEO 칭기즈칸』 중에서)"

우리는 현실이 힘들다고 기죽거나 좌절해선 안 된다고 자신에게 되뇌어야 하지 않을까?

마쓰시타

경영의 신으로까지 불렸던 마쓰시타 고노스케(松下幸之助)는 가난하게 태어났다. 하지만 그는 가난을 탓하지 않았다. 오히려 그 덕분에 평생 근검절약하며 마쓰시타(NEC) 기업을 창업해 부자가 될 수 있었다.

그는 배우지 못했다. 초등학교 4학년 중퇴가 학력의 전부였다. 하지만 배우지 못한 것을 탓하지 않았다. 오히려 그 덕분에 그는 평생 배움에 열정을 쏟았고 말년에는 마쓰시타 정경숙(松下政經塾)을 세워 인재양성의 본보기가 되었다.

그는 몸이 약했다. 하지만 탓하지 않았다. 오히려 그 덕분에 그는 누구보다도 먼저 건강의 중요성을 알았고 스스로 조심하면서 95세까지 장수할 수 있었다. 자신의 단점을 장점으로 바꿔 성공한 것이다.

카네기

철강부자 카네기는 말했다. "앤더스 대령이 서재를 도서관으로 개방하여 초등학교 4학년을 중퇴한 나에게 지식과 교양을 쌓아 나쁜 습관에 물들지 않게 해주었다. 그래서 나는 재산의 90%로 1,509개 공공도서관과 1,000개 교회, 그리고 곳곳에 대학교 등을 세웠다."

그리고 카네기 도서관의 영향을 받은 빌 게이츠는 말한다. "오늘의 나를 있게 한 것은 동네의 카네기 도서관이다. 그래서 나도 전 재산을 교육개혁, 가난과 질병퇴치, 지구와 인류를 구하는 테라파워 프로젝트 등에 사용할 것이다." 삶의 질을 높이고 인류의 생명과 지구의 재앙을 구하는 일에 전 재산을 사용하겠다는 것이다.

스티브 잡스

그는 2005년 스탠퍼드대 졸업식 강연에서 "양부모가 평생토록 모은 재산이 전부 제 학비로 들어가는 대학 자퇴는 내 인생 최고의 결정이었다"며 "갈망하라, 도전에 두려워 말라(Stay hungry, stay foolish)." 명언을 남긴다. 그리고 그는 "하루하루를 마지막 날처럼 살라. 죽을 때 최고의 부자보다 잠자리에 들 때 '오늘 놀라운 일을 했다.'라는 것이 더 중요하다. "매일아침 거울을 보면서 자신에게 묻는다. 오늘이 내 인생의 마지막 날이라면, 지금 하려고 하는 일을 할 것인가? 아니오!라는 답이 계속 나온다면, 다른 것을 해야 한다. 진정한 기쁨을 누리는 방법은 스스로 오늘 위대한 일을 한다고 자부하는 것이다." 젊은이들은 창의적인 도전정신을 본받아야 한다.

이건희

이건희 회장은 1993년 삼성 신경영을 선언하고 "처자식만 빼고 모두 변화해야 한다."고 독려했다. 그림처럼 초일류기업이 되기 위한 미래지향적이고 도전적인 비전과 경영원칙을 9가지 정해 삼성혁신을 성공시켰다. (1987년 12월 1일 회장 취임)

그리고 사업의 핵심은 '업業의개념'이다. 이회장이 처음 사용한 이 말은 삼성뿐만 아니라 이제는 여러 기업에서도 흔히 쓰인다. 업의 본질을 알면 성패의 관건이 어디인지 알 수 있기 때문에 실패할 수 없다는 메시지를 담고 있다.

우리는 무엇을 추구하는가?
(비전, 소망)

21세기 초일류기업
인류사회에 공헌

경쟁력
(국제화, 복합화, 정보화)

우리는 무엇을 해야 하는가?
(핵심가치, 인재양성)

질 위주의 경영
(고객감동, PI실천, 6시그마, 디자인 혁신)
(혁신리더 및 창조 인재 양성)

한방향
(기술중시 구매예술화)

우리는 어떻게 변해야 하는가?
(생활원칙 제정 실천)

제2창업정신 및 삼성헌법 제정 실천
(인간미, 도덕성, 예의범절, 에티켓)

나부터 변화
(인식전환, 업의 개념)

왜 변하지 않으면 안 되는가?
(현실 인식)

우리의 현실
(위기의식, 과거반성)

특히 지행 33훈에는 인재의 중요성, 인간미와 구매의 예술화 강조, 삶의 질을 높이는 제품개발 및 생활환경 조성을 핵심으로 기술전략, 기업문화 등에서 실천할 내용이 구체적으로 담겨 있다. 삼성 직원이 갖춰야 할 가치와 덕목을 열거한 것이다.

지행 33훈

1	위기의식	지금 어디에 있고, 어디로 가고, 제대로 가나
2	미래통찰	5년 후, 10년 후를 내대봐야 한다
3	변화선도	마하시대 맞게 체질, 구조, 사고 모두 바꿔야
4	업의 개념	파악 여부에 따라 사업의 성패가 좌우
5	기회선점	적자 나도 시작할 건 빨리 해야
6	정보화	디지털환경에 맞는 경영구조·시스템 구축
7	일등전략	모든 제품과 서비스는 세계 1등이 목표
8	복합화	단지 복합화로 효율 증대
9	핵심인력	21세기 경영서 인재는 가장 소중한 자산
10	능력주의	잘 배치하고 잘 챙기는 게 중요
11	성과보상	경우에 따라 사장보다 많이 지급
12	여성인력	우수한 여성인력 우선 확보
13	전문가활용	전문가를 제대로 활용해 경영의 질 올려야
14	복리후생	복지제도가 회사 정붙이는 데 큰 역할
15	조직문화	노사간 갈등은 회사의 존폐에 직결
16	인재육성	경영자 양성교육을 체계적으로 실시
17	지역전문가	10년 앞을 내다보고 전략적으로 양성
18	기술중시	적자, 불황에도 R&D 투자는 줄이지 않는다
19	기술확보	기술확보는 합작 → 제휴 → 스카우트 순
20	명품개발	최고의 기술을 개발하고 상품화
21	최고품질	불량품 발생은 21세기엔 있을 수 없는 일
22	환경안전	작업현장은 안전이 최우선
23	구매예술화	구매업체와의 신뢰가 품질·경쟁력 좌우
24	마케팅	철학과 문화를 팔아야 한다
25	고객만족	불만은 신속하고 정성껏 처리
26	디자인경영	21세기는 결국 디자인, 소트으와의 싸움
27	국제화	세계에 글로벌 삼성의 뿌리를 내려야 한다

28	현지화	현지사회와 공존공영
29	삼성화	현지 인력 삼성화·싱글삼성 구현
30	창의와 도전	도전과 창조정신이 가득한 일터
31	정도경영	법·원칙 준수하고 도덕적으로 존경받아야
32	그룹공동체	삼성인의 일체감과 결속력을 강화
33	사회공헌	국자경제발전에 기여하고 사회에 공헌

삼성이 오늘날 세계 초일류기업들과 치열한 경쟁에서 승리할 수 있었던 원동력은 모두 신경영에서 비롯된 것이다. 스피드 경영, 차원이 다른 질 경영, 수준이 다른 변화와 혁신, 입체적 사고인 스마트 사고를 토대로 한 특별한 의식과 새로운 독특한 기업 문화를 바탕으로 혼신을 쏟아 붓는 혁신적 업무 스타일 때문이다.

필자는 신경영 추진과 성공을 몸소 체험하면서 '가정도 혁신할 수 있다'는 점을 깨달았다. 희망찬 비전과 올바른 생활원칙을 정해 가족이 실천한다면 엄청난 성과를 얻을 수 있다고 확신한 것이다. 『행복한 가정의 비전』 등 몇 권의 책을 출간한 이유가 바로 여기에 있다.

사례 2. 남의 성공을 나의 성공으로 만든다

어느 날 P는 길을 가다가 경치 좋은 별장 앞에 서 있는 꿈에서나 본듯한 멋진 스포츠카 하나를 보게 되었다. 그는 그것을 보자마자 차 번호를 수첩에 적어 바로 시청으로 달려가 차 주인의 주소와 전화번호를 알아냈다. 그리고는 차 주인에게 다음과 같은 편지를 썼다.

"그토록 아름다운 별장과 멋진 스포츠카를 가진 분이시라면 틀림없이 성공의 비결을 알고 계실 것이라 믿습니다. 절대 금전적인 도움이나 취직자리를 부탁하려는 것이 아니오니, 부디 15분만 시간을 내서 성공의 지혜를 나눠 주시기 바랍니다."

그 후 그는 방문약속을 받기 위해 여러 번 편지를 쓰고, 또 전화를 걸었다. 물론 바쁘다는 이유로 번번이 거절당했지만, 포기하지 않고 계속 시도한 끝에 결국 약속을 얻어냈다. 드디어 약속한 날 차 주인을 찾아간 P는 정중하게 인사를 건네고, 진지한 태도로 성공의 비결을 말해달라고 부탁했다. 그리고는 노트에 그가 하는 말들을 열심히 받아 적었다. 그는 공감의 뜻을 전하기도 하고, 때로는 질문도 하면서 열심히 이야기를 들었다. 그렇게 하다 보니 15분의 약속 시각이 30분을 넘기고 한 시간, 두 시간 계속 이어졌다. 너무 장시간을 빼앗았다고 생각이 든 P는 그만 감사의 인사를 하고 나오려고 했다. 물론 편지에 쓴 것처럼 아무런 부탁도 하지 않고 말이다. 그런데 오히려 차 주인이 다시 앉기를 원하며 P의 직업을 묻고 도움이 되고 싶다는 뜻을 밝혔다. P는 약속대로 절대 아무런 도움도 청하지 않겠다고 거듭 말했지만, P의 자세를 훌륭하게 여긴 차 주인은 뭔가 도와주고 싶은 것이었다.

(… 중략 …)

P가 진심으로 그의 훌륭한 점을 인정해주고, 거짓 없는 존경을 보여주었기 때문에 차 주인은 P를 도와주고 싶어 했다. 그리고 성공의 비결을 아주 귀중한 교훈으로 삼겠다는 결연한 자세를 취했기 때문

에 요구하지도 않는 도움을 주겠다는 것이었다. 부자이건, 가난하건, 높은 사람이건 낮은 사람이건 간에 사람은 누구나 자기를 인정해 주고 본받겠다는 사람의 편에 서게 마련이다.

P는 대학을 3개월 밖에 다니지 못했지만, 세일즈맨으로 27세에 이미 억만장자가 되었으며 또 자신의 성공 경험을 교육프로그램으로 만들어 더 큰 성공을 거두었다. 지금 그의 최대 목표는 '어떻게 하면 내 재산을 가장 가치 있게 남들에게 베풀 수 있는가?'라고 한다.

사례의 교훈은 같은 분야에 성공자(롤모델)를 찾아 배워야 한다는 것이다. 그러기 위해서 먼저 상대방을 진정으로 이해하고 배려하며 존중해 주는 법부터 배우고 익혀야 한다는 것이다. 상대를 진정으로 존중해주면 자신의 모든 것을 내주는 인간관계를 만든 것이다. 예컨대 『삼국지』의 관우, 장비, 제갈공명이 한결같이 유비를 위해 목숨을 바친 것도 유비가 그들의 높은 이상과 의기를 진심으로 알아주었기 때문이다.

사례 3. 도전해야 성공할 수 있다

나는 1944년 캐나다에서 태어났다. 부모님은 좋은 분들이었고 항상 열심히 일했지만, 우리 가족은 항상 돈에 쪼들렸다. 지금도 어린 시절에 늘 듣곤 했던 "돈이 없는데 어떡해!" 하는 부모님의 목소리가 또렷이 기억난다. 하고 싶은 일과 갖고 싶은 것이 많았지만, 우리 집에는 항상 돈이 없었다. 대공황을 겪은 부모님은 그 이후에도 항상 돈 걱정뿐인 고통스러운 상황에서 헤어나지 못했다.

10대가 되었을 때 나는 처음으로 다른 집들이 우리 집보다 훨씬 잘 산다는 것을 알게 되었다. 다른 사람들은 우리보다 더 좋은 집과 더 좋은 옷, 더 좋은 차를 갖고 있었다. 그들은 우리와 달리 돈 걱정이 없는 것 같았고, 우리가 꿈도 꿀 수 없는 것들을 아무렇지도 않게 샀다. 내가 '왜 어떤 사람들은 다른 사람들보다 더 성공하는 걸까?' 하는 의문을 갖게 된 것이 이때부터다.

왜 어떤 사람들은 다른 사람들보다 돈을 더 많이 벌고, 인간관계가 더 순탄하고, 더 화목하게 가정생활을 하는지 그리고 왜 더 좋은 집에 살고, 더 큰 기쁨과 만족을 느끼는지, 심각하게 생각하기 시작했다. 그때는 거의 대부분 시간을 혼자 지냈기 때문에 이런 생각에 빠져 시간을 죽이곤 했다.

나는 '문제아'였다. 교실에서는 농땡이를 부렸고 밖에서는 질이 낮은 친구들과 어울려 다녔다. 사람들의 관심을 끌기 위해 내가 벌인 행각들을 떠벌리고 다녔기 때문에 나는 결국 사람들이 피하고 싶어 하는 인물로 전락해 버렸다.

사람들은 누구나 한 가지 재주는 갖고 태어난다고 한다. 그것이 다른 사람들에게 도움을 주기는커녕 해를 끼치는 것이라고 해도 말이다. 내가 갖고 태어난 재주는 후자에 해당하는 것이었다. 다른 부모들과 선생님들은 아이들에게 "너 지금 똑바로 행동하지 않으면 트레이시처럼 될 거야." 하고 경고하곤 했을 정도였다.

열여섯 살 때, 나는 인생의 진로를 바꾸게 된 첫 깨달음을 얻었다. 어느 날 문득, 힘들고 괴로운 앞으로의 상황이 지금보다 나아지기를 바란다면, 그 변화를 이루어야 하는 주체는 결국 나 자신이라는 생각이 들었던 것이다. 갑자기 불행감에 사로잡힌 채, 따돌림 당하면서 항상 말썽만 일으키는 내가 싫어졌다. '나는 왜 이렇게 사는 걸까? 무언가 새로운 변화가 필요해! 그렇다면 변화의 주체는 다른 누구도 아닌 바로 나 자신일 수밖에 없어.' 이 생각은 '왜 어떤 사람은 다른 사람보다 더 성공하는 걸까?'라는 질문에 대한 답을 구하는 데 시발점이 되었다.

고등학교를 중퇴하고 나서 몇 년간 노동자로 일하면서 돈을 조금 모으자 나는 일을 그만두고 세상 경험을 하기 위해 여행을 떠났다. 그때 이후 6개 대륙에 걸쳐 80개 이상의 나라를 여행했다. 그 과정에서 상상조차 하기 어려운 상황을 겪었고 많은 경험을 했다. 머나먼 외국 땅에서 돈 한 푼 없는 빈털터리가 되어 여러 날을 연달아 밥도 먹지 못했고 맨땅에서 잔 날은 셀 수도 없이 많았다.

(… 중략 …)

물론 그 이후에는 나는 세계 각지에 있는 최고의 호텔에서 머물기도 했고, 유명한 레스토랑에서 식사도 할 수 있었다. 한참 세월이 흐른 뒤 나는 2억 6,500만 달러의 자산가가 되었다. 지금까지 나는 네 명의 대통령과 세 명의 수상을 만났다. 나와 아내는 대통령과 식사를 하겠다는 목표를 세운 지 6개월도 채 안 되어 그 목표를 달성하기도 했다.

나는 그때를 돌아보며 여러 가지 교훈을 얻곤 한다. 특히 그 중에서 가장 중요하게 생각하는 것은 "보이지 않는 과녁을 명중시킬 수는 없다."라는 교훈이다. 목표가 없다면 정말 멋진 일을 해내는 것이 불가능하다. 진정으로 내면에 잠재된 엄청난 능력을 발휘하고 싶으면 먼저 원하는 것이 무엇인지 분명하게 인식해야만 한다. 모든 위대한 성취는 먼저 진정으로 원하는 것이 무엇인지 결정하고, 그 다음에 그것을 달성하기 위해 모든 것을 바치는 과정을 통해 이루어진다.

그리고 이런 과정을 알아내기 위해 수시로 먼저 성공한 경험자나 관련 책이나 자료를 찾아 공부하였는데, 이를 합하면 25년간 2만 시간 이상이 소요됐을 것이다. 여기서 나는 엄청난 것을 발견했다. 진정으로 원하는 것이 있다면 무엇이든 배울 수 있다는 것이었다. 모든 것을 가능하게 하는 결정적인 포인트는 지식이었다. 지식만 있으면 모든 것이 가능했다.

나는 잘살아보기 위해 판매와 경영, 비즈니스를 공부했다. 통신 강좌를 통해 야간 고등학교를 졸업하고, MBA 과정에서 비즈니스 이론을 공부했다. 행복을 알아내기 위해 심리학, 철학, 종교학, 동기부여 등을 연구했다. 나 자신의 성격상 문제를 해결하기 위해 인간관계, 커뮤니케이션, 성격 유형, 결혼 생활, 부모 역할, 자녀양육 등을 연구했다. 나는 과거와 현재를 이해하고 왜 어떤 나라는 다른 나라보다 더 풍요롭게 사는가를 이해하기 위해 역사, 경제학, 정치를 공부했다.

지금 나는 전 세계인을 위해 책과 교육 등을 통해 경험과 지혜를 나누고 있다. 체계적인 교육시스템을 통해 100만 명 이상을 교육해 실생활에 도움을 주었다. 나는 브라이언 트레이시다.

앞에서 언급한 사례처럼 사람은 독서하고 체험하면서 열심히 노력해야 세상을 사는 요령을 조금씩 깨닫는다. 특히 인생은 직선코스가 아니고 곡선코스이며, 단거리가 아니고 장거리다. 끝없는 미지의 세계일뿐더러 어떤 때는 예기치 않은 돌발사태도 나타난다. 햇볕 나는 때도 있지만 짙은 안개가 끼거나 심한 폭풍우가 내릴 때도 있다는 지혜도 깨닫는다.

사례 4. 보장된 평생직장은 없다 : 모범적인 월급쟁이의 모습

국내 굴지의 대기업 부장 A씨, 40대인 그는 일류대학을 나와 곧바로 잘나가는 기업에 취직하였고, 자신과 가족보다는 오직 출세를 목적으로 회사에 헌신했다. 명석한 머리에다 치밀한 일 처리, 그리고 원만한 대인관계로 그는 승승가도에 탄력이 붙어 초고속 승진을 계속하였고 입사 동기들 가운데 가장 빨리 부장이 되어 회사 전체의 부러운 시선을 한몸에 받았다.

그렇게 몇 년의 세월이 훌쩍 지나가자 언제부터인가 그는 점점 초조해지는 마음을 감출 수가 없었다. 부장들 사이에 하나 둘 임원으로 승진하는 사람들이 나타나더니 자신보다 늦게 부장된 사람도 임원이 되는 것이었다.

'이번 정기 인사에서는 나도 승진하겠지!'

하지만 그는 번번이 승진자 명단에 포함되지 않았고, 동기들 가운데 항상 선두를 달리던 그는 자존심에 커다란 상처를 입고 말았다. 그러던 어느 날 그룹의 실세로부터 전화가 걸려 왔다.

'그럼 그렇지, 드디어 기다리던 전화가 왔구나!'

그는 반색하며 전화를 받았다. 그러나 그 실세의 말은 청천벽력과
도 같은 것이었다.

"지난해 지방에 추진한 프로젝트 아시죠? 회사 발전을 위해 프로
젝트를 맡아 주실 수 있겠습니까?"

그것은 부탁으로 위장된 명령이었고 그 말은 대기업 생리상 좌천을
의미하는 것이었다. 그 후, 며칠 동안 그는 잠을 이룰 수가 없었다.
자신과 가족을 제쳐 두고 오직 회사만을 위해 살아왔던 젊은 시절이
주마등처럼 스쳐 갔고, 이제 40대 중반을 넘어 되돌아본 자신의 과
거는 회한과 아쉬움으로 점철되어 있었다.

그 순간, 그는 분노가 치밀었다.

'회사를 위해 내가 어떻게 일해왔는데…'

그러나 현실은 냉엄했고 영리한 그는 곧 생각을 고쳐먹었다.

'그래, 다시 시작하는 거야. 엉망인 이 프로젝트를 성공적으로 반전
시켜 놓으면 다시 인정받게 될 거야!

그리하여 그는 몸과 마음을 바쳐 더욱더 열심히 일했고 프로젝트
도 크게 성공을 하여 주변으로부터 "역시 능력이 있어!"라는 말이 나
왔다. 그러나 인사를 전후해서 상부에서는 아무런 반응이 없었다. 그
제야 그는 현실을 제대로 깨달았다. 기회는 다시 주지 않는다는 것을
느꼈다.

'이제 나는 어떻게 해야 한다는 말인가?'

다시 1년 후, A씨는 스스로 명예퇴직을 신청했다. 회사에서 자신을
필요로 하지 않는다는 것을 알게 된 이상 구차하게 남아 있기보다 독
립하는 편이 훨씬 나아 보였기 때문이다. 그리하여 그는 퇴직금으로

신도시 아파트 밀집 지역에서 패스트푸드 체인점을 개설하였다. 아파트 단지가 어느 정도 규모를 갖추게 되면서 장사는 날로 잘 되어 갔고, 돈 버는 재미에 피곤한 줄도 모르고 그는 밤늦게까지 열심히 일했다. 그리고 집에서 살림만 하던 아내도 그를 돕겠다고 팔을 걷어붙이고 나서는 바람에 오랜만에 가족들과 함께하는 기쁨도 느낄 수 있었다.

그러던 어느 날, 생각하기조차 싫은 사건이 또 발생하고 말았다. 세계적으로 널리 알려진 브랜드에다 독특하고 인상적인 실내 인테리어로 사람들이 호기심을 자아내고 있는 M사가 바로 옆에 체인점을 개설한 것이다. 많았던 손님들은 하나둘씩 줄어갔고 어깨가 축 처진 모습으로 집으로 돌아가는 날이 늘기 시작했다. 제품, 가격, 서비스, 실내 인테리어… 그 어떤 것에서도 경쟁할 만한 요소가 발견되지 않자, 결국 그는 간판을 바꾸기로 하였다.

그는 말한다. "나는 부모의 바람대로 좋은 학교를 나와 좋은 직장도 잘 다녔고, 온 힘을 다해 열심히 했는데 최종 결과는 잘못되었다.

나는 아무리 생각해도 내가 무엇을 잘못했는지 모르겠다. 여러분이 토의하여 문제의 원인과 대책을 세워 정리되면 인터넷에 올려 도움을 주고 바로잡아 주기 바란다."

마침 어느날 일간지 신문에 A씨가 더니던 회사 사장의 인터뷰기사가 실렸는데, '동료와 선후배가 어떻게 하면 같이 잘 일할 수 있을까를 고민했다'며 "혼자 잘하려는 것이 아니라 함께 잘해 보려고 노력한 것이 사장까지 된 자신의 생존전략이었다"고 사장은 말했다.

사례 5. 투자교육도 치밀하게 해야 한다

부자들은 집에서 인성교육은 물론 삶을 성공으로 이끌 수 있는 돈 버는 방법도 교육한다. 부자가 되려면 아이디어를 돈으로 만드는 능력과 재산을 키우는 투자능력, 그리고 돈을 낭비하지 않고 가치 있게 쓰는 능력이 중요하기 때문이다.

한 부자의 투자교육 사례를 보면 주식투자를 단계별로 자상하게 이해시키는 것을 알 수 있다. 자녀 스스로 공부하도록 설명과 질문을 적절하게 체계적으로 하는 것이다.

"얘들아 시장에서 물건의 품질이 우수한 것은 가격이 비쌀 것이고 그렇지 못한 것은 가격이 싸지 않겠니? 주식 또한 마찬가지다. 우수한 기업의 주가는 비싸고 그렇지 못한 기업의 주가는 싼 법이다. 만일 기업의 가치보다 주가가 낮으면 사람들은 그 기업의 주식을 사려고 할 것이고 반대의 경우엔 주식을 팔려고 할 것이다. 너희들도 기업의 가치보다 현저히 주가가 낮다고 판단이 들면 그 주식에 투자할 수 있는 것이다. 우선 회계에 대한 기본 지식을 알아야 한다."

그럼 어떻게 하면 그 기업의 가치를 평가할 수 있을까? 물론 가치를 평가하는 데 여러 방법이 있겠지만 우선 대표적인 지표 두 개만 설명하마. 하나는 그 기업의 자신 가치를 나다내는 지표인 주가순자산비율(PBR)이다. 이것은 현재 주가를 1주당 순 자산으로 나눈 것이다. PBR이 낮은 것이 더 좋다고 할 수 있다. 쉽게 얘기하면 기업의 모든 자산을 팔아 현금화 한 돈이 자기가 소유한 주식의 가치보다 높으므로 주식을 소유했을 때보다 훨씬 많은 돈을 받을 수 있다는 의미다.

나머지는 주가수익률(PER)이다. 기업의 수익가치를 나타내는 지표인 것이다. 이것은 주가를 1주당 순이익으로 나눈 것이다. 주가가 10,000원인 기업이 1주당 순이익이 500원이라면 그 기업의 PER은 20인 셈이다. 만약에 정기예금 금리가 5%라면 그 예금의 PER은 20이라고 할 수 있다. 그러면 주가가 50,000원인 기업이 1주당 순이익이 10,000원이라면 PER가 얼마나 되겠니? 물론 5이다.

그러면 PER가 높은 게 좋을까, 낮은 게 좋을까? 그래 물론 낮은게 좋겠지. PER가 낮다는 것은 그 기업의 주가가 낮다는 것을 의미한다. 주가가 오를 가능성이 많다는 것이지. 그러나 반드시 그런 것은 아니다. 그 기업의 장래가 불투명하다는 것으로 해석할 수도 있다. 사람들이 그 기업의 장래가 좋다면 지금은 좋지 않더라도 그 기업의 주식에 투자할 것이고 그 주가는 오를 것이기 때문이다. 미래가치 평가가 중요한 것이다.

너희가, 내가 이야기한 개념을 이해했다면 이미 기업가치 평가하는데 반 정도는 알고 있는 셈이다. 이 밖에 무엇을 더 봐야 할까? 너희도 잘 아는 부채 비율이다. 어느 정도 타인 자본에 의존하는지 그 정도를 비율로 나타낸 것이지. 특히 차입금이 얼마나 되는지 잘 봐야 한다. 그리고 그 기업의 매출이 신장세를 보이고 있는가, 또 순이익의 증가는 어떠한가도 눈여겨 봐야 할 지표다. 매출이나 순이익의 변동이 심한 기업보다는 완만하게나마 신장세를 보이고 있는 기업이 아무래도 낫지 않겠니? 이 다섯 가지 지표만 잘 파악할 수 있다면 주식투자를 하는 데 필요한 당해 기업의 내용을 어느 정도 알고 있다고 해도 과언이 아니다.

　물론 그 기업의 업종을 분석하는 것도 중요하다. 그러나 그 기업의 업종을 분석하여 장래를 예측하는 것은 전문가라 할지라도 대단히 어려운 일이다. 그러므로 일반인들의 경우엔 거의 불가능하다고 보면 된다. 하지만 너희는 이런 것까지 염두에 두고 투자를 고려하되 차차 배우기로 하고 우선 위에서 얘기한 지표들만 의존해도 어느 정도 가능하다고 생각한다. 이 밖에 주가에 미치는 변수가 여러 가지가 있다. 우선 환율이 그러할 것이며, 유가등락, 수출입동향, 외화보유액, 미국경기의 동향, 중국경기의 동향, 남북관계 등도 주가가 영향을 주는 요소들이다. 이런 것을 파악하기 위해선 전에도 얘기했지만, 관련 공부를 지속하고 경제 신문을 부지런히 보는 수밖에 없다.

　지금까지 투자방법을 설명했지만, 주가가 꼭 기업의 가치대로 움직이는 것은 아니다. 그만큼 주식시장은 비합리적인 시장이다. 그래서 어렵다. 그러나 바꾸어 얘기하면 그것은 주식투자를 하는 사람에겐 좋은 기회이기도 하다. 지금까지 기업의 가치를 평가하는 방법과 종목을 선택하는 것에 관해 얘기했지만, 무엇보다 중요한 것은 시간(Timing)이라고 할 수 있다. 예를 들어 워런 버핏은 포스코에 투자를 하여 5배의 투자 수익을 얻었지만, 어느 사람은 다른 시기에 포스코에 투자했다가 실패를 하여 자식들에게 절대 주식투자 하지 말라는 유언을 남기고 운명을 한 사례도 있었단다.

　이처럼 시간에 대한 선택이 오히려 종목선택보다 중요하다. 그러나 시간을 선택한다는 것은 정말 어려운 일이다. 차선책으로 책을 보고 경제신문을 꾸준히 읽다 보면 그러한 안목이 조금씩 늘어갈 것이다. 지금까지 한 얘기들은 사실 누구나 알고 있는 내용이다. 그러나 그것을 실천한 사람은 성공했고 그렇지 않은 사람은 실패했을 뿐이다. 이제 선택은 너희 손에 달려 있다.

세계적인 부자 워런 버핏이 엄청난 부를 만들었어도 요즘도 책을 보고 기업 분석을 하는 데 시간을 많이 투자한다고 한다. 그에게 어떻게 부를 이루었느냐고 물었더니 끊임없이 공부하고 버는 대로 저금을 하고 투자하며 불필요한 지출을 억제했다는 평범한 얘기를 들려주었다. 누구나 아는 얘기지만 실천을 한 사람은 부자가 되었고 귀담아듣지 않고 실천하지 않은 사람은 그렇게 되지 못한 것이다.

물론 투자가 쉬운 것만은 아니다. 그렇다고 위험한 것도 아니다. 시장을 잘 알고 기본에 충실하면 공금리 이상의 수익은 얻을 수 있기 때문이다. 다만 전문가라는 사람의 말만 듣고 묻지마 투자는 절대 하지 마라. 모르면 알 때까지 묻고 공부해야 한다.

사례를 보면서 과연 얼마나 많은 사람이 자녀에게 이런 교육을 시킬 수 있단 말인가? 최소한 자녀와 슈퍼나 시장에 같이 가서 좋은 물건 고르는 요령이나 좋은 물건 싸게 사는 방법이라도 제대로 가르치는 것일까? 스펙 쌓고 시험 위주의 교육은 삶에 무슨 도움을 준단 말인가?, 등등 많은 회한의 질문과 생각을 하도록 한다.

'기적은 올바른 교육을 해야 가능하다'라는 것을 느낀다.

최고의 매뉴얼이 기적을 만든다

탈무드는 유대인의 교육 매뉴얼이다

흔히들 "유대인은 우수하다"라고 말한다. 역사상 이름을 남긴 각계의 제1인자만 들어 봐도 과학자인 아인슈타인, 사상가인 마르크스, 심리학자인 프로이드, 작가인 토마스만, 지휘자인 번스타인, 재벌인 로스차일드 등 헤아릴 수 없을 만큼 많은 유대인이 있다.

2010년, 전 세계 유대인 인구는 1600만 명으로 추산되지만 미국 정치·경제·언론·금융의 핵심은 물론, 요즘 세계적으로 유명한 IT 업체의 대다수를 유대인이 설립했거나 운영하고 있다. 우선 마이크로소프트의 공동창업자 폴 앨런은 물론 현 최고경영자 스티브 발머도 유대인이다. 그리고 델을 설립한 마이클 델, 오라클의 래리 엘리슨, 구글 창업자 세르게이 브린과 동료 래리 페이지, 페이스북의 창시자 마크 주커버그 등 헤아릴 수 없이 많다.

이처럼 세계적으로 정상의 위치를 차지하고 크게 성공한 유대인은 경제, 사회, 문화, 과학, IT 등 모든 분야에서 놀랄만한 비중을 차지하고 있다. 수적으로 고작 2%에 불과한 미국 유대인이 미국 유명 대학의 교수 중 약 30%를 차지하고 노벨상 수상자 중 약 20%를 유대인이 차지하고 있다.

유대인이라면 누구나 자신의 독자적인 능력을 최대한으로 살려 성공을 거두는 방법을 잘 알고 있는 것 같다. 이러한 유대인 특유의 기적은 어디에서 나오는 것일까? 유대인의 두뇌가 처음부터 우수하기 때문만은 아닐 것이다. 만일 두뇌의 선천적인 우열이 있다면 세계는 이미 머리가 뛰어난 단일 민족에 의해서 지배되었을 것이다. 그러나 역사적으로 인종이나 민족간에 유전학적 우열의 차이가 없음이 입증되었다. 그럼에도 유대인이 많은 인재를 배출해 온 것은 무엇 때문인가를 생각해볼 때 그 비밀의 열쇠는 역시 탈무드에서 찾을 수 있다. 우선 그들은 자신들을 하나님이 선택한 민족이라고, 토라를 가르치며 자긍심을 갖게 한다. 그리고 누구나 탈무드로 육아교육, 예의범절, 일상생활 등에서 솔선수범하며 자녀를 교육한다.[10]

유대인 자녀교육에서 우리와 다른 점을 열거하면 다음과 같다.

---

10 탈무드는 총 20~40권에 12,000쪽 분량으로 단어 수만 250만여 개나 된다. 그 무게만도 75kg으로 2,000여 명의 랍비들이 기원전 500년부터 기원후 500년까지 약 1000년 동안 구전되어 내려온 삶의 지혜를 정리해서 편찬한 방대한 책이다.
내용은 유대인 정신 문화를 집대성한 책으로 그들의 사상과 철학, 문학과 역사, 과학과 의학, 법률과 율법, 경제와 일반 생활 전반에 걸친 모든 내용이 총망라 되어 있는데 제사, 건강, 예술, 식사, 대화, 인간관계, 독서, 회당, 여자, 일상생활의 내용도 많이 다루고 있다.
그런데 탈무드 제1권에는 1페이지가 없다. 1이라는 숫자는 시작을 뜻하므로 쪽수에서 1을 뺀 것이다. 그것은 탈무드가 밤낮 평생 반복해서 연구하고 읽는 책이지 시작과 끝이 있어 단숨에 읽을 수 있는 책이 아니라는 뜻이다. 또한, 탈무드의 마지막 권의 마지막 페이지는 항상 비어 있다. 이는 탈무드가 완성된 것이 아니며 앞으로도 각자의 경험과 지혜로 얼마든지 더 채워 넣을 수 있다는 의미다.

- '남보다 뛰어나라'가 아니라 '남과 다르게 되라'.
- '배움은 꿀처럼 달다'는 것을 되풀이하여 체험시켜라.
- 책 읽는 습관을 가지게 하라. 의문을 갖고 토론하게 하라.
- '지혜가 없는 사람은 아무 것도 가질 수 없다'고 가르쳐라.
- 머리 비교는 서로를 죽이지만 개성 비교는 서로를 살린다.
- 잠들기 전에 책을 읽어 주는 것은 지적 교육의 하나다.
- 성인식을 통해 자신의 꿈과 인생목표를 명확하게 한다.
- 탈무드나 우화의 교훈으로 아이들 스스로 생각하게 하라.
- 아버지의 휴일은 자녀 교육에 없어서는 안될 날이다.
- 친절은 인생 처방의 최고 지혜다.
- 오른손으로 벌주면 왼손으로 안아주어라.
- 몸을 깨끗이 하는 것은 위생과 외모 이상의 중요한 의미가 있다.
- 용돈은 저축을 습관화하는 좋은 동기가 된다.

유대인들은 기본적으로 2살 때부터 독서하기, 음식 만들기, 설거지 및 청소하기, 몸을 깨끗이 씻기, 토론하기 등을 일상적으로 가르치며, 무엇이든 '싫으면 하지 말라, 하려면 최선을 다하라'고 가르친다. 만 13세에 '바르마쯔바' 성인식을 하고 부모로부터 벗어나기 시작하여 19세면 완전히 독립시킨다. 특히 그들은 자녀를 선인장 꽃의 열매인 '사브라'라고 부르며, 어떤 악조건에서도 꽃을 피우고 열매를 맺는 억척스러운 생존본능을 가르친다. '사람이 살아 있는 한 빼앗을 수 없는 것, 그것은 지혜다'라는 믿음도 가르치고 있다. 유대인은 '탈무드'라는 지혜의 보고를 통해 자식에게 지혜와 생활방법을 물려 주는 것이야 말로 어버이의 소임이라는 신앙을 믿고 실천해 오고 있다.

왜 유대인은 청년창업을 성공하는데 우리는 실패할까?

1984년생으로 스무 살 나이에 페이스북을 창업한 마크 주커버그는 세계 최고의 청년 갑부로, 이 시대의 아이콘 중 한 명이다. 페이스북이 등장하기 바로 전에 정보기술업계의 젊은 영웅이었던 세르게이 브린과 래리 페이지는 둘 다 1973년생으로 스물 다섯에 구글을 세웠다. 이들의 대선배로 하드웨어의 황제란 소리를 듣는 마이클 델은 열아홉 살이던 1984년 기숙사에서 델 컴퓨터를 설립했다.

'20대 창업, 그리고 성공'이란 닮은꼴 이력을 가진 이들은 모두 유대인이다. 물론 유대인 청년들이 다 창업에 나서는 것도 아니고 유대인이 아니라고 성공하지 못하는 것도 아니다. 하지만 유대인 청년들은 창업에 상당히 적극적이고 취업도 자기가 일하고 싶은 분야만 고집하는 편이다. 유대인의 심장이랄 수 있는 이스라엘이 '창업 국가'로 불리는 것도 같은 맥락이다.

유대인 청년들에겐 어떤 공통분모가 있을까? 그것은 유대인들의 '성인식'에서 어느 정도 실마리를 찾을 수 있다. 탈무드에 따라 유대인들은 만 13세부터 성인 대접을 해준다. 당해 생일날 성인식을 해주는데, 1년 전부터 '내가 누구인가'라는 정체성을 확인하고 책임 있는 성인으로 살아가는 다양한 교육과 훈련을 받는다. 성인식은 결혼식처럼 친척이나 친구 등 많은 사람이 모여 종교적 의식 행사와 축하연을 한다. 흥미로운 것은 축의금을 모은다는 것이다. 중산층이 성인식을 하면 평균 5만~6만 달러가 들어온다고 보면 된다. 행사 비용을 뺀 나머지 금액은 당사자의 통장에 넣고 예금·주식·채권 등으로

운용한다. 이 돈은 이들이 20대 초반 사회생활을 시작할 때쯤이면 적어도 두 세배 이상 불어난다.

　대략 우리 돈 1억원 안팎의 종잣돈을 갖는 셈이다. 게다가 부모들은 이 돈의 관리를 자녀와 함께하거나 아니면 교육을 시킨 후 자녀에게 직접 맡긴다. 어린 시절부터 자연스럽게 사업체계와 실물경제에 대한 관심을 두게 되고 돈을 굴리는 방법 등 금융에 대한 실전 감각도 키우게 되는 것이다. 이처럼 '돈과 경험'을 가진 청년들이 당당하게 창업의 길로 나서거나 아니면 '정말 하고 싶은 일'을 직업으로 선택하는 것은 어쩌면 당연한 순서가 아닐까. 뿐만 아니라 Business Model Generation(오스터왈더 저) 기본부터 제대로 교육시키고 S·T·A·R·T·U·P 같은 창업보육 제도도 있다.[11]

　반면, 우리는 창업에 실패하는 이유야 많지만 다음처럼 창업자의 기본자질도 없는 것이 문제가 된다.

1. 사업계획서가 없다

　사업계획서는 아이디어를 비즈니스로 전환하는 가장 좋은 방법이다. 그런데 그것이 없다는 것은 나침반과 지도 없이 새로운 길을 찾아가는 것이나 마찬가지이다. 사업계획서를 길게 작성할 필요는 없지만, 사업의 방향과 비전을 명백하게 담고 있어야 한다.

11　Spirit(정신), Table(장소), Angel(엔젤투자자), Rebirth(재도전), Time(속도), Unite(M&A), Person(사람) 등의 성공요건과 지원시스템을 갖추는 것이다.

2. 수익모델이 없다

비영리 기관도 운영 비용을 충당할 수 있는 수익을 창출해야 한다. 비즈니스는 돈을 벌기 위해서 하는 것인데 돈을 버는 방법이 없다면 비즈니스의 기본 원칙에 어긋난다. 매번 손실을 기록한다면 비즈니스의 의미가 없다. 또한, 목표 고객층이 돈이 없다면 그 비즈니스는 오래 버티지 못할 것이다.

3. 경쟁이 극심하다

경쟁이 너무 없어도 문제지만 지나치게 심하다면 심각한 문제임에 분명하다. 뛰어난 혁신을 하거나 남들과 차별화된 생존전략이 없으면 실패한다. 무엇보다 창업에 성공하는 아이디어는 사람들이 무엇을 좋아하는지, 사람들의 습관이 어떤지 자세히 관찰하고, 또 어떤 식으로 하면 성공할 수 있는지를 열심히 계산해 보고 자신의 모든 것을 걸고 투자할만한 것인지 철저히 따져보아야 나오는 것이다. 뭐든 철저히 따져보지 않고 요행을 바라면 대부분 실패한다.

4. 역량과 경험이 많은 팀인지 살피지 않는다

투자가들은 사실 아이디어에 투자하는 것이 아니라 사람에 투자하는 것이다. 그들은 경영진이 비즈니스를 운영할 수 있는 경험이 충분한지부터 살핀다. 만약 경험이 없으면 파트너의 경험을 충분히 조화시켜야 한다. 경험은 돈을 주고도 살 수 없을 만큼 중요한 것이다.

5. 지적재산권이 없다

지적재산권은 기술개발 투자비를 회수할 수 있는 확실한 수단이며, 추가로 응용기술 개발이 가능하다는 이유 등으로 중요성이 점차 강조되고 있다. 따라서 기업 초창기에 투자가들을 유치할 수 있는 가장 중요한 요소다.

6. 글로벌 시장을 향한 전략과 도전 정신이 없다

국내는 작은 시장이기 때문에 젊은이들의 꿈을 충족시키기 위해서는 글로벌 시장을 바라볼 수밖에 없다. 글로벌을 생각하고 전략과 기술을 개발해야 한다. 특히 사람들이 무얼 필요로 하는지, 어떻게 하면 가장 단순한 데서 가장 큰 즐거움을 구할 수 있는지도 찾아야 한다. 유트브나 페이스북처럼 가장 단순해 보이는 것이 탁월한 아이디어가 된다. 단순하면서 보고 즐길 수 있는 펀(fun)의 요소를 찾으면 세상 장벽도 허물 수 있다. 예컨대 강남스타일의 경우 한국어를 모르지만 그것만 보면 춤을 춘다.

7. 너무 일찍 포기한다

기업가의 가장 일상적인 실수는 쉽게 지쳐서 너무 일찍 포기한다는 것이다. 실수는 사람을 지혜롭게 하는 단서다. 실패를 두려워하면 세상 일을 경험할 수 없다. 실수를 하는 것이 문제가 아니라 같은 실패를 반복하는 것이 문제다. 슬기로운 사람은 다른 사람의 실패에서 배우고 지혜로운 사람은 자신의 실수에서 배우며 어리석은 자는 자신의 실패조차 깨닫지 못한다. 잡스는 수많은 실패와 좌절을 딛고 재기에 성공한 것이다.

우리도 최고의 매뉴얼을 만들어야 한다

빌 게이츠는 프랑스 칸에서 열린 G20정상회의 후 세계 언론 기자회견에서 "한국은 많은 원조를 받는 나라에서 상당한 원조를 주는 나라로 변신한 유일한 나라"라고 소개했다. 이처럼 우리나라는 세계경제위기를 몇 차례 넘기면서도 모든 나라가 부러워할 만큼 모범적으로 경제성장을 이룬 나라다.

우리 부모 세대는 가난했지만 '우리도 한번 잘살아 보자'는 헝그리 도전정신으로 나라 경제를 일궜다. 하지만 자녀 세대도 그런 성공 신화를 이어갈 수 있을지는 의문이다. 미래에는 풍부한 아이디어와 엉뚱한 발상을 하는 사람이 성공하기 때문이다. 이것은 국영수 문제를 하나 더 풀고 과외 한 시간 더한다고 이루어지지 않는다. 그것은 인간답게 더 많은 자유시간, 즐거움을 주는 더 많은 놀이, 창의성을 높이는 더 많은 세상 경험을 통해서 얻어지는 것이기 때문이다.

몇몇 전문가들은 "세상 물정을 제대로 교육해야 하며, 좋은 인성과 올바른 생활습관을 만드는 교육도 가정에서 꼭 해야 한다"고 말한다. 예컨대 가정을 '인성교육과 재능을 살리는 실전 같은 창의력과 경제교육의 배움터'로 만들어야 한다는 것이다. 우리가 하루빨리 인간을 행복하게 만드는 최고의 생활 매뉴얼을 만들어 문화적 전통으로 실천해야 하는 이유가 여기에 있다.

그래서 여러분께 제안하는 것은 "우리 현실에 맞는 생활교육 매뉴얼을 만들자!"라는 것이다. 수많은 지식인이 경험적인 삶의 지혜를 인터넷으로 모아 최고의 생활교육 매뉴얼을 만드는 것이다. 우선 수많은 부모들이 각자의 50~60년 경험과 지혜를 인터넷으로 축적하고, 품격과 덕망이 높은 지식인들이 그것들을 발전 융합해서 우리 현실에 맞는 생활 매뉴얼로 하나씩 만들어가는 것이 필요하다. 우리에겐『성학십도』처럼 선현들의 소중한 지혜들이 수없이 많아 더욱 희망적이다.

무엇보다 사회제도나 교육이 기적을 만들어 내기 위해서는 생활교육이 전통문화처럼 승화되고 발전돼야 한다. 사회 구성원 모두가 합심 노력해서 실천해야 한다. 특히, 탈무드를 생활화하는 유대인처럼 예비부부에게 6개월에서 1년 동안 체계적인 교육을 하고 부모의 자질도 높여야 한다. 매일 실천해야 할 것과 정기적으로 할 것을 명확히 매뉴얼화 해서 가정생활을 할 수 있을 때 효과가 증대 된다. 그리고 무엇보다 사회 전체가 믿음을 가지고 모두가 실천할 때 크게 성공할 수 있게 된다.

우리에겐 제2의 기적이 반드시 필요하다

가장 큰 이유는 인류역사의 발전을 살펴보면 자명해 진다. 인류가 지구상에 탄생한 지 400만년이라면 그 세월만큼 인간은 자기세대의 사회경험을 교육과 유전자를 통해 후손에게 전달하는 반복적 과정을 거쳐왔다. 인간의 제2의 생명인 사회적 생명은 생물학적인 생명만큼 중요하기 때문이다.

사회적 생명이 없으면 동물원의 짐승의 운명이나 똑같은 것이어서 살아있어도 인간의 역할은 하지 못한다. 사회적 생명이 있어야 발전하고 생물학적 생명도 보존할 수 있는 것이다. 인간은 생물학적인 생명과 더불어 사회적 생명을 유지할 수 있는 능력이 필요한 근본적인 이유이다.

이러한 사회적 생명활동을 하게 만드는 동력에는 교육이 있다. 인간의 교육은 사회의 모든 가치보다 우선되어야 한다. 이를테면 사회에 대한 이해를 넓히고 인간 상호간 상생과 협력을 배우는 사회교육은 특정 종교나 정치의 간섭을 배제해야 한다. 종교와 정치는 수천년 동안 공동선을 부르짖으며 사회구원을 외쳤지만 자기적인 사회악은 단 한번도 척결하지 못했다. 새로운 매뉴얼이 필요한 것이다.

특히 인류의 발전은 인간의 생물학적인 생존과 문명의 축적을 하고 체계적인 교육을 통해서 사회적 창의적 가치창출 생산을 촉진해야 한다. 미래를 열려면 구성원 교육을 통해 가치창출 생산을 사회적 생명의 원동력으로써 이해하고 발전시키는 노력을 해야 한다. 미래가치 창출 동력을 만들 수 있는 최고의 교육 매뉴얼이 필요한 또 다른 이유가 되는 것이다.

이제 우리나라는 5년, 10년 뒤의 '먹거리'를 위해서 이제 새로운 성장 동력을 찾아야 할 시점이다. 세계적인 석학들은 미래가 '정보의 시대'에서 '영감(靈感)의 시대'로 발전할 것이라고 말한다. 지식 이상의 가치와 목표를 중시하는 인재가 필요해진 것이다. 기본적인 지식에 더해 꿈과 상상력, 이미지, 창의성, 문화, 예술에 대한 이해가 필수라고 말한다. 치밀한 추진력에 낭만적인 상상력을 가진 인재는 단순한 지식 습득만으론 길러지지 않는다. 기적은 기존의 패러다임을 바꿀 만큼 '창조적인 파괴'가 필요하다. 창의적인 혁신 마인드에 불도저 같은 추진력과 도전의지를 겸비해야 한다. 미래 지향적인 시스템을 구축하는 일이기 때문이다.

미래형 인재는 뇌과학, 유전자 생명과학, 항공우주, 나노 기술, 문화 게임, 로봇, 전기차, 드론, 3D프린터, 빅데이터로부터 무한한 기회를 찾아내는 것이다. 물론 과거 플로리다의 습지에 디즈니월드라는 꿈과 환상의 공간을 창조한 월트 디즈니나 바다 깊은 곳에서 끌어 올린 모래로 두바이의 인공섬 '팜 아일랜드'를 만드는 셰이크 무함마드도 미래형 인재의 좋은 본보기다. 창의적 미래형 인재는 경쟁자, 신기술, 법적 제약 같은 복잡한 요인들을 검토해서 조직, 전략, 비즈니스 모델, 프로세스, 프로젝트 등등을 새롭게 디자인하는 것이다. 구글에서 무인자동차 제작하는 것이나 자동차를 포함해 심지어 철강까지, 모든 산업 분야에 소프트웨어가 구도를 재편하고 있다. , 상품을 3D 프린팅으로 만들어 드론으로 택배를 받는다.

제2의 기적을 만들려면 '사회적 가치'와 '경제적 가치'를 동시 창출하는 비즈니스 모델을 만들어 성장전략을 만들어야 한다. 그러려면 매순간 합리적인 결정을 내리고, 상상력과 이를 현실화할 수 있는 능력, 거기에 건강하고 도덕적 가치관과 세계관을 가지며, 이를 실행에 옮길 수 있는 의지를 지닌 미래형 인재를 양성하는 최고의 매뉴얼이 반드시 필요한 것이다.

퇴계 선생의 『성학십도』
율곡 선생의 『격몽요결』
어느 아빠가 딸에게 쓴 편지
어느 엄마가 아들에게 쓴 편지

에필로그

부록 및 추천도서

첨부한 성학십도, 격몽요결은 조상들이 물려준 소중한 유산이다. 재정리한다면 시대를 초월하는 보배 같은 삶의 철학이요, 지혜이기 때문이다. 모두가 온고지신 마음으로 좀 더 학습할 것을 희망하고 권유한다. 그리고 부모가 자녀에게 쓴 편지들을 인용해서 부록에 첨부했다. 젊은이들이 부모 마음을 헤아려보도록 한 것이다. 가볍게 읽고 본문과 연결시켜 인간미를 느끼도록 배려한 것이다.

navigation

1

퇴계 선생의 『성학십도』

성학십도는 성리학을 10개 그림으로 표현한 해설도다. 제1~5도는 우주와 인륜의 관계를 밝히고, 제6~10도는 심성에 근원하여 인과 경을 실천하는 생활 내용이다(인터넷의 그림 인용).

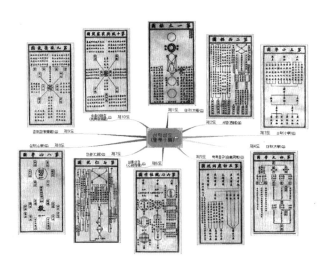

* 순서는 시계방향으로 9, 10, 1, 2, 3과 4, 5, 6, 7, 8 순임.

제1도는 태극도다. 나 자신을 비롯해 삼라만상은 어떻게 생겼고, 어디로부터 생겨난 것일까? 이 우주와 나는 어떠한 관계일까? 이런 의문에 대한 해설이다.[12]

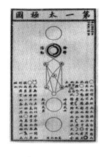

태극은 하나로써 우주의 근원, 만물의 어머니, 하늘의 마음이다. 태극에서 음양이 나오고, 음양이 오행을 만나 삼라만상이 만들어지니, 태극은 곧 모든 것의 근원이다. 그리고 태극 → 음양 → (오행) → 나로 이어지니, 태극이 가지고 있는 우주의 마음은 나의 마음으로 이어지게 된다. 그것은 곧 부모와 자식 간에 유전자 같은 원리로써, 태극이 대우주라면 나는 소우주이다.

참고로 옛날 처음 배우는 천자문의 시작이 하늘 천, 따지, 검을 현, 누를 황… 그러니까 하늘과 땅, 우주이다. 게다가 태양을 우러러보며, 달밤에 뛰어 놀고, 별을 세며 자라 났다. 오늘날은 어떤가? ㄱ, ㄴ, ㄷ, 또는 A, B, C… 그러니 어떻게 우주 마음, 하늘 마음을 가질 수 있겠는가! 그래서 우주 마음, 하늘 마음을 가지려면, 농어촌에서 먼저 우주를 생각하며 태양 빛과 달빛을 받으며 걸어보라. 태극과 음양의 세계를 맛보고자 한다면, 야외에서 어둠을 헤치고 별을 세어보라.

* 현대 우주론에 따르면 태초에는 시간과 공간마저도 태어나지 않았다. 처음 시간과 공간이 태어나는 시점을 빅뱅(big bang)이라고 부른다. 물론 그전에는 무(無)의 세계, 알 수 없는 세계였다. 태극론은 현대과학에도 시사점을 준다.

---

12 태극우주론이라는 동양철학 의미가 있다.

제2도는 서명도다. 이 세상의 모든 존재와 현상은 모두 하나의 이치에서 비롯된다는 논리다. 비록 형태와 모습은 다를지라도 궁극적으로 '하나=태극'에서 나온 것으로, 근원적으로 같은 존재인 것이다. 부모가 다르고 생김새가 다를지라도 똑같이 우주의 공기를 마시고 죽어서 똑같이 흙으로 돌아가지 않던가? 말하자면 천지 사이에 충만한 것이 내 몸이요, 천지를 이끄는 것은 나의 본성이다. 모든 사람이 다나의 동포요, 만물은 나와 관계하는 존재다.

『동의보감』에서 사람의 몸이 만들어지는 과정을 우주의 형성·운용과 연결 지어 설명한다. (내경편) 건강을 유지하며 장수하기 위해서는 자연의 질서를 거스르지 않고 순응해야 한다는 양생관을 제시한다. 특히, 정(精)·기(氣)·신(神)이 인체의 내부를 구성하는 생리적 요소로 제시된다. 정(精)은 생명의 원천을 의미하고, 기(氣)는 몸의 기운이며, 신(神)은 정신 활동을 가리킨다. 이들이 원활하게 순환을 할 때 건강한 것으로 본 것이다.

제3도는 소학도다. 소학도는 세 부분으로 이루어져 있다. '인륜을 밝히는 것, 배움의 길을 걷는 것, 몸과 마음을 바르게 하는 것' 등이다. 무엇보다 군자가 되려면 아름다운 말과 착한 행실을 우선 하고 생활화해서 습관화해야 한다고 가르친다.

인륜을 밝히는 것은 천명의 도를 아는 사람이 되기 위한 것으로 우리가 흔히 알고 있는 오륜을 밝히는 것이다. 배움의 길을 걷는 것은 지혜, 어짊, 성스러움, 정의로움, 정성스러움, 온화함, 효도, 우정, 화목, 혼인, 책임, 동정심, 예절, 음악, 운동, 그리기, 글쓰기, 셈하기를 깨우치는 것이다. 몸과 마음을 바르게 하는 것은 마음, 행동, 의복, 음식의 절도를 밝히는 것이다. 이러한 길은 곧 사람다운 사람, 그것은 곧 성인군자가 되기 위한 것이다.

소학은 일상적인 삶을 중요하게 다루고 있다. 특히, 일상생활 속에서 청소년이 실천해야 할 내용으로 이루어져 있다. 큰 바닷물이 깊은 산 속 옹달샘에서 시작하듯, 작은 새싹이 거대한 고목으로 자라듯, 일상적인 삶이 시작이자 끝이기 때문이다.

제4도는 대학도다. 대학은 세상의 이치를 깨달아 남을 위해 도(道)를 펼치는 것이다. 소학은 마음 바탕과 근본을 형성하는 과정이며, 대학은 소학에서 이루어진 마음 바탕을 기저로 해서 사물의 이치를 알고 체득하며 실천하는 과정이다. 현실세계의 존재 근거, 우주의 운행 법칙과 이치 등을 주로 다룬다.

"도(道)는 인간이 타고난 밝은 덕(德)을 밝히는 데 있고, 사람들을 새롭게 하는 데 있으며, 지극히 선한 경지에 머무는 데 있다. 머물 곳을 안 다음에 방향을 정할 수 있으며, 방향을 정한 다음에 고요할 수 있고, 고요해진 다음에 평온할 수 있고, 평온해진 다음에 생각할 수 있고, 생각한 다음에 얻을 수 있다."

그래서 '수신제가 치국평천하' 하고자 하는 사람은 먼저 자기 마음을 바르게 하고[정심(正心)], 정심 하고자 하면 먼저 자신의 의지를 성실하게 하고[성의(誠意)], 성의 하고자 하면 먼저 자신의 앎을 극진하게 해야 한다. 그리고 앎을 극진하게 하는 방법은 사물의 이치를 연구하는 데 있다[격물치지(格物致知)]. 끊임없이 공부하고, 몸과 마음을 수신해야 한다고 가르친다.

제5도는 백록동규도다. 학문이란 지식을 배우는 것이 아니라, 인간의 타고난 본성을 밝히고, 그대로 실현하도록 하는 것이다. 자신만을 위해서가 아니라 모든 사람이 함께 행복을 누리도록 본성을 실현해야 한다. 따라서 학문은 가장 먼저 오륜 인간관계에 필수 덕목을 배우고 익히는 것이다.

그러기 위해서는 박학(博學) – 널리 배우고, 심문(審問) – 깊이 살피고, 신사(慎思) – 깊이 생각하고, 명변(明辯) – 밝게 분별해야 하는데, 그것이 바로 사물의 이치를 연구하는 요체이다. 또한 알기만 하면 무엇하겠는가! 그래서 독행(篤行), 즉 독실하게 실천해야 하는데, 이것이 바로 몸과 마음을 수양하는 핵심이자 일을 잘 처리하고 사물을 대하는 요체다. 오륜은 결국 인간 사회의 수레바퀴를 우주의 질서에 따라 돌리는 에너지이자 법칙이다.

제6도는 심통성정도(心統性情圖)다. 마음을 잘 다스려야 한다는 내용이다. 마음이란 인간의 몸을 움직이는 주인이다. 마음은 본성과 감정을 포함하고 있으며, 이것들을 통제하고 포섭하는 역할도 한다. 따라서 잘 수양하여 마음을 바르게 유지하면, 자신의 본성을 알 수 있고, 감정을 조절하여 온갖 번뇌에서 벗어날 수 있다. 그것은 곧 마음을 바르게 하여 본성을 실현하는 것으로, 그것이 곧 깨달음이고 순수한 인간 본연의 모습으로 돌아가는 것이다.

즉, 마음이 고요한 상태에 이르면 그것이 본성이 되며, 그렇지 않고 마음이 사물과 만나 통하게 되면 정이 되어, 4단7정이 발동하는 것이다. 4단은 불쌍히 여기는 마음(측은지심), 사양하는 마음(사양지심), 부끄러워하는 마음(수오지심), 옳고 그름을 가리는 마음(시비지심)이고, 7정은 기쁨, 분노, 슬픔, 두려움, 사랑, 미워함, 욕망 등이다. 4단에는 악한 기운이 없지만, 7정에는 선과 악을 함께 가지고 있다. 칠정은 잘 조절이 되면 선하여지고 조절이 되지 않으면 악한 모습으로 나타난다. 그렇게 되면 사람이 온갖 감정에 휘말려 고통에 빠질 수밖에 없다.

바로 심통성정도는 그런 마음의 문제를 다루고 있다. 따라서 고통에서 벗어나기 위해서는 마음을 고요한 상태에 이르게 해야 한다. 그것은 곧 감정을 조절하여 고요한 상태에 이르게 하는 것으로, 그것이 곧 본성에 이르는 것이다. 바로 〈심우도〉에서 잃어버린 소를 찾는 것과 같다.

제7도는 인설도다. 즉, 인(仁)의 중요성에 관해 설파한 장이다. 인은 곧 사랑하는 마음으로, 천지가 만물을 생성하는 마음이 인이고, 사람도 이것을 이어받아서 자신의 마음으로 삼아야 한다. 인은 공자의 핵심사상이다.

이러한 마음은 우주에 있어서는 원형이정(元亨利貞) 사덕으로 나타나며, 사람에게 있어서는 인의예지(仁義禮智) 사덕으로 나타난다. 인간은 태어날 때부터 사랑의 마음이 이미 갖추어져 있고, 이것이 발동하면 그 작용은 끝이 없게 된다. 진실로 이것을 몸소 깨달아 보존할 수만 있다면, 모든 선의 근원과 모든 행실의 근본이 모두 여기에 있게 된다.

이러한 인설도는 불교에서 자비, 기독교에서 사랑과도 일맥상통한다. 이러한 사랑의 마음이 있기에, 인간은 우주와 하나가 될 수 있다. 그럼에도 불구하고 사람들이 사랑하지 못하는 것은 그 본질이 가려져 있기 때문이다. 끊임없는 수행을 통해 가려진 구름을 걷어내면, 사람들은 한량없는 사랑을 베풀 수 있는 존재가 되는 것이다.

우주 원형이정(元亨利貞)의 설명을 보면 원은 착함이 자라는 것이요, 형은 아름다움이 모인 것이요, 이는 의로움이 조화를 이룬 것이요, 정은 사물의 근간이다. 군자는 인을 체득하여 사람을 자라게 할 수 있고, 아름다움을 모아 예에 합치시킬 수 있고, 사물을 이롭게 하여 의로움과 조화를 이루게 할 수 있고, 곧음을 굳건히 하여 사물의 근간이 되게 할 수 있다.

제8도는 심학도다. 곧 마음과 마음 수련에 관한 내용이다. 성리학에서 마음은 우리 몸을 주재하는 것으로 보고 있다. 마음은 적자심, 양심, 본심, 대인심, 도심, 인심 등으로 구분하고 있다. 적자심은 갓난아이의 마음으로 사람의 욕심에 물들지 않은 양심이요, 인심은 그 욕심에 눈이 뜨인 마음이다. 대인심이란 의리가 모두 갖추어진 본래의 마음이고, 도심이란 의리를 깨달은 마음이다. 따라서 수행의 요체는 갓난아이의 마음이 욕심에 물들어 있으니, 그것을 궁극적으로 도심으로 승화시키는 일에 있다.

그렇다면 어떻게 할 것인가? 바로 경(敬)이다. 경은 마음을 주재하니, 늘 알아차리고 깨어있고 살피고 집중해야만 한다. 그러기 위해서는 홀로 있을 때 삼가 하고(신독), 자신의 욕심을 이겨내어 예로 돌아가고(극기복례), 마음에 두고(심재), 잃어버린 마음을 찾고(구방심), 마음을 바르게 하고(정심), 매사 경계하고 두려워하며(계구), 잡으면 보존되고 버리면 없어지며(조존), 타고난 본심을 기르며(양심), 마음을 극진하게 하며(진심), 40세가 되어 마음이 유혹에도 흔들리지 않으며(사십부동심), 70세가 되어선 자기 마음이 원하는 대로 해도 법도는 넘어서지 말아야 한다(칠십이종심).

그러니 경에서 벗어난 공부를 하여서는 안 된다. 마음이란 한 몸의 주인이고, 경이란 한 마음의 주인이다. 배우는 사람은 '마음을 하나로 정하여 다른 것에 신경을 쓰지 않으며, 몸가짐을 가지런하게 하고 마음을 엄숙하게 하고, 마음을 단속하며 항상 깨어 있어야 한다. 그러면 자연히 성인의 경지에 이르며, 그것이 곧 깨달음이 아니고 무엇이던가!

경(敬)이 수양의 수단으로 사용되게 된 철학적 배경에는 성선사상(性善思想)이 전제된다. 이것에 의하면, 인간의 마음은 본래 착한 것이므로 마음이 처음 밖으로 나타날 때에는 남을 사랑하고 돕는 방향으로 나타나지만, 이때 생각이나 헤아림이 이기적으로 작용하면 자기의 이익을 위하여 남을 해치는 악한 마음으로 변질한다는 것이다. 따라서 생각이나 헤아림 자체를 중지시키면 악한 마음으로 변질하지 않기 때문에 착한 마음을 계속 보존할 수 있다는 철학적 결론이 나온다.

제9도는 경재잠도다. 늘 마음을 다스리라는 경구로, 실천해야 할 경의 구체적인 내용을 열거하고 있다. 마음을 하나로 정하여 다른 것에 신경을 쓰지 말아야 하는데, 그것은 곧 늘 깨어 있는 삶이다. 마음을 한결같이 하여 모든 변화를 살펴보아야 하며, 일할 때는 전심전력하여 다른 곳으로 흐르지 않도록 해야 한다.

그러면 어떻게 실천할 것인가? 바로 옷맵시를 바르게 하고, 눈을 존엄하게 뜨고, 마음을 가라앉혀 거처하기를 마치 부처님처럼 하고, 발걸음은 늘 신중하고, 손은 공손히 하고, 걸을 때는 땅을 가려서 걷고, 만나는 사람마다 공손하게 대하고, 일을 할 때는 경건하게 하고, 입을 조심하고, 잡념을 가지지 않으며, 늘 성실하고 진실하며, 감히 경솔하게 행동해서는 안 된다. 그러기 위해서는 늘 깨어있어야 한다.

제10도는 숙흥야매잠도이다. 숙흥야매(夙興夜寐)는 아침에 일어나 밤에 잠잔다는 뜻으로, 경을 중심에 놓고 하루 종일 생활하라는 내용이다. 새벽에 일찍 일어나 세수하고 의복을 단정하게 갖추고 앉아서 책을 읽어야 하며, 수시로 잘못을 고치고, 일이 생기면 처리한 다음 다시 마음을 가라앉혀 학문에 집중한다. 간혹 휴식을 취하며 다시 정신을 맑게 하고, 밤이 되면 몸이 피로해 기운이 쇠약해지므로 더욱 정신을 가다듬어야 한다. 밤에 잘 때는 아무 생각도 하지 말고 깊이 잠들어 맑은 기운이 다시 몸 속에 들어오도록 해야 한다. 한마디로 하루동안 일상생활을 어떻게 해야만 하는지를 설명하고 있다.

이황 선생은 단정한 몸가짐으로 경을 매일 몸소 실천하셨다고 한다. 제10도의 해설 내용을 일부 보면 하루 생활을 어떻게 했는지 알 수 있다. 예컨대 수도자와 같은 생활이다.

1. 숙오(夙寤) 일찍 잠에서 깨어난다.
계명이오(鷄鳴而寤) 닭이 울어서 잠에서 깨어나면

사려점치(思慮漸馳) 생각이 차츰 일어나게 되니

합어기간(盍於其間) 그 사이에

담이정지(擔以整之) 조용히 마음을 정돈해야 한다.

혹성구건(或省舊愆) 혹은 지난날의 잘못을 반성하고

혹주신득(或紬新得) 혹은 새로 깨달은 것을 모아서

차제조리(次第條理) 차례와 조리를

요연묵식(瞭然默識) 분명하게 알아야 한다.

3. 독서(讀書) 글을 읽는다.

내계방책(乃啓方册) 책을 펴서

대월성현(對越聖賢) 성현을 대하게 되면

성사소언(聖師所言) 성현께서 말씀하신 것을

친절경청(親切敬聽) 친절하게 귀담아 듣고

제자문변(弟子問辨) 제자들의 질문과 변론을

반복참정(反覆參訂) 반복하고 참고해서 바르게 고쳐야 한다.

7. 겸숙야(兼夙夜): 낮부터 밤까지 자신의 정신과 기를 가다듬는 것

양이야기(養以夜氣) 밤의 기운으로 마음과 정신을 잘 기르면

정즉부원(貞則復元) 정이 다시 원으로 돌아올 것이다.

염자재사(忽玆在玆) 이것을 항상 생각하고 마음에 두어

일석건건(日夕乾乾) 밤낮으로 부지런히 힘써야 한다.

2, 4, 5, 6은 생략했다.

* 경복궁 민속박물관에도 있는 '성학십도' 병풍을 바라보면서 필자의 신생활체계도와
뜻을 세우는 과정도를 추가하여 새로운 '성학12도'를 상상해본다. 물론 성리학이 사
(私 개인우선)를 만(萬)악(惡)의 근원이라며 죄악시 한 것과 '양반, 상민, 노비 등' 사회
신분 제도를 강화시킨 것은 비판 받고 있지만 우리 조선시대의 철학과 지혜이다. 새
시대에 맞게 고친다면 보다 좋은 교육 자료가 될 것이다.

navigation
2

율곡 선생의『격몽요결』

　격몽요결은 서문과 10장으로 구성되었다. 서문에서 "학문이란 특별한 것이 아니라 인간이 인간답게 살아가기 위하여 일상생활을 마땅하게 해나가는 것일 따름"이라고 서술한다. 따라서 학문을 안 하면 사람 구실을 하면서 살아갈 수 없다는 것이다. 글을 읽어 세상이치를 연구하여 마땅히 행하여야 할 길을 밝힌 다음에 실천하도록 하여 지나치거나 모자람이 없는 중도에 도달해야 한다.

　제1장 입지(立志)에서는 학문은 성인(聖人)이 되기를 목표로 해야 한다고 한다.[13] 제2장 혁구습(革舊習)에서는 학문을 하기 위해서는 나쁜 습관을 버려야 한다는 내용이 있다. "뜻을 게을리 하고 겉으로 드러나는 것만을 모방하는 것" 등의 8개 조항을 떨쳐버려야 한다는 것이다.

13 　그래서 두 가지를 경계해야 한다. 하나는 '속학(俗學)'이다. 문장을 외우고, 시험을 치르고, 교양의 도구로 쓰는 지식과 그 전파를 가리킨다. 다른 쪽은 '종교'다. 세속에 염증을 내고, '초월'에서 길을 찾는 제반 경향들을 총칭한다. 성인은 일상의 한복판에서, 오래된 자기망각을 치유하고, 성격 개조를 통해 본래 부여 받은 자연(自然)을 회복하는 곳에 있다.

제3장 지신(持身)에서는 구용, 구사, 바른 몸가짐으로 뜻을 어지럽히지 말고 학문의 기초를 마련하도록 하였다.

"자기의 사욕을 이기는 극기(克己) 공부가 일상생활 속에서 가장 절실한 것이다. 이른바 기(己)라는 것은 내 마음이 좋아하는 바가 천리에 맞지 않는 것을 말한다. 반드시 내 마음이 여색을 좋아하는가, 이익을 좋아하는가, 명예를 좋아하는가, 벼슬하기를 좋아하는가, 편안하게 지내기를 좋아하는가, 잔치하고 즐기기를 좋아하는가, 진귀한 보배를 좋아하는가를 검찰하여, 여러 가지 좋아하는 바가 만일 이치에 맞지 않거든, 일절 통렬히 끊어서 싹이나 맥을 남겨두지 않은 뒤에야 내 마음이 좋아하는 것이 비로소 의리에 맞아서 이길 만한 사욕이 없게 될 것이다."

제4장 궁리에는 대개 한가지 물(物)에는 한가지 이치가 있는데 모름지기 그 이치를 궁리하여 극진히 하여야 한다는 내용이 있다. 궁리하는 데는 책을 읽어서 이치를 해명하기도 하고 옛날이나 지금의 인물을 논하여 그 시비를 분별하기도 하며 사물에 응하고 접하여 그것이 당연한가 아닌가를 처리하는 것이 있는데 이 모두가 궁리이다.

독서는 세상이치를 깨닫는 것이다. 따라서 읽는 순서는 제일 먼저 소학을 읽어 부모, 형, 어른, 스승, 친구와의 도리를 알고, 대학을 읽어 이치를 탐구하고 마음을 바로 하며 자기를 수양하고 남을 다스리는 도를 얻으며, 논어를 읽어 인(仁)을 자기를 위하고 본원이 되는 것을 함양할 것을 깨닫고, 맹자를 읽어 의와 이익을 밝게 분별할 것을 구하며, 중용을 읽어 시중, 능구, 지미, 부부, 효 등 인간 맛(=멋)을 내는 삶의 태도를 중시하는 것이다. 시경을 읽어, 성정의 간사하고 바름과 선악을 칭찬하고, 징계함에 대해 알고, 예경을 읽으며, 천리의 도수에 대해, 역경을 읽어, 길흉과 존망, 진퇴와 소장의 기미에 대해, 서경을 읽으며 천하를 다스리는 대경대법에 대해, 춘추를 읽어 선악을 다스리고 조정에 대해 이치를 깨닫는 것이다. … (생략)

제5장 사친(事親)에는 부모가 잘못할 때 자식이 부드럽게 아뢰어 뜻을 바꾸게 하라는 내용이 있다. 제6장 에는 상제(喪祭), 제7장에는 제례(祭禮) 가례 등이, 제8장 거가(居家)에는 부부간의 예를 비롯하여 집안을 다스리고 자산을 관리하는 방법이, 제9장 접인(接人)에는 사회생활 하는 데 필요한 대인관계의 기본적 교양이, 제10장 처세에는 벼슬 생활에 필요한 자세가 실려 있다. 출세를 위해 자신의 뜻을 손상하지 말아야 한다는 것이다.

『격몽요결』은 청소년들에게 뜻(꿈, 비전, 목표)을 세우고 몸을 삼가며 부모에 효도하고 남을 대하는 방법을 가르쳐서 마음을 바로 닦고 도를 향하는 기초를 세우도록 한 것이다. 아울러 자신을 경계하고 학문에 전진하고자 했던 것이다. 요즘 시대에 맞도록 쉽게 재정리한다면 참으로 청소년에게 유익할 것이다.

참고로, 『격몽요결』의 모델이 된 『동몽수지』는 남송 때 주자(주희)가 지었나. 주지는 아이들의 배움은 의복과 갓을 갖추는 일, 올바른 언어와 걸음걸이를 익히는 일, 주변을 정리하고 청소하는 일, 책을 읽고 글자를 쓰는 일, 일상생활에서 해야 할 사소한 일까지도 조목조목 열거하여 마땅히 모두 알아야 함을 강조하였다. 그 중 독서문자(讀書文字)의 내용을 보면, 독서할 때는 반드시 책상을 정돈하고 책을 똑바로 놓은 다음 몸을 바르게 하여, 상세하고 천천히 글자를 보며 분명하게 읽되 한 글자라도 잘못 읽거나, 적게 읽거나, 많이 읽거나, 거꾸로 읽거나 해서는 안 되며, 억지로 외워서도 안 되고, 다만 큰소리로 여러 번 읽어 자연히 입에 오르면 오래되어도 잊어버리지 않는다고 하였다.

특히, 독서에는 심도(心到), 안도(眼到), 구도(口到)의 삼도(三到)가 있는데, 눈으로 잘 보고 입으로 잘 읽고 마음으로 잘 이해하라는 독서의 방법이다. 이 중 심도가 가장 중요하므로 마음을 모아 집중할 것을 강조하고 있다. 책을 반드시 소중히 다루어 더럽히거나 구겨서는 안 되며, 독서를 마치지 않았을 때는 비록 급한 일이 있어도 책을 덮어 정리한 후에 일어나야 한다고 하였다. 그리고 글자를 쓸 때는 한자 씩 분명하고 자세히 써야 한다고 하였다.

성리학은 유불선을 아우르는 동양철학의 핵심이다. "진실한 삶을 위해 생명을 사랑하고 절제와 금욕, 참된 공부, 삶의 조화 등을 실천하고 몸에 익혀 일상생활을 바르게 하는 것이 삶이 시작이자 끝이다." 오륜은 "부모는 자애롭고, 자식은 효성스러워야 하며, 상사와 부하는 정의로워야 하고, 부부는 서로 사랑하고 존중하며 유별해야 하고, 형제간에는 우애가 있고, 어른과 아이는 지켜야 할 질서가 있고, 친구(붕우)된 자는 신의가 있어야 한다."라는 내용이다.

navigation
3

어느 아빠가 딸에게 쓴 편지

사랑하는 딸들아! 나는 너희가 결혼을 하게 된다면, 여자에게 있어 결혼생활은, 특히나 너희 세대에서는, 경제적으로 자립할 수 있는 능력을 스스로 갖추고 있어야 더욱 더 완전할 수 있음을 잊지 마라. 또한, 너희의 결혼 생활은, 많이 변화하고는 있지만, 남편이 될 남자보다는 시어머니를 비롯한 시댁 식구들이 어떤 사람이냐에 의해 더 많은 영향을 받을 수도 있음을 기억하여라.

그리고 무엇보다도 제발, 마마보이, 효도를 지상 의무로 생각하는 남자, 부모 말에 절대복종하는 착한 남자, 과묵하고 말 없는 남자, 부모 인생을 대신 살아주려는 남자, 가족보다 친구가 먼저라고 떠들고 디니는 남자, 남자가 밥하면 큰일 나는 줄 아는 남자 등은 절대적으로 만나지 않게 되기를 바란다.

그런 남자들만 아니라면 모두 좋다는 뜻은 물론 아니다. 딸 가진 부모 마음이야 다 마찬가지겠지만, 나는 너희가 경제적으로 자립할 수 있는 남자를 만나서 사랑 받고 살기를 바란다. 다만 네가 남자선택의 실수를 줄이기 위해 아빠가 경험한 싹수없는 남자들을 쉽게 골라내는 방법을 조금 알려주고자 이 글을 쓰는 것이다.

장사하건 사업을 하건 봉급생활을 하건 간에 부자가 되기에는 애초부터 싹이 노랗다고 내가 단언하는 사람들이 있다. 세상을 살아나가면서 다른 사람들이 원하는 것이 무엇이고 싫어하는 것이 무엇인지를 모르는, 다른 사람들에게 전혀 세심하지 않은 사람들이다. 왜 나는 그렇게 생각할까?

경제적으로 자립하여 부자가 된다는 것은 다른 사람들의 호주머니 속에 있는 돈이 그들의 자발적 의사로 내 호주머니 속으로 건너와 쌓이게 되는 것을 의미한다. 그런데 다른 사람들이 뭘 좋아하고 뭘 싫어하는지를 모른다면 그들이 지갑을 열리가 있겠는가? 그 때문에 나는 타인에게 무심한 사람들은 이 세상에서 절대 부자가 될 수 없다고 단언하는 것이다. 이것은 내가 살아오면서 직접 검증하면서 깨닫게 된 사실이다.

어떤 남자들은 자기가 섬겨야 하는 윗사람들에게만 세심하다. 이런 사람은 아부에 능하여 출세하는 예도 많지만, 가족에게는 섬김을 받고자 원하기 때문에 가부장적 권위의식에 물들어 있어서 남편감으로는 정말 별 볼 일 없다. 윗사람에게 보이는 세심함의 반의반도 가족에게는 보이지 않기 때문이다. 왜 그럴까? 이런 남자들에게 있어 가족은 기본적으로 손 아래 집단에 지나지 않기 때문이다.

대부분의 보통 남자들은 자기가 아는 사람들에게는 세심할 수 있으나 자기가 모르는 사람들에게는 전혀 세심하지 않다. 이것을 가장 손쉽게 판가름하는 기준이 있는데 바로 운전하는 모습이다.

우선, 남자 친구가 너를 태우고 가다가 네가 도중에 내려야 할 때

네가 가장 편한 곳에서 차를 세운다면 싹이 노란 놈이다. 기억해라. 그런 놈은 너에게만 세심하며 타인에게는 절대적으로 무심한 놈이다. 절대 그것을 너에 대한 배려로 생각하며 고마워하지 마라. 나는 너희에게 "가장 편한 곳에서 내리려고 하지 말고 뒤에서 오는 자동차들에 가장 방해가 되지 않는 곳에서 내려 달라고 하여야 한다"고 강조해왔다.

남자 친구가 너와 함께 어딘가를 운전하며 갈 때 길을 많이 헤맨다면 싹이 노란 놈이다. 길을 떠나기 전에는 미리 지도를 찾아보고 사전에 준비했어야 한다. 회사에서 거래처를 다녀와야 할 때, 아무 생각 없이 나가는 직원도 있지만, 이미 그곳을 방문한 적이 있는 다른 사람에게 물어보거나, 지도를 보면서 거래처에 전화하여 길을 상세히 물어본 뒤 출발하는 직원도 있다. 운전하고 가다 보면 알게 되겠지 하는 놈들은 인생도 그 모양으로 지레짐작으로 살고 있음을 나는 보아왔다.

심지어 길을 헤매는 중에도 절대 다른 사람에게 물어보지 않으려고 하는 이상한 남자들도 꽤 있음을 알아 두어라. 이들은 인생을 살아가면서도 자기 똥고집대로만 하려고 한다. 도심지에서 길이 꽉 막혀 있는데 교통방송조차 듣지 않는다면 다시는 그런 남자는 만날 필요조차 없다.

깜빡이를 언제 켜는지도 눈여겨 보아라. 자고로 하루 벌어 하루 먹고 사는 계층일수록 깜빡이를 켜는 데 인색하다는 것을 나는 안다. 자신이 어느 방향으로 움직일는지를 타인에게 사전에 알려줌으로써 혹시나 있을 피해를 줄여주고자 하는 세심함이 타인에게 없는 놈들치고 잘사는 놈들이 없음을 알아라. 어떤 놈들은 좌회전하는 순간부터 깜빡이를 키는데 이런 놈들 역시 정말 싹이 샛노란 놈들이다. 자기가 해야 할 행동을 1초 전에야 깨닫는 놈들은 살아가면서 실수를 엄청나게 저지를 놈들이기 때문이다. 참고로 자동차가 좋다고 해서 무조건 부자라고 생각하지는 마라.

또 새치기하는 녀석 역시 싹이 노랗다. 자신의 잘못 때문에 수많은 다른 차량에 피해가 간다는 것을 까맣게 모르기 때문이다. 자신의 잘못이 남에게 피해를 주는 것보다는 자신이 입게 될 손해에 대해서만 계산기를 두드리는 놈들은 자기 처지에서만 상황을 보기 때문에 타인의 신뢰를 받기 어려우며 평생 돈 걱정하며 살게 될 놈들임을 기억하여라.

담배를 피울 때 창 밖으로 재를 터는 놈들 역시 싹이 노란 놈들이다. 무슨 일을 하건 자기 편한 쪽으로만 생각한다는 말이다. 운전을 거칠게 하는 놈과 과속을 일삼는 놈들도 당연히 피하여라. 그들은 시간을 절약하고자 속도를 냈다고 말하겠지만 그런 놈이 시간을 아끼고자 지랄 떨며 운전하여 집에 돌아와 하는 일이라고는 기껏해야 TV나 켜는 행위라는 것을 명심하여라.

운전 중 양보를 받았을 때 감사의 표시를 하는가도 살펴보아라. 보행자 우선 원칙을 지키는지도 눈여겨 보아라. 무슨 일이건 간에 다른 사람들과의 협력이 필요한 법인데 그 다른 사람들의 입장을 세심하게 고려하지 못한다면 당연히 실패만 한다.

비단 운전 습관에서만 세심함의 정도를 간파할 수 있는 것은 아니다. 어느 광고에 나오기도 하였지만 공공장소에서 문을 열고 들어갈 때 반드시 뒤를 살펴보고 따라오는 사람이 있으면 문을 계속 붙잡고 있는가를 살펴라. 또 엘리베이터를 타고 있을 때 멀리 다가오는 사람이 있으면 열림 단추를 누른 채 기다려주는가도 관찰하여라. 네 애인에게 그런 섬세함이 없다면 그 애인은 부자가 될 가능성이 아주 적다는 것을 알아라. 왜냐하면, 부자가 되는 길은 재테크를 잘하는 것에 있는 것이 아니라 우선은 타인이 가진 문제들에 대하여 섬세하게 대처할 줄 아는 능력이 있어야 하기 때문이다. 에스컬레이터에서 바쁜 사람이 지나갈 공간을 터 주는가도 살펴라. 너와 나란히 같이 손잡고 있고 싶어서 네 옆에 서 있는 바람에 공간을 막고 있다면 그 놈은 너에게 '잠시'세심한 것이지 절대 그 세심함이 오래 갈 놈은 아니라는 것을 기억하여라.

식당이나 기타 공공시설에서 낮은 목소리로 이야기하지 못하는 남자 역시 싹이 노란 놈이다. 심지어 사무실에서조차 큰 소리로 전화를 하는 사람들을 보면 전혀 이해가 가지 않는다. 목소리가 원래 크다는 것은 결코 자랑이 아니다. 나는 목소리 큰 부자를 국내에서건 외국에서건 본 적이 없다. 그러므로 때와 장소를 가리지 않고 언제나 목소리가 큰 남자는 절대 사귀지 마라.

공공장소에서 휴대폰 벨소리를 반드시 진동으로 바꾸지 않는 놈들 역시 싹이 노란 놈이다. 이것은 기본적인 상식이다. 그런데도 사람들은 깜박 잊었다고 말한다. 음악회에서조차 공연 중에 벨이 울린다. 휴대폰을 끄라는 안내가 사전에 있었어도 마찬가지다. 이런 사람이 무슨 일을 할 때는 언제나 실수투성이다. 뭐든지 깜박하기 때문이다. 작은 것 하나 세심하게 수행하지 못하는 사람이 무슨 일을 어떻게 제대로 할 수 있다는 말인가. 너희도 알다시피 나는 내 휴대폰을 언제나 진동으로 하고 너희 역시 언제나 진동으로 해놓고 다니는 것을 아빠는 흐뭇하게 생각한다.

지하철과 엘리베이터 같은 공공시설에서 사람이 완전히 내린 후 타는지도 눈여겨보아라. 운전할 때 끼어들기가 금지된 곳에서는 절대 끼어들기를 하지 않으며 아무리 차량이 길게 늘어 서 있어도 순서를 기다리는가도 보아라. 줄이 있는 곳에서는 순서를 철저히 기다리는 태도가 있어야 한다. 그렇게 하지 않는 사람들에게는, 약삭빨라야 잘 살 수 있다는 생각이 근저에 깔렸음을 알아라. 그들은 절약과 노력, 자기계발을 통한 부자 되기 같은 것은 믿지 않으며 일확천금을 기다린다. 부자들을 모두 도둑이라고 몰아붙이는 사람도 그들이며 세상이 썩었다고 가장 열변을 토하는 것도 그들이다. 미국 디즈니랜드에서도 줄을 서서 기다릴 때 새치기하는 사람들은 미국 사회의 하류층이라는 것을 너희도 보지 않았느냐?

내가 지금까지 말한 싹이 노란 남자가 너에게만은 세심할 것이라고는 전혀 기대하지 마라. 그런 남자들은 너에게 세심할 리가 없다. 모든 일에서 자기 자신의 처지만 생각할 뿐 이 사회가 남들과 함께 살아가야 하는 곳임을 모르는 놈이 무슨 성공을 꿈꾼다는 말이냐? 그런 놈은 식당에서 네 물잔에 물이 비어 있어도 절대 너 대신 물을 부탁하지 않을 것이며, 네가 무슨 커피를 어떤 농도로 좋아하는지, 설탕이나 프림을 타는지도 모를 것이며, 결혼 후에는 네가 뭘 좋아하는지를 깡그리 무시하고 오히려 자기가 좋아하는 것들만 내세우며 너에게는 이것저것 잔소리하면서 너를 변화시키고자 기를 쓸 놈들이다.

만일 네 남자가 다른 사람들에게는 무심하지만, 너에게만은 세심하여 잘 챙겨주어 별 불만이 없다면 그 세심함은, 종족 보존의 유전자들에 의해 분비된 특별한 화학물질이 만들어내는 일시적인 세심함이라고 보면 된다. 제아무리 그가 귀엽고 재미있고 매력적으로 보인다고 할지라도 그런 놈은 그 친구들조차 멀리하는 것이 네 인생에 유익함을 잊지 마라. 아, 참, 내가 말한 세심함은 학벌이나 학력과 전혀 상관없으며, 직업의 종류나 사회적 지위와도 전혀 비례하지 않는다는 것도 잊지 말아라. 좋은 학교 나와 좋은 직업을 가진 이른바 인텔리로 간주되는 남자라고 해서 세심할 것이라는 환상은 절대 갖지 말라는 말이다.

이 글은 싸이월드 미니 홈피에 있는 글을 인용·수정한 것이다. "내 딸들아, 이런 놈과는 제발 사귀지 마라"라는 제목이 붙어 있는 곳도 있다. 성공할 사람에게는 인성이 중요하다고 언급한 것이다.

어느 엄마가 아들에게 쓴 편지

사랑하는 아들아!

결혼할 때 부모 모시겠다는 여자 택하지 마라.

너는 엄마랑 살고 싶겠지만,

엄마는 너를 벗어나 엄마가 아닌 인간으로 살고 싶단다.

엄마한테 효도하는 며느리를 원하지 마라.

네 효도는 너 잘사는 걸로 족하거늘…

네 아내가 엄마 흉을 보면 네가 속상한 것 충분히 이해한다.

그러나 그걸 엄마한테 옮기지 마라.

엄마도 사람인데 알면 기분 좋겠느냐?

모르는 게 약이란 걸 백 번 곱씹고 엄마한테 옮기지 마라.

내 사랑하는 아들아!

나는 널 임신해 낳고 키우느라 평생을 바쳤거늘

널 위해선 당장 죽어도 서운한 게 없겠거늘⋯

네 아내는 그렇지 않다는 걸 조금은 이해해라.

너도 네 장모를 위하는 맘이 네 엄마만큼은 아니지 않겠니?

혹시 어미가 가난하고 약해지거든 조금은 보태 주거라.

널 위해 평생 바친 엄마이지 않느냐?

그것은 아들의 도리가 아니라 사람의 도리가 아니겠느냐?

독거노인을 위해 봉사하는 사람들도 있는데,

어미가 가난하고 약해지는데

자식인 네가 돌보지 않는다면 어미는 얼마나 서럽겠느냐?

널 위해 희생했다 생각지는 않지만

내가 자식을 잘못 키웠다는 자책이 들지 않겠니?

아들아!

명절이나 애비 어미 생일은 좀 챙겨주면 안 되겠니?

네 생일 여태까지 한 번도 잊은 적 없이,

그날 되면 배 아파 낳은 그대로

그때 그 느낌 그대로 꿈엔들 잊은 적이 없는데,

네 아내에게 떠밀지 말고 네가 챙겨 주면 안 되겠니?

받고 싶은 욕심이 아니라

잊히고 싶지 않은 어미의 욕심이니라.

아들아, 내 사랑하는 아들아!

네 아내가 네 어미에게 효도하길 바란다면,

네가 먼저 네 장모에게 잘 하려무나.
네가 고른 아내라면 너의 고마움을 알고 내게도 잘 하지 않겠니.
난 내 아들의 안목을 믿는다.

내 아들아, 내 피눈물 같은 내 아들아!
내 행복이 네 행복이 아니라 네 행복이 내 행복이거늘,
혹시 나 때문에 너희 가정에 해가 되거든 나를 잊어다오.
그건 어미의 모정이란다.
너를 위해 목숨도 아깝지 않은 어미인데,
너의 행복을 위해 무엇인들 아깝겠느냐?
물론 서운하겠지, 힘들겠지, 그러나 죽음보다 힘들랴.

그러나 아들아.
네가 가정을 이룬 후 애비 어미를 이용하지 말아다오.
평생 너의 행복을 위해 애써온 부모다.
이제는 애비 어미가 좀 편안히 살아도 되지 않겠니?
너희 힘든 것 너희가 알아서 살아다오.
늙은 애비 어미 이제 좀 쉬면서 삶을 마감하게 해다오.
너희 애비 어미도 부족하게 살면서 힘들게 산 인생이다.
그러니 너희 힘든 거 너희들이 헤쳐 가다오.

다소
늙은 애비 어미가 너희 기준에 미치지 못하더라도,
그건 살아오면서 따라가지 못한 삶의 시간이란 걸

너희도 좀 이해해다오.
우리도 여태 너희를 이해하기 위해 노력하지 않았니?
너희도 우리를 조금은 이해하기 위해 노력하면 안 되겠니?
잔소리 같지만 너희가 이해되지 않는 부분들
한 귀로 듣고 한 귀로 흘리렴.
우린 그걸 모른단다.
모르는 게 약이란다.

아들아!
우리가 원하는 건 너희 행복이란다.
그러나 너희도 늙은 애비 어미의 행복을 침해하지 말아다오.
우리가 먼저 말하지 않는 한 손자 길러 달라는 말 하지 마라.
너보다 더 귀하고 예쁜 손자들이지만,
매일 보고 싶은 손자들이지만,
늙어가는 나에겐 내 인생도 중요 하더구나.
강요하거나 은근히 말하지 마라.
날 나쁜 시어미로 몰지 마라.
내가 널 온전히 길러 목숨마저 아깝지 않듯이
너도 네 자식 온전히 길러 사랑을 느끼거라.

아들아 사랑한다 목숨보다 사랑한다.
그러나 목숨을 바치지 않을 정도에서는
내 인생도 중요하구나.

그리고 하늘을 보면서 이렇게 흥얼거린다.

부생모육 그 은혜는 하늘같이 높건만은
청춘남녀 많은데도 효자효녀 드물구나.
출가하는 딸아이는 시부모를 싫어하고
결혼하는 아들네는 살림나기 바쁘도다.

제자식이 장난치면 싱글벙글 웃으면서
부모님이 훈계하면 듣기싫어 외면하고,
시끄러운 아이소리 듣기 좋아 즐기면서
부모님이 두말하면 잔소리라 관심없네.

자식 위해 쓰는돈은 한도없이 쓰건만은
부모 위해 쓰는돈은 계산하기 바쁘도다.
자식들을 데리고는 바깥 외식 자주하나
늙은 부모 모시고는 외식 한번 힘들구나.

자녀들의 대소변은 두손으로 주무르나
부모들이 흘린 침은 더럽다고 멀리하네.
과자 봉지 들고와서 아이손에 쥐어주나
부모 위해 고기한근 사올 줄을 모르도다.

개가 아파 쓰러지면 가축병원 달려가나
늙은 부모 병이나면 노환이라 생각하네.
부모들은 열 자식을 마다않고 키우는데

열자식은 한 부모를 귀찮다고 내버리네.

살아생전 불효하고 죽고 나면 효심날까?

　작자 미상의 "어머니 말씀"이라는 글로, 양재오 친구가 인터넷에서 찾아준 글이다. 요즘 시대에 올바른 효가 무엇인지 생각하도록 해 준다.

에필로그

세상 모든 젊은이들에게

사람은 누구나 행복과 성공을 꿈꾼다. 그리고 행복과 성공은 분리하지 말고 하나가 되도록 해야 한다. 자기자신이 하는 일에 대해서 행복을 느낄 수 있는 사람만이 더 큰 성공을 이룰 수 있고, 자신만의 이익이 아닌, 이 세상에 도움이 되는 의미 있는 성공을 거두어야만 진정한 행복이 함께하기 때문이다.

우리에게는 좀 더 똑똑해지고, 좀 더 창의적이 되며, 좀 더 뛰어난 통찰력을 기르는 열쇠가 필요한데, 그 열쇠가 바로 스마트 라이프를 창조해 나가는 창의적 인재가 되는 신생활 시스템이다. 그리고 나비의 성공법칙과 7단계 습관변화는 특수한 영역에서만 적용되는 것이 아니라 창조적 사고나 혁신적 능력이 필요한 대부분 분야에서 공통으로 적용될 수 있다.

뜻있는 목표를 갖고 있거나 없는 사람의 차이, 혁신적으로 일하는 사람과 그렇지 않은 사람의 차이, 천재와 일반인의 차이, 핵심인재와 그렇지 못한 사람과의 차이를 가르는 비밀이 있다. 그것은 나이나 학력의 차별에 있지 않다. 가장 중요한 것은 행동으로 옮기는 실천의 차이에 있다.

그 뿐만 아니라 세계적인 성과물은 어느 한순간에 하늘에서 떨어지는 것이 아니다. 또한, 일부 선택 받은 천재들만 탄생시킬 수 있는 신비로운 것들도 아니다. 어떤 분야에서든 그 누구든 창의적인 아이디어나 혁신적 결과물은 말이나 행동으로 표현되기 전에 이미 생각, 감성, 직관, 몸의 느낌 등을 통해 시작된다. 그리고 종합적인 이해와 생각하는 과정을 거쳐서 말, 그림, 시, 음악, 춤, 과학 이론, 수학 공식 등으로 사람과 세상에 전달된다.

세상물정을 학습하는 것은 행복한 삶을 위해 아무리 강조해도 지나치지 않는다. 미래에 죽는 날까지 독서하고 학습하지 않는 사람은 낙오자가 된다. 과거에는 일하지 않는 자가 빈민이 되었지만, 미래에는 학습하지 않는 자가 빈민이 될 것이다.

천재의 뇌나 보통사람의 뇌나 큰 차이가 없다. 단지 꿈을 갖고 타이밍 반복학습과 뇌를 사용하는 방법이 다를 뿐이다. 주위 환경이 변할 때마다 이에 적응하기 위한 새로운 지식과 새로운 형태의 행동을 익히는 것이 학습이다. 그래서 빠르게 변하는 시대에는 학습 방법도 그 속도를 따라갈 수 있도록 변해야 한다.

매일 배우고 익히는 학습 노력은 고통이 아니다. 노동 역시 형벌이 아니다. 이를 악물고 해야 하는 것도 아니다. 공부, 일, 창조 등의 진정한 의미와 방법을 모르고 하므로 두려움과 어려움이 생기는 것이다. 공부도 일도 심지어는 창조도 즐겁게 습관적으로 접근하는 사람이 혁신적인 사람이 된다.

변화는 필연적이다. 필연적일 뿐만 아니라 피할 수도 없다. 변화는 예측 불가능하며 불연속이다. 바로 이 때문에 목표가 아주 중요한 것이다. 목표가 있으면 변화의 방향을 통제할 수 있고 생활 속의 변화를 바람직한 방향으로 유도할 수 있다.

인생에 기회는 끝없이 찾아온다. 한번 놓쳤다고 좌절하는 대신 '다음 기회가 또 온다'는 생각으로 준비해야 한다. 한계라고 느낄 때 도망가지 말고, 더 이상 갈 곳이 없다고 느낄 때 처음부터 시작한다는 자세로 도전해야 한다. 살다 보면 수많은 실패와 좌절을 만날 것이고, 원하는 대로 이뤄지지 않는 일이 더 많을 것이다. 당장은 아니더라도 열정과 노력으로 밀고 나가면 언젠가는 분명히 이뤄진다. 참다운 삶을 나비의 지혜로 설계하자!

그리고 행복은 수학문제 풀듯이 정해진 공식에 의해 풀어낼 수 있는 성질의 것이 아니라고 나는 믿고 있다. 그러므로 모두가 자신의 행복한 삶을 창조적으로 만들어 가기를 기대한다. 그리고 수많은 지식인이 기적을 만드는 삶의 지혜를 인터넷으로 모아 스마트한 미래를 여는 매뉴얼도 만들기를 기대한다.

끝으로 마음의 글을 인용하고자 한다.

소크라테스는 "너 자신을 알라"라는 명제에서 모든 진리의 근본을 찾기 시작했다. 인간이 되려면 인간을 알아야 하고, 자신을 알아야 인간다운 삶을 살 수 있다. 그런데 "사람이란 무엇인가", "인생이란 무엇인가"라는 문제는 정의하기 힘든 문제다.

마치 장님 몇 사람이 코끼리를 만져보고 각각 자기의 경험대로 정의를 내리는 경우와도 같다. 귀를 만져본 자는 코끼리는 부채와 같다고 하고, 다리를 만져본 자는 기둥과 같다고 한다. 이는 각자의 경험적 지식이 그것뿐이기 때문이다.

인생에 대한 견해도 마찬가지이다. 고뇌와 비극 속에서 인생을 살아온 자는 "인생이란 슬픈 것이다"라는 정의를 내릴 것이고 반면에 인생을 행복하게 살아온 자는 "인생은 즐거운 것이다"라는 정의를 내릴 것이다. 이러한 정의는 각자의 성격, 느낌, 지식, 신앙에 따라 다르기도 하지만 시대와 사회에 따라 달라질 수도 있다. 인간이 어디서 왔으며, 앞으로 어디로 가는지, 삶과 죽음이 무엇인지에 대한 질문들은 그저 지적인 호기심을 채워주기 위한, 부질없는 작업이 아닌가 하는 생각이 들 수도 있다. 그러나 한 가지 확실한 것은 "인간이란 무엇인가? 행복하려면 뭘 해야 하는가?"라고 질문하기 때문에 축생이 아닌 인간인 것이다.

글을 끝내려니 모든 게 미흡하고 아쉬움이 남는다. 내일을 창조하는 젊은이들이 읽기 편하도록 쉽게 글을 쓰고 다듬어야 했는데 그러지 못해 아쉽다. 여러 부분에 인용된 글의 저자 분들에 대해 무한한 감사를 드린다. 하지만 인용 글 출처도 일일히 밝히지 못해서 대단히 죄송할 따름이다. '명심보감' 성유심문의 글로 사죄의 마음을 가름하며, 넓은 아량을 베푸신 모든 분들께 심심한 감사를 드린다.

"복(福)은 검소함에서 생기고 덕(德)은 겸손에서 생기며 지혜는 고요히 생각하는 데서 생긴다. 근심은 욕심이 많은 데서 생기고 재앙은 탐하는 마음이 많은 데서 생기며 허물은 경솔하고 교만한 데서 생기고 죄악은 어질지 못한 데서 생긴다.

눈을 조심하여 남의 그릇됨을 보지 말고, 맑고 아름다움을 볼 것이며, 입을 조심하여 실없는 말을 하지 마라. 착한 말과 부드럽고 고운 말을 언제나 할 것이며 몸을 조심하여 나쁜 친구를 사귀지 말고 어질고 착한 이를 가까이하라. 이익 없는 말을 실없이 하지 말고, 내게 상관없는 일로 부질없이 시비걸지 마라.

순리대로 오는 것을 거절하지 말고, 가는 것을 잡지 말며, 일이 지나갔음에 원망하지 마라. 총명한 사람도 어두운 때가 있고, 계획을 잘 세워도 기대에 어긋나는 수가 있다. 남을 손상하면 마침내 그것이 자기에 돌아오고, 세력에 의지하면 도리어 재앙이 따른다. 조심하는 것은 마음에 있고, 지키는 것은 행동에 있다. 절약하지 않음으로써 집을 망치고, 청렴하지 않음으로써 지위를 잃는다.

그대에게 평생을 두고 권고하나니 하찮은 일에도 조심하여 놀라워하며 두려워할 일이다. 위엔 하늘의 거울이 임하여 있고 아래엔 땅의 신령이 살피고 있다. 밝은 곳엔 진리가 이어져 있고 어두운 곳엔 속임과 거짓이 퍼져 있다. 오직 바른 것을 지키고 마음을 속이지 말지니 조심하고 또 조심하라."

눈 감으며 이렇게 기도한다.

나는 소망합니다. 나와 자녀가 이런 사람이 되기를⋯
매일 아침 기대와 설렘을 안고 시작하게 하여 주옵소서!

항상 미소를 잃지 않고 나로 인하여 남들이 얼굴 찡그리지 않게 하여 주옵소서! 또 어제 내가 만나고 헤어지고 혹은 다투고 이야기 나눈 모든 사람들이 살며시 미소 짓게 하여 주옵소서!
하루에 한 번쯤은 작은 일에도 감동할 수 있는 순수함과 큰 일에도 두려워하지 않는 대범함을 지니게 하시고 적극적이고 치밀하면서도 다정다감한 사람이 되게 하여 주옵소서!

나의 실수를 솔직히 시인할 수 있는 용기와 남의 허물을 따뜻하게 감싸줄 수 있는 포용력과 고난을 끈기 있게 참을 수 있는 인내를 더욱 길러 주옵소서!

나와 자녀가 행복해지길, 나와 자녀가 건강해지길, 나와 자녀가 평화스러워지길 매일 기도 드리고, 매일 보람과 즐거움으로 충만한 하루를 마감할 수 있게 하여 주옵소서! 이 책을 통해 일상의 삶 자체를 어제보다 오늘이 새롭고 좋아지게 하옵소서!

여러분 모두 행복한 삶을 만들고 건강 하시길 기원합니다!

Navigation For Your Best Life

왜 창의적 인재인가?

초판 1-4쇄	2015년 09월 18일
개정판 1쇄	2018년 04월 06일

지은이	김병헌
발행인	김재홍
마케팅	이연실

발행처	도서출판 지식공감
등록번호	제396-2012-000018호
주소	경기도 고양시 일산동구 견달산로225번길 112
전화	02-3141-2700
팩스	02-322-3089
홈페이지	www.bookdaum.com

가격	15,000원
ISBN	979-11-5622-362-7 03190

CIP제어번호	CIP2018009407
	이 도서의 국립중앙도서관 출판시 도서목록(CIP)은 e-CIP 홈페이지(http://www.nl.go.kr/ecip)에서 이용하실 수 있습니다.